JN271591

メディア・コミュニケーション学

橋元良明
[編著]

Media Communication

大修館書店

はじめに

　私たちは1997年，この本と同じく大修館書店から『コミュニケーション学への招待』という本を上梓しました。その『コミ学』は，言語コミュニケーションを中心に，パーソナルでダイレクトなコミュニケーション過程の基本的メカニズムやそれに関連する諸問題を，心理学，社会学，社会心理学，言語学，生物学等の知見に基づいて，大学の教養課程レベルで基礎から学べるよう編集したものでした。

　その本では，紙幅の関係で，「社会の動きと密接にリンクしたコミュニケーションの諸問題」，特にメディアを介したコミュニケーションはほとんど取り上げることができませんでした。しかし，その時から，メディア・コミュニケーションに焦点をあてた『コミ学』の続編を構想していました。

　最初は，『コミ学』初版刊行の翌年にも続編をまとめる予定だったのですが，「新しいメディアの発展が一段落するまで」と様子を見守っているうちにあっと言う間に10年が経ってしまいました。ケータイが爆発的に普及し，さまざまな機能が付加され，一方でインターネットも普及初期とは比較にならないほど豊かなメディアに成長しました。メディア革新の速度は，落ち着くどころかますます加速する傾向にあります。

　どこかで見きわめをつけ，現状での「メディア・コミュニケーション」をまとめておかねば，という思いと，さまざまなメディアが私たちのコミュニケーションにとってどのような意味を持つのかについては，現時点でもある程度，総括できるという判断から，今回，本書を刊行することにしました。

　新しいメディアの普及は，産業界のみならず我々の生活風景を一変させました。日常のコミュニケーション様式自体が大きく変化しただけでなく，

対人関係や家族の形態，サークルや各種コミュニティの運営，情報収集方法，世論形成プロセスなどにも変化が生じています。さらに，テレビや新聞など既存のマス・メディアのあり方にも再構成がせまられています。また，ゲームや音楽などの趣味の世界でもITの革新に伴い，若者を中心に，新しい情報行動スタイルが生まれつつあります。

　本書はそうしたメディア環境の変化を背景に，「メディアを介したコミュニケーション」の新しい姿を浮き彫りにし，その社会的意義を検討するとともに，そこに生じつつある新たな社会現象や文化，さまざまな問題点を考察しようとしたものです。

　このような課題・問題については，すでに社会学，社会心理学など既存の学問分野の中からも研究が始められています。大学でも「情報社会論」「メディア論」等の名を冠した授業ですでに講義がなされているところもあります。しかし，「コミュニケーション」という統一した視点から，既存の学問における知見を有機的に援用した，総合的な「メディア・コミュニケーション学」のテキストはいまだ十分には出そろっていないというのが現状ではないでしょうか。

　本書は，前書『コミュニケーション学への招待』の「メディア・コミュニケーション編」という位置づけで書かれるものであり，今生じつつあるコミュニケーションの変化とそれに伴う諸問題に関し，既存の研究知見を最大限に援用しつつ平易に解説することを意図して書かれています。

　この本でも，前書と同様，2部構成をとっています。

　第1部「メディアの拡張」では，「メディア」自体に視点を置き，今も技術革新の続く諸メディアのこれまでの発展を振り返り，今後のあり方を展望します。本書では，対象として電話(第1章)，テレビ(第2章)，本・新聞(第3章)，ラジオ(第4章)，インターネット(第5章)を取り上げていますが，それぞれのメディアの歴史を本格的に扱うとすれば，1つ1つが1冊の本でも足りないぐらいで，実際，すでに何冊もの名著があります。ここでは，それぞれのメディアの発展史を詳述するというよりは，そのメ

ディアにとってエポックメーキングな転換点をたどりながら，日本社会，あるいは利用者の生活上に果たした機能や意義を中心に考察します．

0章「「声の文化」から「インターネット」へ——コミュニケーション・メディア発展史概観」（橋元）では，人のコミュニケーション能力，欲望，身体の制約という観点で，人類がメディアを発展させてきた基本的モチベーションやダイナミズムについて記述します．そこでは，本来，視覚処理に秀でる人間が，聴覚記号の声のコミュニケーションに依存せざるを得なかった事情，声のコミュニケーションの欠点を補完するために展開してきた諸メディア（文字を含む）の開発過程等について語ります．

1章「電話の発展——ケータイ文化の展開」（松田）では，声のコミュニケーションの空間的克服メディアが電話であり，その電話が果たした社会的意義は何かを明らかにした上で，固定電話と「ケータイ」の相違，ケータイ登場以後の生活変容を分析します．今や「ケータイ」は，コミュニケーション・ツールに留まらず，マルチモバイル・メディアですが，ケータイの持つ多様性，今後の可能性についても言及します．

2章「映像メディアの展開——テレビの登場そして未来」（小平）では，現在でも日本人の情報行動の中心であるテレビをとりあげ，私たちの社会生活やライフスタイルにどのようなインパクトを与えてきたか，人々のテレビの見方やテレビに対する意識が時代の変化の中でどのように変わってきたかについて述べ，多メディア化が進む中，今後，テレビはどのように変化するかについても記述します．

3章「活字メディアの変遷——本，新聞の行方」（辻）では，印刷術の本格的普及で社会がどのように変化したのか，その中にあってどのような経緯で新聞が登場し，近代化とどのような形で結びついたのかについて述べます．また，活字離れが叫ばれる現在，本や新聞は今後どのようになっていくのかについても考察します．

4章「音声メディア——ラジオとユース・カルチャー」（南田）では，ラジオの登場した文化的意味を考察し，特に日本の若者文化に及ぼした影響について述べています．また，メディアの中では決してメジャーとは言え

ないながら，現代において多様化したラジオの機能やネット時代における新たな役割についても論じます。

5章「インターネット革命——私たちのコミュニケーションを変えたもの」(三浦)では，インターネットの歴史を簡略に述べた上で，このメディアの持つ革新性，人々の生活に及ぼす影響の大きさについて考察します。

第2部「情報社会のコミュニケーション」では，現代人の情報行動に視点を据え，新しいメディアが生んだ社会現象や文化，メディア・コミュニケーションを営む際に生じるこれまでにないさまざまな問題点を，社会学，心理学，社会心理学の既存研究の知見も最大限援用しながら考察します。

6章「テレビ映像が脳の発達に及ぼす影響」(橋元)では，乳児期におけるテレビなど映像メディアへの過剰接触が，子どもの言語発達や情動形成，空間知覚などにどのような影響があるのかについて考察します。

7章「テレビとテレビゲームの攻撃性・暴力への影響」(森)では，主に映像メディアの暴力的場面と青少年の性格形成や攻撃性の助長との関連について考察しています。特に近年のテレビゲームはよりリアルになるとともに，一部のソフトではテレビや映画とは比較にならないほどの残虐性をはらんでいます。ここでは，そうした映像メディアについて，しばしば議論される悪影響論の真偽について検討します。

8章「ケータイ，インターネットと人間関係」(辻)では，90年代後半から爆発的に普及を遂げたケータイやインターネットの利用が，友人関係や家族関係にどのような変化をもたらしたのかについて分析します。

9章「電子空間のコミュニケーション——ネットはなぜ炎上するのか」(是永)では，ネット上でしばしば発生すると言われている「誹謗中傷」「炎上」の実態とその原因，オンライン上の集団形成過程や人間関係の特性など，ネット上のコミュニケーションの特徴について考察します。

10章「ヴァーチャル・コミュニティ」(三浦)では，ネット上で形成されるコミュニティの特徴や現実世界におけるコミュニティとの違い，ヴァーチャル・コミュニティの文化差や現実世界に及ぼす影響について考

察します。

　11章「メディアと世論形成——重層的なネットワークの中で作られる現実」(是永)では，ネットが世論形成に及ぼす影響，テレビなどマス・メディアとネット世論の関係，ネット上のネットワークの特性について考察します。

　12章「メディア・リテラシー——メディアと批判的につきあうための方法論」(見城)では，「メディア・リテラシー」とはそもそも何かについて考察した上で，その重要性や多面的性格について分析し，「やらせ」とメディア・リテラシーとの関連についても議論します。

　最初にも述べたように，今まさにメディアの大変革期の渦中にあり，その変化は落ち着く方向に向かうどころか，ますます変化の度合いを大きくしています。特にケータイやインターネットの普及が我々の生活や行動，意識にもたらす影響は，この先どのような方向に展開するか予測がつきません。

　大上段に構えて「私」と「世界（あるいは「他者」）」の関係で言えば，私たちはメディアを介して「世界」を「私」に吸収し，私自身を変えていくか，あるいは「世界」に「私」が関わって「世界」を変えていくか，双方の方向性がありますが，あくまでメディアは媒介であるという点に注意しなければなりません。たとえば，典型的なヴァーチャルなメディア空間と見られている「セカンドライフ」などにしても，形を変えた「他者」と「私」との新しい関係の演出ですし，一人でテレビゲームに没頭するといっても，他者が構築した世界を「私」が取り入れ，自分自身に刺激を与えている行為であって，人為的な迷路を探索する，という行為などと本質的に大きな差異はありません。

　突如「メディア」が登場し，「世界」や「私」を変えるのではなく，メディアは，あくまで「世界」と「私」の交流の様相や関係性に変化をもたらしたり，また，メディアにかかわらず，もともと生じうる可能性のあった変化の開始のきっかけを与えたり，変化の量を増幅したり，加速したり

するにすぎません。メディアが普及する土壌を用意した「世界」や「私」，それを受け入れることで関係性に変化が生じた「世界」と「私」の分析こそが最終的な研究，学習の目標であることは言うまでもありません。本書が，情報社会における私たちのコミュニケーションのあり方を考えるのに少しでも読者の皆さんにお役に立つことを願ってやみません。

　最後に本書の企画段階から編集作業まで多大なお世話にあずかった大修館書店の北村和香子氏に厚く御礼を申し上げます。

2008年3月

編者：橋元良明

本書の読み方

　本書は12章から構成されていますが，互いに内容は独立していますので，どこから読んでいただいても構いません。各章では，まず疑問文の形でその章の問題意識を集約してあります。基本的に各章の本文はそれらの問いかけに対する答えになっているはずです。本文には，各章で1～3個ずつ囲み記事を入れてあります。ここには，本文中で記述しきれなかった専門用語の解説や本文の補足が挿入されています。章末の「エクステンション・スタディ」には，関連研究の成果の紹介や応用的研究へのヒントが記述されています。学生の方にはレポートのテーマ選びなどの参考になるはずです。各章の最後には，必要最小限度の参考文献を列挙しました。その中で是非読んでいただきたい重要文献には囲み記事で簡単な解題を入れました。

『メディア・コミュニケーション学』目次

はじめに　［橋元良明］　　iii

●第1部　メディアの拡張

0. 「声の文化」から「インターネット」へ
　　──コミュニケーション・メディア発展史概観　［橋元良明］　4
- 0.1　なぜ「声の文化」を選択したか？
- 0.2　「声の文化」の欠点と補完としてのメディア発明
- 0.3　メディア発展史暦年スケール

1. 電話の発展──ケータイ文化の展開　［松田美佐］　11
- 1.1　声による空間の克服：電話
- 1.2　ケータイによる「場所の克服」
- 1.3　声のメディアからマルチメディアへ
- 1.4　日常生活への埋め込み

2. 映像メディアの展開──テレビの登場そして未来　［小平さち子］　29
- 2.1　「見る」メディアとしてのテレビの登場：1953～1965年頃
- 2.2　娯楽メディアから総合メディアへ：1965～1975年頃
- 2.3　テレビの日常化と個別視聴化のきざし：1975～1985年頃
- 2.4　ニューメディア時代のテレビ再認：80年代半ばからの10年間
- 2.5　デジタル時代のテレビがもたらす変化：90年代半ば以降

3. 活字メディアの変遷──本，新聞の行方　［辻　大介］　50
- 3.1　グーテンベルク革命──活字本の出現
- 3.2　近代社会への流れと新聞の台頭
- 3.3　活字離れの実状と本・新聞の行方

4. 音声メディア──ラジオとユース・カルチャー　［南田勝也］　67
4.1　ラジオというメディア体験
4.2　日本のユース・カルチャーにおけるラジオの役割
4.3　ラジオの現在

5. インターネット革命
　──私たちのコミュニケーションを変えたもの　［三浦麻子］　85
5.1　インターネットの歴史を振り返る
5.2　インターネット黎明期：基本的構想と技術の確立
5.3　インターネット創生期：新しいメディア・コミュニケーションの息吹
5.4　インターネット革命期：個人による積極的な情報発信の時代へ
5.5　インターネット普及期：急速な一般化とコンテンツの多様化
5.6　インターネットのこれまでとこれから

●第2部　情報社会のコミュニケーション

6. テレビ映像が脳の発達に及ぼす影響　［橋元良明］　104
6.1　子どもにとって情報化のどこが問題になるのか
6.2　乳児のテレビ視聴の発達的影響に関する最近の議論
6.3　『セサミストリート』論争
6.4　言語発達阻害論
6.5　情報処理過程異質説
6.6　テレビ視聴と言語発達に関する最近の日本の研究
6.7　テレビの映像技法による空間認識への影響と多動症傾向の助長
6.8　残された問題

7. テレビとテレビゲームの攻撃性・暴力への影響　［森　康俊］　125
7.1　テレビの暴力映像と暴力的なテレビゲーム
7.2　テレビにおける暴力的表現の影響
7.3　暴力的なテレビゲームの効果に関する理論
7.4　暴力的なテレビゲームの効果に関する諸研究
7.5　暴力的なテレビゲームと攻撃性：研究の現在

8. ケータイ,インターネットと人間関係　［辻　大介］　145

8.1　情報縁の登場とその広がり
8.2　インターネット・パラドックス,社会関係資本
8.3　ケータイによる絶え間なきコンタクトの時代

9. 電子空間のコミュニケーション
——ネットはなぜ炎上するのか　［是永　論］　162

9.1　「炎上」するインターネット
9.2　オンライン・コミュニケーションの特徴
9.3　態度形成の問題としての炎上：対人魅力研究から
9.4　集団規範の力
9.5　オンラインの歩き方

10. ヴァーチャル・コミュニティ　［三浦麻子］　180

10.1　ヴァーチャル・コミュニティとは何か
10.2　ヴァーチャル・コミュニティと現実社会のコミュニティ
10.3　ヴァーチャル・コミュニティに見る文化差
10.4　これからのヴァーチャル・コミュニティ

11. メディアと世論形成
——重層的なネットワークの中で作られる現実　［是永　論］　197

11.1　グローバル・ニュースとしての「タイタニック」
11.2　擬似環境としての世論
11.3　重層的なネットワークとしての世論
11.4　ネットワーク・タイプと世論

12. メディア・リテラシー
——メディアと批判的につきあうための方法論　［見城武秀］　216

12.1　くり返される「やらせ」とメディア・リテラシー
12.2　メディア・リテラシーとは何か
12.3　イギリスにおけるメディア教育の展開とメディア・リテラシー論
12.4　「やらせ」と「事実主義」をめぐる問題点

索引（事項／人名）　234

メディア・コミュニケーション学

第1部

メディアの拡張

0 「声の文化」から「インターネット」へ
——コミュニケーション・メディア発展史概観

> ➜ 人が視覚的動物と言われるのはなぜだろうか？
> ➜ 人が，高度な言語を発達させるにあたり，「音声」という信号を選択したのはどうしてだろうか？
> ➜ 人が新しい「メディア」を発達させる動因になったのは何だろうか？

0.1 なぜ「声の文化」を選択したか？

　眼と耳というこの二つのシステムの複雑さを全体としてくらべるには，眼や耳と脳の中枢とを結ぶ神経の大きさをくらべてみればよい。視神経は耳の蝸牛殻神経のおよそ 18 倍のニューロンを含んでいるから，すくなくともそれだけ多くの情報を伝えるものと考えられる。事実，正常な注意力をもつ人間なら，眼は情報を収集する上では，耳の 1,000 倍ほど有効だと考えてよかろう。（エドワード・ホール『かくれた次元』）

　人は「視覚動物」である。視神経は約 100 万の神経繊維を持つのに対し，蝸牛殻神経は約 3 万本の軸索からなるに過ぎない。アカゲザルの研究によれば，視覚に関連した大脳皮質の領域の総面積は，大脳新皮質全体の約 55% を占めるが，聴覚関連の領域は側頭葉上部に限定された 3.4% 程度にとどまる。

　情報処理能力において，視覚系が聴覚系に比べていかに優れたものであ

るかは，たとえば「日本の全国の天気」を知る場合のことを考えてみるだけで十分だろう。テレビや新聞で「全国の天気図」を見れば，一瞬のうちにおおまかなことは判断できるが，ラジオを通して知ろうとすれば，少なくとも分単位の時間を要してしまう。

　人を含む哺乳類がすべて視覚系優先であるわけではない。爬虫類から分岐した原始哺乳類は，恐竜に代表される大型爬虫類の目を逃れるために夜行性であったと推測され，おそらく視覚より聴覚が優先する生き物であった。人に繋がる系列でとりわけ視覚が重要になったのは，おそらく霊長類への進化以降である。人やサルの祖先が「森の生活」を始めたとき，生活空間は3次元に拡大する。木の枝から木の枝への移動や，木の実，小動物の補食には，複雑な視覚的情報処理が必要とされる。大型爬虫類の脅威も薄れるにつれ，生活時間も夜行性から昼行性に変化した（現在でも，原猿類を除き，真猿類以上はほとんどが昼行性である）。霊長類に至る長い進化の過程は，人の祖先を，完全に視覚優位の動物へと転化させた。

　人の祖先において，コミュニケーションの手段としても，おそらく高度な分節言語（＜文→形態素→音素＞というように要素の集合からなる言語体系）を獲得する以前は，身ぶり・表情等の視覚信号が，現在よりはるかに豊富な情報を伝える手段であったに違いない。しかし，人は，サルと完全に決別する最も大きな要素である「言語」の高度化の際，視覚的信号ではなく，聴覚的信号を選択した。なぜだろうか？

　それはコミュニケーション手段としての視覚信号にいくつかの大きな欠点があるからである。まず，視覚信号は自然環境条件に左右されやすい。信号の識別には陽光が不可欠であり，間に樹木などがあれば遮蔽されてしまう。信号の伝達範囲も狭く，表情などは方向性的にもきわめて伝達が狭小である。その点「声」の伝達範囲はかなり広く（鳥類では3〜5km離れていても仲間の鳴き声が識別できるという［Wilson, 1975＝1984］），また声の伝達方位は360度にわたる。

　コミュニケーション信号は，状況により，発信者の所在を敵に察知されないことも重要であるが，声は伝達範囲の調整が容易で，化学物質による

コミュニケーション信号とは異なり、瞬時に消失する。

　コミュニケーション手段として重要な要件は、信号を算出するエネルギーを最小限に抑えることである。身ぶりなどは消費エネルギーが大きく、また他の行動（たとえば逃避等）と併存させることが難しい。声はごく限られた器官で生成でき、消費エネルギーも比較的小さい。また、声は、音量や高低、音色、連続／非連続等の要素により、強弱の調整や質の変化もつけやすく、受け手側からすれば、弁別特性も明確である。視覚信号は、もとより二重分節化にはあまり適さない信号体系である。

　さらに、人の祖先のような身体的に脆弱な動物はたえず敵や環境的変異等、リスクに対処すべく準備が必要であり、どれかの感覚器は常に活動状況にしておく必要がある。もし、その感覚器を視覚系に求めるとすれば、脳にかかる負担が重すぎる。情報処理に関わる脳内の領域的比重が低いからこそ、進化論的に聴覚器官が 24 時間危険察知デバイスとして選択されたと考えられる。事実、人は生活時間の 3 分 1 は目を閉じ、視覚的情報処理を事実上休止するが、耳を閉じることはない。睡眠時における緊急伝達手段としても声のコミュニケーションの役割は大きい。

0.2 「声の文化」の欠点と補完としてのメディア発明

　結果として、人が発達させた音声言語は、その複雑性、多様性において、これまでに地球上の生物が発明した中でも最高のコミュニケーション手段であった。ただし、ツールとして、多くの欠点も抱えていた。

　まずなにより、「視覚動物」として持つ特性とのパラドックスである。人が単位時間あたりに処理できる音声情報はごくわずかであり、同時並行的に複雑な音声情報を処理できない。たとえば、眼前の複数の人間の表情を同時に判断できるが、いっときに複数の人間がしゃべる言葉を適切に処理するには困難を伴う。すなわち、音声信号は時間軸上で線的にしか処理できない。ただし、このことは人に時間観念を植え付ける上で大きな貢献をしたはずである。また、信号として瞬時に消失するという音声の特性は、裏を返せば、記録性・保存性がないことを意味する。

人が文明を築きあげる過程で，多大な時間とエネルギー，知力を費やしたのは，「メディア」の発明という形で音声コミュニケーションの欠点を補完することであった。

　まず，「声」を文字という形で粘土板や石に刻むことにより視覚化し，コミュニケーション内容を記録して，時間的制約を取り払った。さらにパピルス，羊皮紙，蝋板（ろうばん）等に文字を記すことで地理的に隔たった遠方への伝達を容易化した。

　人の声はけっこう遠方にも届くとはいえ，その伝達範囲には自ずと制約がある。群をなして集団生活をしている分にはさほど問題にならないが，文明を発展させ，広範な領域にまたがって社会生活を営むようになれば，遠距離とのコミュニケーションの必要性が増す。特に軍事行動の際には，時間をおかない遠方への伝達手段は必須である。コミュニケーションの及ぶ範囲が覇権の範囲でもある。遠方通信のために古来からのろしやたいまつが利用された。しかし，そうした手段で伝達できる情報内容はごく限定されたものでしかない。伝達範囲の問題を解決するために，人間は2つの方向からアプローチを試みた。まず，記録性を持ち，運搬が可能な文字媒体の大量複製手段を開発し，1つの情報を地理的に離れた人でも広範囲に共有できる手段を発展させることである。これが1450年前後，グーテンベルク等がほぼ同時に商業化した「活版印刷技術の発明」である（3章参照）。しかし，この手段では「即時に遠くへ」という問題は解決しない。結局，人類は，音声言語をリアルタイムで視界の及ばないかなたに正確に伝える手段を発明するまで膨大な時間を費やすことになる。ようやく1844年にモースが電信を実用化することに成功，追うようにして1876年ベルが電話を発明した（1章参照）。そして，遠方に，大量の人間に同時に，という課題は1920年，アメリカのKDKA局による大統領選挙のラジオ放送によって実現された（4章参照）。

　しかし，どれほど言語の伝達手段が高度化され洗練されても，それだけでは伝達し得ない部分がある。特に言語表象化の網の目から漏れる人間の感情・感性に関わる内容である。また，当然，高度の処理能力に応じたリ

アルな視覚的情報は音声言語でも文字言語でも伝達できない。絵画では，正確さにおいて劣り，製作に時間がかかりすぎる。視覚情報を再提示する装置には，聴覚情報よりもはるかに高いレベルの技術を必要とする。

　静止した視覚情報の再現メディアが現れたのは，1839年，フランス人ダゲールによる銀盤写真ダゲレオタイプの発明である。1891年には動く視覚情報の再現装置キネトスコープがエジソンによって発明されている。そして，聴覚情報のラジオと同様，視覚情報についても，遠方まで大量の人々に伝達できるメディアが開発されるのは，1930年のNBCによるテレビの実験放送まで待たねばならなかった（2章参照）。

　始めに述べたように，人の処理能力において優位性を誇る視覚情報を十全にメディア上のコミュニケーションに載せることができるようになったのはテレビの発明以降である。さらに，コミュニケーションの本来の意味に含まれる「同化」あるいは「相互行為性」をメディアとして達成させたのがインターネットである（5章参照）。通説上ではARPANET開始の1969年が始原とされるインターネット（現在の定義に近い「TCP/IPプロトコルへの移行」は1983年）は，その後の発展により，文字言語，静止画・動画を，電子的に瞬時に距離を問わず，特定の個人にも不特定多数にも双方向的に授受できる革新的メディアとなった。

　コミュニケーションという観点で見れば，人類は，高度な音声言語を発展させてから数万年の大半の期間，その最も優れた特性である視覚処理能力に十分な活動の場を与えず過ごしてきたわけであり，そのことに対するいらだちがメディアの開発の歴史につながったとも言えるのである。

0.3　メディア発展史暦年スケール

　ちなみに，図1は高度な分節言語の獲得から現在（2009年12月31日）までを1年間に見立てた暦年スケール上で，主なメディアの発明時期を位置づけたものである。「高度な分節言語の獲得」は段階的なものであり，いついつと特定できるものではないが，ここではホモ・サピエンス・サピエンス（新人）の一種であるクロマニョン人が確実に現世人類とほぼ同様

1/1　言語獲得（クロマニョン人，35,000年前）

年代	メディア	暦年スケール[※]
約35,000年前	高度な分節音声言語の獲得	1月 1日
B.C. 3100年頃	文字の発明（シュメール人）	11月 8日
1450年頃	活版印刷技術発明（グーテンベルク他）	12月26日
1650年	新聞（最初の日刊紙『アインコメンデ・ツァイトゥンゲン』）	12月28日
1839年	写真（ダゲールによるダゲレオタイプ）	12月30日 5時
1844年	電信（モースによる実用実験成功）	12月30日 6時
1876年	電話（ベル）	12月30日 14時
1891年	キネトスコープ（エジソン）	12月30日 18時30分
1920年	ラジオ（KDKA局が最初の本格放送）	12月31日 1時30分
1930年	テレビ（NBCが実験放送開始）	12月31日 4時
1954年	カラーテレビ放送開始	12月31日 10時
1969年	ARPANET開始	12月31日 12時30分
1983年	インターネット（TCP/IPプロトコルに移行）	12月31日 17時

[※]暦年スケールは，35,000年前から西暦2009年12月31日までを，1年間に見立てた場合の，それぞれの事項の発生日。

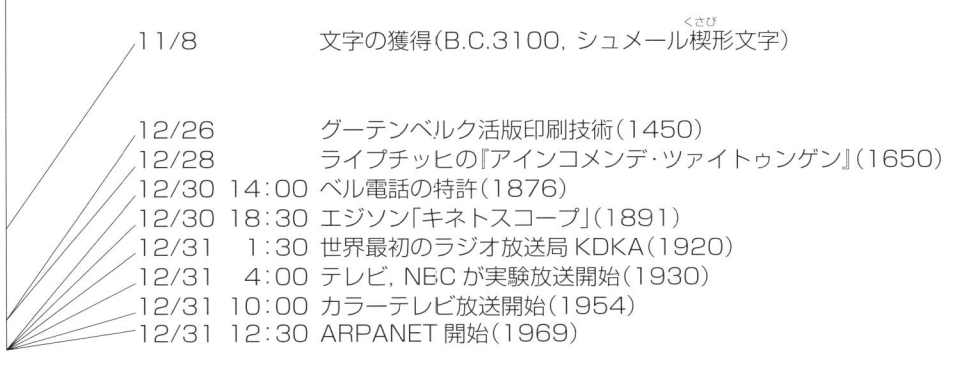

11/8　　　　　　　　文字の獲得（B.C.3100, シュメール楔形（くさび）文字）

12/26　　　　　　　グーテンベルク活版印刷技術（1450）
12/28　　　　　　　ライプチッヒの『アインコメンデ・ツァイトゥンゲン』（1650）
12/30　14:00　　　ベル電話の特許（1876）
12/30　18:30　　　エジソン「キネトスコープ」（1891）
12/31　 1:30　　　世界最初のラジオ放送局 KDKA（1920）
12/31　 4:00　　　テレビ，NBCが実験放送開始（1930）
12/31　10:00　　　カラーテレビ放送開始（1954）
12/31　12:30　　　ARPANET 開始（1969）

図1．高度な分節言語の獲得から現在までの暦年スケール

の複雑な音声言語を駆使していたと目される 3 万 5 千年前を始点としている。

　暦年スケールによれば，文字の発明がやっと 11 月 8 日，その他の主なメディアの登場は年末 5 日間のできごとになる。人類がいかに長い期間，音声言語に強く依存していたかを如実に示していよう。と同時に，メディアの発明は，現代に近づくにつれ加速化されており，半導体産業でいう「ムーアの法則」（「トランジスタの集積密度は 18〜24 ヶ月で倍増する」という意味でゴードン・ムーアが言い始めたものであるが，技術の性能革新スピードが指数関数的に加速化することをいう）がメディア全般に対しても言えることが確認できよう。

参考文献

ウィルソン，E．(1984)　呉濾盡・巌佐傭・北村省一・前川幸恵訳『社会生物学 第 2 巻』思索社（Wilson, Edward O. (1975) *Sociobiology: The New Synthesis*, The President and Fellows of Harvard College.）

ホール，E．(1970) 日高敏隆・佐藤信行訳『かくれた次元』みすず書房（Hall, Edward T. (1966) *The Hidden Dimension*, Doubleday & Company, Inc.）

1 電話の発展
──ケータイ文化の展開

➡「家庭の電話で話す」と「ケータイで話す」の一番の違いは何だろうか？

➡ケータイでの利用はメールが一番多いという人も少なくない。では，ケータイでメールが利用できるようになったのは，どのような経緯からだろうか？

➡多機能化が進むケータイは，これからどのようになっていくのだろうか？

1.1　声による空間の克服：電話

「メディアと社会」，「メディアと日常生活」といった問題設定を行うと，メディアが社会や日常生活をどのように変えたのか，という視点で議論が進められることが多い。しかし，メディアが日常生活を，そして社会を一方的に変えるわけではない。日常生活にあわせてメディアは社会に組み込まれていくのであり，事業者の思惑や開発競争，行政や産業界の対応や私たち利用者側の実際の使い方などを受け，社会に組み込まれていく過程でメディア自体も変化していく。その過程では，先行・競合する他メディアとの関係も重要だ。

たとえば，電話は1876年にアレクサンダー・グラハム・ベルによって発明された。ただし，この時点での「電話」は私たちが今日考えているような電話──一対一の声によるコミュニケーション・メディアに限らな

かった。実際，その後 1920 年頃までは，定時放送を行う「電話」システムもあり，ニュースや音楽，スポーツや裁判中継などが流されていたという。このような音声によるサービスは，私たちにとってはラジオ——音声による放送——と考えるようなものである。一方，当初の「ラジオ」は無線技術に関心を持つ人が自分で装置を組み立てるものであり，音声受信装置だけでなく，送信機能も持っていた。そして，離れたところにいるラジオマニア同士でおしゃべりを交わしていたという。このような「ラジオ」の姿は，今日の電話に近いものであろう。つまり，電話とラジオは，当初は同じような音声の双方向コミュニケーションのためのテクノロジーであったものが，一方は双方向性を堅持し，パーソナルなコミュニケーション・メディアとなり，もう一方は，双方向性を捨て，マス・コミュニケーション・メディアとなったのである（吉見ほか，1992；吉見，1995）。

　実は，「電話」が電話になる過程でもう 1 つ重要なメディアがある。それは電信だ。「電話」の発明の半世紀ほど前，1835 年に実用化された電信は，その後数十年で世界各地において必要不可欠な情報伝達手段となっていく。基本的には人や馬，鉄道や蒸気船などの移動速度以上，早くなりえなかった情報伝達は，電信によって瞬時のものとなったのである。19 世紀，空間を克服するメディアである電信は，鉄道という人や物資の移動手段や新聞というマス・メディアとともに発展し，遠隔地との人的，物的交流やコミュニケーションをさかんにしていったのである（水越，1992；あわせて 11 章も参照）。

　その電信の流れを受け，声による「空間の克服」を果たすことになったのが，「電話」だ。ベルの発明の翌年，関連特許の売却を持ちかけられた電信会社の社長が，電話を「電気のおもちゃ」と却下したというエピソードが残っているように，発明された当時の「電話」は音質も悪く，電信のように記録が残らないために，情報伝達手段としては不十分なものととらえられたという。しかし，その後の技術革新を経て，専門のオペレーターが必要な電信とは異なり，直接人と人とが話すことのできる電話の「便利さ」が社会に受け入れられていく。電話はまずビジネスの領域でのコミュ

ニケーション・メディアとして活用されるようになり、その後、家庭に普及する中では、単なる情報伝達メディアではなく、「肉声」によって感情や思いやりまでも伝えることのできる個人的、かつ私的なメディアとして、位置づけられていった（吉見, 1995）。

さて、電話というメディアの特性はどのようなものなのか。まず、テレビや新聞などマス・メディアとの対比で、電話はパーソナル・メディアと言われる。というのも、少数の送り手から多数の受け手に一方向的に情報が送信されるのではなく、全ての人が双方向的に情報の送受信をできるからである。

離れている人同士の会話を可能にすることによって電話は、物理的には離れていても心理的には近い関係性、アロンソン（S. D. Aronson, 1971）の言う「心理的近隣（Psychological Neighborhood）」を生み出した。しかも、周りに人がいなければ、会話の中身は会話する2人にしか知られることなく、記録——録音されることも通常はない。電話は秘密を共有するのに適した私的なメディアでもあるのだ（もちろん、会社の代表連絡先といった公的な側面も持ち続けてきたのだが）。

「声」だけにコミュニケーションが制限されるがゆえの困難さが感じられる場合もあれば、そこに魅力を感じる場合もある。このことは「電話でなら言える」「電話では言えない」といった例を考えると理解できよう。さらには、会話する相手に自分の身体をさらす必要がないがゆえに、匿名的なコミュニケーションも可能となる。電話カウンセリングが有効であるのも、逆にいたずら電話やオレオレ詐欺（振り込め詐欺）が成立するのも、電話というメディアが持つ匿名性による部分が大きい。

また、お互いに離れているからこそ人は電話で話すのだが、相手の声は耳元に届く。電話は通常の対面的な会話よりもはるかに近い「ふれあい」の場所を作り出すのである（吉見ほか, 1992）。電話コミュニケーションで感じられる親密性は、秘密が共有されるためだけではない。電話というメディアが、対面での会話状況とは異なる「リアリティ」を生み出すからなのである。電話で話したがために、相手が身近にいないことを強烈に意

識することがあるのも，電話コミュニケーションで感じられる対面状況以上の「ふれあい」が，克服したはずの空間に注意を向けさせるからだ（渡辺，1989；加藤，2001）。

1.2　ケータイによる「場所の克服」

さて，日本での電話の家庭への普及は意外と遅く，本格化したのは1960年代に入ってからである。とはいえ，その後普及は急速に進み，1970～80年代には家庭はもちろん，屋外でもいたるところに設置された公衆電話によって，離れたところにいる人といつでも会話できるようになった。

ただし，電話は「空間の克服」はできたものの，場所には制約されていた。会話ができるのは電話機がある場所にいる相手だけであり，外出すれば公衆電話で連絡を入れることはできても，連絡を受けることは不可能であった。

場所を克服したのはケータイである。移動電話——特定の場所以外での受発信が可能な電話サービスは，日本では1979年に自動車電話として始まる。自動車からの持ち出しも可能となるショルダーホンを経て，1987年には今のケータイと同じような携帯電話サービスが始まった。

もっとも，どこにいるかわからない相手への連絡メディアとして，先に普及したのは，無線呼び出し（ページャー）サービスである。NTTドコモの登録商標である「ポケットベル」やその略称，「ポケベル」の方がなじみのある人が多いだろう。ポケベルは当初，営業などで外回りをする会社員たちに会社から連絡をつけるためのメディアとして普及した。ポケベルが鳴ると，近くの公衆電話から会社に連絡を入れ，用件を聞く。ポケベルは電話が抱えていた制約——外出時に連絡を受けることができないことを解決するためのメディアとして導入されたのである。

ここで重要なのは，ポケベルが普及する1980年代後半には，すでに家庭や事業所には電話が普及しており，街頭でも公衆電話が充分あったことだ。だからこそ，連絡したい相手の所在がわからないと利用できないとい

う電話の制約がより意識される。また，公衆電話が充分にあるからこそ，ポケベルが鳴れば，すぐに連絡を入れることができる。ポケベルを連絡を取るためのメディアとして利用できるのだ。こうして，まずは電話の持つ双方向性と「肉声」を半分捨てる形で，移動中の相手とのコミュニケーション・メディアが普及したのである。

その後，1990年代に入って，ケータイが普及し始める。直接的なきっかけは，1985年の**電気通信事業の自由化**＜☞＞を受け，1987年以降新規事業者がサービスを開始したことで，サービス向上，低料金化が進んだためだ。先行するポケベルで「場所の克服」を経験した人たちが，電話と同じ双方向コミュニケーション・メディアであるケータイを採用し始めていく。

ケータイの普及においては，「場所の克服」に加えて，もう1つ，電話の限界であった「場所を通じた共有の克服」が鍵となってくる。

というのも，電話はある特定の場所に設置されるために，その場を共有する人々に共有され利用されるのが一般的である。このために，そのパーソナル性，プライベート性は不完全である。たとえば，家庭にかけた場合，誰が応答するかはかけ手にはわからない。また，お目当ての相手との会話

〈電気通信事業の自由化〉
　電話はユニバーサル・サービスの1つとして，日本全国どこでも誰でも利用可能な適切な料金で，同じサービスが利用できることが求められ，1952年の日本電信電話公社（電電公社）成立以降，まずは，その量的な充実が図られてきた。しかし，インフラがほぼ整備された1970年代末には，サービスの質的な向上が課題となってくる。料金値下げだけでなく，デジタル化によるデータ通信をはじめとした新たなサービス展開が求められるようになったのだ。折しも，アメリカをはじめとした欧米諸国でも電気通信事業の自由化が進められ，国際的な競争力向上も重視されるようになったことから，1985年，電信電話事業は自由化され，それまで電信電話事業を独占していた電電公社に代わって日本電信電話株式会社（NTT）が成立，新たに数多くの事業者が電話事業に参入し始めた。これがきっかけとなり，本文中でも述べたように，1990年代半ば以降，ケータイやインターネットが急速に普及することになる。

が始まっても，その場にいる家族に会話を聞かれることになる。

このような「場所を通じた共有」からの解放が本格的に実現するのは，ポケベルやケータイによって，双方向コミュニケーション・メディアを個人的に所有し，私的に利用することが可能になってからである。

ここで，その前史を見ておこう。家庭での電話の位置に着目した吉見俊哉ら（1992）が明らかにしているように，当初玄関に置かれることの多かった電話は，リビングを経て，1980年前後からコードを長くすることで個室に持ち込まれるようになる。その後，親子電話やコードレス電話の普及により，家族共有の電話は，より私的なおしゃべりのために利用されるようになっていた。ほぼ同時期に個人所有あるいは個室設置が進んだテレビとは異なり，契約時に必要な電話加入権が高額であったことや，月額の料金も必要なことから，1つの電話回線を共有したまま，利用の時のみ場所を別にすることで，より私的に利用されるようになっていたのだ。

ケータイを個人的に所有し，私的に利用するということは，今日の私たちにとって「当たり前」に思える。しかし，岡田朋之（2002）が紹介するように1980年代半ばでは集団で1台の移動電話が共有されることは珍しくなく，また今日でも有線の電話サービスが充分でない国や地域では，ケータイが唯一の双方向コミュニケーション・メディアとして複数の人に共有されて利用されている。ケータイが移動時のみ利用されるメディアではなく，個人的に所有し，いつでもどこでも利用できる私的メディアとして位置づけられていったことと，それに先だって家庭の電話の私的利用が進んでいたことは密接に関連しているのである。

さて，ケータイにより，声によるコミュニケーションが「場所の制約」からも，そして「場所を通じた共有」からも解放された結果，どのようなことが起こったのだろうか。まずは，カッツとオークス（J. E. Katz and M. Aakhus, 2002＝2003）の言う「絶え間ない交信（perpetual contact）」——コミュニケーションの遍在化と常時化が挙げられる。

すなわち，ケータイによってあらゆる場所，時間帯でコミュニケーションが行われるようになった。街角や電車の中，コンサート会場や病院など

公共空間で私的(プライベート)な会話が交わされ，逆に，家庭でくつろいでいる時や休暇中にも仕事の連絡が入ってくる。ケータイは公的(パブリック)領域と私的(プライベート)領域の区分をゆるがすのであり，そのことに対する違和感は車内マナーに関する議論などに端的に表れている。また，家庭で10代の子どもたちがケータイで友だちと頻繁にやりとりしていることは，家族という親密な関係性をゆるがすものとして親を不安にさせる。ケータイは声によるコミュニケーションを遍在化させたのである。

と同時に，ケータイは「いつでもどこでも」利用できるがゆえに，他者とのコミュニケーションの「休息時間」がなくなった。家族に共有される家庭の電話の場合，「夜10時以降は迷惑になる」といったマナーもあったが，個人に直接つながるケータイの場合，相手との関係性によっては深夜でも早朝でも電話をかけてもかまわない。どこかへ旅行へ出かけても，ケータイがかかってくる。ケータイの圏外に出ない限り，常時，応答しなければならないのだ。それゆえ，ケータイを「会社からの鎖」として，個人を束縛するメディアとしてとらえている人も多い。一方で，このようなコミュニケーションの常時化は私的(プライベート)利用が中心の若年層では「ケータイ依存」や「つながりの不安」と呼ばれるような現象を生み出している（8,9章参照）。

もちろん，「ケータイ依存」や「つながりの不安」が生じる原因は，ケータイがもたらしたコミュニケーションの常時化だけにあるのではない。

たとえば，家庭や職場の電話番号は連絡先として公開される傾向にあった。あわせて，当初は「電話がある」ということがステイタスであったこともあり，電話番号を電話帳へ掲載するのも「普通」であった。しかし，セールスや勧誘電話への嫌悪感，プライバシー意識の高まりなどを受けて，特に1980年以降，電話帳への掲載を見合わせる一般家庭が増加していく。その後に普及したケータイの場合，電話帳に番号を掲載している人はほとんどいない。このため，電話に比べるとケータイは，見知らぬ誰かからかかってくる「可能性」が低くなる。

さらには，1993年に始まったケータイのデジタル化により，家庭の一

般加入電話より早く1994年頃から，ケータイでは発信番号表示サービスが利用できるようになった。このため，1990年代半ば頃から，特に若年層ではこの機能を利用し，かかってきた相手を確認してから，応答をするかどうか決めるようになっていた。今日では，かけてきたのが誰であるかを確認し，「心の準備」をした後で電話に出ることは，年齢層を問わず一般化している。誰からかわからない番号——ケータイ端末のアドレス帳に登録されていない相手からの電話や発信番号を「非通知」としている電話には出ないと決めている人も少なくない。つまり，ケータイでつながるのは，ほとんどがその持ち主が知っている相手，ケータイ番号を教えた相手なのである。

　電話と比べるとケータイは「自分がコミュニケーションを取りたい相手」と直接的につながるためのメディアである。「ケータイ依存」や「つながりの不安」が生じるのも，ケータイが「自分がコミュニケーションを取りたい相手」との関係性を目に見える形で表すからである。

　なお，ケータイ・コミュニケーションにおける匿名性・親密性については，富田英典（2002a,b）を，ケータイでの会話やメールの特徴については，山崎敬一編（2006）や井上史雄ほか（2007）を参照していただきたい。

1.3　声のメディアからマルチメディアへ

(1)　ポケベルという先行メディア

　さて，今日のケータイは電話＝「声のコミュニケーション・メディア」というよりも，目覚まし時計や電卓，メール交換やインターネット利用，写真撮影やテレビ視聴などさまざまな機能を備えたマルチメディアとなっている。本章で「携帯電話」ではなく，「ケータイ」という表記を使うのはこのためだ。ケータイがこのようにマルチメディア化することになったのは，先行メディアであったポケベルの存在が大きい。というのも，ポケベルはケータイに先んじて個人的に所有され，私的な目的で利用されるようになったコミュニケーション・メディアであるからだ。

　先にも紹介したように，1980年代前半から半ばにかけて，営業などで

外回りをする会社員たちに会社が連絡をつけるためのメディアとして普及したポケベルは，80年代末から1990年代前半にかけて，若年層が　私的(プライベート)　な連絡を行うためのメディアとなっていく。特に，1987年に導入されたディスプレイ型ポケベル——端末の液晶画面上に数字や文字を表示するタイプ——は，ポケベルのメディア特性も利用者も，利用方法も変えた。

　ディスプレイ型ポケベルの場合，ポケベルを呼び出す際にその所有者に電話をかけてほしい番号を表示することができる。これにより，ポケベル所有者は複数の人に自分のポケベル番号を教えることが可能となったのである。それまでのトーンオンリー型ポケベルでは呼び出し音しか鳴らないために，特定の相手や会社からの呼び出しにしか利用できなかった。しかし，ディスプレイ型であれば複数からの呼び出しに対応できる。こうして，ポケベルは「ビジネスマンの必需品」から「若者メディア」へ，「用件連絡のため」から「遊びのため」のメディアへと変容していった。

　その後，文字表示式のポケベルが普及し，女子高生を中心とした若年層でのポケベルの　私的(プライベート)　な利用が拡大する。「ゲンキ？」「ナニシテル？」「オヤスミ」——このようなメッセージの交換によってポケベル利用時間帯のピークは深夜となる。特に用件がなくても，友だちとの間で文字メッセージを交換する「習慣」が生まれたのだ。

　また，ポケベルの　個人的(パーソナル)　所有・　私的(プライベート)　利用はその端末の姿も変えた。当初事業者側がビジネス・ユース向けに用意していたのは無機質な「黒い箱」であったが，若者の利用を念頭におき，カラフルでさまざまな形状のポケベルが発売されるようになる。さらに，若者を中心に利用者側も，自分で絵や文字を書き加えたり，シールを貼ったり，さらには当時流行した「プリクラ」を貼ったりすることで，どこででも入手可能な端末から，自分専用のオリジナルな端末へと変化させた。

　このようなモバイル端末をカスタマイズする「習慣」が誕生・普及したのもポケベル流行時においてであり，その後のケータイでのストラップや端末のペインティング，着メロや待ち受け画面のダウンロードの流行へとつながっていった。利用者が実際にそのメディアをどのように利用するか

が，メディア自体のありようを変えた例としても，ポケベルの事例は興味深い。

（2） ケータイのマルチメディア化

　ポケベル利用者は 1996 年 6 月にピークとなり，1078 万人を数えたが，その後ケータイの普及を受けて，ポケベルの加入数は激減。NTT ドコモは 2007 年 3 月末をもってサービスを終了した。

　しかし，このようなポケベルの「衰退」は，一方的にメッセージを入れ，相手からの電話連絡を待たなければならないポケベルより，直接会話できるケータイの方が便利だったからではない。文字によるコミュニケーションにはケータイの方が便利であり，その上，会話もできるためだ。むしろ，ポケベルはケータイのマルチメディア化――音声メディアであるだけでなく，文字メディアとしても利用可能となった――言い換えれば，ケータイの「進化」を刺激する役割を果たしたのである。

　さて，ケータイ単体で利用できる文字メッセージ・サービスが提供されるようになったのは，ポケベルの流行を受けた 1996 年 4 月のこと，DDI セルラーグループ（現，au）によるサービスからである。すぐに他の事業者もショート・メッセージと総称されるこの種のサービスを提供し始めた。

　注目すべきは，当初，契約しているケータイ事業者が違うと文字メッセージのやりとりができなかったことである。このため，1997 年以降，各事業者が相次いで，ケータイ単体でインターネット経由の電子メールが交換できるサービスを開始すると，10 代の若者たちの間では，ケータイ利用の中心は急速に電子メールへと移っていく。ポケベルの流れをくむ，文字メッセージ交換の「楽しみ」を知る若年層のユーザーが，通話と比較した場合の料金の安さと送受信できる文字数の多さ，異事業者のケータイ間はもちろん，パソコンともメール交換ができる便利さを活用し始めたのである。

　ちなみに，日本同様に，1990 年代半ばから携帯電話の普及が急速に進み，

10代を中心に文字メッセージ交換が流行・定着した国としてノルウェーやフィンランドなど北欧諸国がある。しかし，それらの国ではインターネット経由のメールはあまり利用されていない。なぜなら，それらの国々ではSMS（short message service）であったために，サービス開始当初から異事業者の携帯電話間でのメッセージのやりとりが可能であったからだ。SMSとは第二世代のケータイ電話の統一規格であるGSM（Global System for Mobile Communications）における文字メッセージ・サービスである。GSM方式の携帯電話は日本や韓国をのぞく世界のほぼ全域で採用されており，現在，デファクト・スタンダード（事実上の標準）となっている。

さて，近年では，通話よりメールを多く利用する人がどの年代でも増加傾向にあり，ケータイは電話＝音声メディアとしてではなく，文字メディアとしての利用が中心となりつつある。その意味でもポケベルの「功績」は重要である。

では，メール機能以外のケータイのマルチメディア化について見ておこう。まずは，インターネット機能である。NTTドコモが1999年2月に始めたiモードを皮切りに，各ケータイ事業者が同様のサービスを開始する。ただし，このインターネット・サービスの普及を進めたのは，電子メール利用であったのであり，ウェブ利用ではなかった。実際，ケータイからのウェブ利用はゆるやかにしか進まず，当初利用が多いウェブは「着メロ」や「待ち受け画面」のダウンロード・サイトであった。つまり，ケータイ端末をカスタマイズするための利用が中心であったのだ（松田，2003）。

「着メロ」機能について補足しておこう。ストラップをつけたり，シールを貼ったりすることから始まったケータイ端末をカスタマイズする「習慣」は，着信音のカスタマイズにも広がった。1996年9月にはIDO（現au）が着信音を自分で入力することのできる機種を発売，翌年にはアステルが「着メロ」ダウンロード・サービスを開始する。この「着メロ」も実は，「着信メロディ呼び出しサービス」というアステル（現在は

YOZAN）の登録商標である。岡田（2006）が指摘するように，個人的に所有されるケータイの場合，振動などで本人に着信がわかるようであれば，着信音の必要は本来はない。しかし，その後も着メロ機能は進化し続け，2004年11月にはケータイに楽曲を丸ごと配信するサービスも登場している。外出先でいつでもどこでも音楽を楽しむという「習慣」は，1979年に発売され世界中で社会現象となったソニーのウォークマンにより生じたものであるが，ケータイはこの流れを汲むことにもなったのである。

　カメラ付きのケータイ端末は1999年7月にPHSで，翌年には携帯電話で登場した。当初は普及が伸び悩むものの，2001年からJ-フォン（現ソフトバンク）が「写メール」という名称で，撮った写真を電子メールで送ることができるサービスを展開してからは，急速に広がっていく。ケータイとカメラの「相性」がよかったのは，1990年代前半から若年層においてレンズ付きフィルムやプリント倶楽部（プリクラ）などで写真を撮り，さらには，友だちと交換することが流行していたことが大きい。2006年3月にはすでに携帯電話契約数の76.3%がカメラ付きとなっており（『平成17年版　情報通信白書』），今日ではケータイとして多くの人がカメラを日常的に持ち歩いている。事件や事故に出くわしたとき，街で有名人を偶然見かけたとき，ケータイを向けて写真を撮る風景もごく当たり前となった。その一方で，盗撮やデジタル万引き――書店などで本や雑誌を購入せずに，その中身を撮影すること――といった社会問題も広がっている。

1.4　日常生活への埋め込み

(1)　インターネット対応の重要性

　今日，ケータイはマルチメディア端末として，日常生活の中で活用範囲を広げている。天気予報やニュースなどウェブを閲覧し，情報を入手するのはもちろん，ケータイからネットショッピングを利用したり，オークションに参加したりする人が増えてきている。2002年には1,193億円だったモバイル・コマース市場（ケータイ・インターネットを利用した通信販売やチケット販売，株式売買手数料やオークション手数料などの市場）は，

2006年には5,624億円と急増している(『平成19年版　情報通信白書』)。

　2004年7月以降，ケータイにFeliCa（フェリカ）と呼ばれる非接触ICカード技術が搭載され始めた（おサイフケータイ）。これにより，ケータイを「かざすだけ」で各種サービスが利用可能となった。たとえば，コンビニなどでの電子マネーとしての利用や，アミューズメント・パークや小売店の会員証代わり，イベントのチケットや航空機チケットとして，さらには，会社や家のカギにまでと，その利用範囲は広がってきた。2006年からはケータイで電車やバスの運賃の支払いができるサービス（たとえば，JR東日本の提供するモバイルSuica（スイカ））やクレジットカード・サービスも始まっている。

　連絡用にいつでも持ち歩かれているケータイは，本や雑誌に代わる車中の「暇つぶし」メディアとして利用されているが，その中でも人気が高いのがゲーム機能だ。ゲーム機としてのケータイ利用は2001年1月のJava機能搭載以降広がっており，若年層を中心に利用者も多い。

　このようにケータイはパーソナル・コミュニケーション・メディアとしてだけでなく，日常生活のさまざまな場面で利用されるようになってきているのだが，ケータイで利用される機能・サービスの多くにおいてはインターネット接続が重要な役割を果たしている。

　たとえば，カメラ付きケータイの普及を受けて，2002年以降QRコード（二次元バーコード）の読み取りが可能な端末が発売されたことで，ケータイでの入力が面倒であったURLの読み取りや，住所と地図を対応させるサービスなどが登場し，広告宣伝媒体としてのケータイの利便性も増している。

　音楽プレーヤーとしての利用も増えてきている。インターネットはP2Pファイル交換ソフトを利用した楽曲の「不法交換」の場として問題になる一方で，楽曲の新たな流通購買経路となることが目指されていた。アメリカなどではインターネットによる音楽配信サービスが主流だが，日本では着メロの流れを汲むケータイへの音楽配信サービスが中心だ。今後，携帯音楽プレーヤー機との「棲み分け」はどのようになるのであろうか。ラジ

オ搭載のケータイでは，FM聴取中に気に入った音楽を「着うた」購入するといった利用も人気を集めている。さらに，これから本格的に展開される映像の配信サービスは，ワンセグ放送（ケータイなどモバイル端末向けの地上デジタルテレビ放送。2章参照）と並んで，新たな「暇つぶし」手段となりうるのか，その普及が注目されている。

インターネットのメディア特性の1つは，個人が手軽に情報を不特定多数に向けて発信できるところにある。インターネットでのブログの流行を受け，カメラ付きケータイを利用した写真付きのモブログ作成やSNS（10章参照）利用も増えている。今後，個人がケータイで撮影した写真や動画がインターネットを通じて，広く伝播する可能性もあるだろう。

また，2004年ごろから10代を中心とした若年層に流行しているのがケータイ小説である。ケータイやパソコンで購読できる電子書籍には有名作家による作品もあるが，ケータイ小説に特徴的なのは一般の読者の投稿である。内容は若い女性を主人公とした恋愛ものなどが多く，「身近で共感できること」が重要であり，書籍として出版され，ベストセラーになるものも少なくない。このように「素人」が作家になることができるのは，メール文化の浸透やブログ・SNSなどでの日記の流行を背景としている。と同時に，2003年11月以降広がっているパケット定額制により，コンテンツを「好きなだけ」利用できるようになったことも大きい。また，そのケータイ小説の後を追って，ケータイ・コミックスも利用が増えている。

(2) 再び持ち上がる「場所」の重要性

ケータイは場所を克服するメディアであった。しかし，ケータイが日常生活に埋め込まれるようになると，再び，「場所」が重要となってくる。

ケータイは乗車券のほかにも交通機関との提携が図られている。たとえば，2001年9月から関東や関西の私鉄で始まっているのが，グーパスというサービスである。これは，定期券やケータイで自動改札機を通過した際に，利用者の嗜好や行動パターンに合わせた行き先周辺の情報を，会員のケータイに自動改札機と連動してメール配信するサービスである。すで

に，ケータイに配信されたり，ケータイからウェブにアクセスしたりすることで利用できる割引クーポン券の利用は増えてきている．それに，利用者の「いまここ」の位置情報を組み合わせる．利用者はお買い得情報が得られ，商店にとっては売り上げ増が見込めるのだ．

ところで，個人とともに移動するケータイは，当該人物を監視するための道具として利用されてきた経緯がある．1990年代初めまでポケベル，そして，ケータイは「会社からの鎖」として持たされるものであった．その後，多くの人が所持するようになると，ケータイは「ソフトな監視手段」へと変容を遂げてきた．

ケータイを利用した位置情報サービスは1998年頃から次々に登場している．中でも，1995年にサービスを開始したPHSは個々の基地局のカバー範囲が携帯電話より狭いことを利用し，位置情報サービスに力を入れた．半径100メートルほどの誤差で位置情報を提供するPHSは，まずは子どもの安全確保のために，次に，徘徊老人のために商品化された．その後，携帯電話とGPS（Global Positioning System）機能を組み合わせた位置情報提供サービスが登場する．

中でも，1990年代後半以降の「体感治安」の悪化を受け，小学校就学児童の安全確保を目的としたサービスの広がりが急速である．子ども向けをうたったケータイには，防犯ブザーがついているだけでなく，GPS機能によって特定したケータイの位置情報を，契約者（多くは，保護者）がインターネット上で，あるいはメール配信サービスにより得ることができるサービスがついている．さらに，誰かに電源を切られたとしても，自動的に電源が立ち上がる機能まで装備されているものもある．ケータイ市場が飽和化していることもあり，子ども向けのサービスは2000年代前半から急速に多様化し，実際の利用者も増えている．

このような監視は，「相手の安全確保のため」に行われるとされ，通常，「監視」とは見なされない．相手に対する「配慮」から最新のテクノロジーを利用したまでであり，電子的な「見守り」であると．しかし，「監視される側」——多くは，子どもや高齢者——は決まっており，しかも，

「配慮」であるがゆえに監視を拒否できない。さらに，電子的な監視では，「見守る側」と「見守られる側」が入れ替わることがなく，同じ空間にいる場合のような相互性がない，一方的な監視となっている。「会社からの鎖」と大きな違いはないのだ。

　私たちのコミュニケーションは，電話により「空間」を，ケータイにより「場所」を克服した。しかし，マルチメディア化したケータイが日常生活に埋め込まれ，さまざまな場面で利用されるようになると，日常生活を営む「場所」が再び重要となってきている。
　今後，ケータイはどのように日常生活の中で利用されるのか。多種多様な機能のうち，実際に活用され，日常生活のありようにも影響を与えるのは，どのような機能なのだろうか。目が離せない状況は続く。

エクステンション・スタディ　「ケータイ先進国・日本」を支える「事情」

　日本における携帯電話サービスの特徴の1つとして取り上げられるのが，ケータイ・インターネット加入割合の高さである。2004年9月末現在，携帯電話契約数に占めるインターネット契約端末の割合は，日本（94.1％）と韓国（89.0％）とが飛び抜けて多く，アメリカ33.5％，オーストリア28.2％，フィンランドが22.1％と続く（『平成17年版　情報通信白書』）。また，次世代携帯電話への移行も早く，2007年7月現在で78.0％が第三世代となっている（社団法人電気通信事業者協会）。さらには，本文中で紹介したような多機能端末の普及も特徴的であり，携帯電話の将来を考える上で日本市場の動向は世界的に注目されている。
　こういった新サービスの急速な普及は，新規端末が低料金で供給されるがゆえに，平均2年半ほどで端末が買い換えられることが大きく貢献してきた。では，なぜ新規端末が低料金で供給されてきたのか。
　これには，根本的な日本のケータイの「事情」として，垂直統合モデルと呼ばれるビジネスモデルが採用されてきたことが強く関連している。ここで

言う垂直統合モデルとは，通信事業者の主導で端末やサービスの仕様が決定し，端末メーカーやコンテンツ・プロバイダが従うというものである。通信事業者が提案する新サービスに合わせて端末が開発され，その販売の際には事業者から販売代理店にインセンティブ（販売奨励金）が支払われることによって，原価をはるかに下回った額でユーザーに届けられる（このような料金体系は 2006 年 9 月以降，各事業者で見直しが進められ，現在は購入・料金プランを選ぶことができるようになっている）。端末を新規購入したときに一定の期間以上の利用が求められるのは，事業者がインセンティブを通信料に上乗せしているためである。また，いくらデザインが気に入った端末があっても，違う事業者向けの端末であれば利用できないのも，端末と事業者が結びついているためである。

　新サービスの普及という点では日本市場は特徴的であるものの，第二世代で GSM 方式を採用しなかったため，携帯電話機の世界市場での日本のマーケット・シェアは低下傾向にあり，2006 年には 7% を下回った（『平成 19 年版　情報通信白書』）。このため，国際的な競争力を高める上でも，インセンティブの廃止や SIM カード（電話番号やユーザーID など携帯電話端末を機能させるために必要な情報が記録されている IC チップ）の導入など垂直統合モデルの再検討が課題となっている。しかし，ワンセグ放送やデジタルラジオなど，これから普及が見込まれる新サービスの発展にマイナスになるといった見方からの反対も根強い。

参考文献

井上史雄・荻野綱男・秋月高太郎（2007）『デジタル社会の日本語作法』岩波書店

岡田朋之（2002）「メディア変容へのアプローチ」岡田朋之・松田美佐編『ケータイ学入門』有斐閣

岡田朋之（2006）「ケータイの生成と若者文化」松田美佐・岡部大介・伊藤瑞子編『ケータイのある風景』北大路書房

カッツ，J. E.・オークス，M.／富田英典監訳（2003）『絶え間なき交信の時代』NTT 出版（Katz, J. E. & Aakhus, M. (2002) *Perpetual Contact : Mobile Communication, Private Talk, Public Performance*, Cambridge University Press.）

加藤晴明（2001）『メディア文化の社会学』福村出版

富田英典（2002a）「都市空間とケータイ」岡田朋之・松田美佐編『ケータイ学入

門』有斐閣
富田英典（2002b）「ケータイ・コミュニケーションの特性」岡田朋之・松田美佐編『ケータイ学入門』有斐閣
松田美佐（2003）「モバイル・コミュニケーション文化の成立」伊東守・小林宏一・正村俊之編『電子メディア文化の深層』早稲田大学出版部
水越伸（1992）『メディアの生成』同文館
山崎敬一編（2006）『モバイルコミュニケーション』大修館書店
吉見俊哉（1995）『声の資本主義』講談社
吉見俊哉・若林幹夫・水越伸（1992）『メディアとしての電話』弘文堂
渡辺潤（1989）『メディアのミクロ社会学』筑摩書房
Aronson, S. D.（1971）The Sociology of the Telephone, *International Journal of Comparative Sociology*. 10.

　電話については，吉見俊哉ほか**『メディアとしての電話』**がメディア論的な視点から論じた好著である。水越伸**『メディアの生成』**や吉見俊哉**『声の資本主義』**を通じて，メディアの歴史的な生成過程を理解すると，今後のメディア変容を考える際のヒントが得られるだろう。ケータイについては，岡田朋之・松田美佐編**『ケータイ学入門』**や松田美佐・岡部大介・伊藤瑞子編**『ケータイのある風景』**が社会学的にさまざまな角度から「ケータイのある社会」について議論している。世界各地のケータイ事情を紹介するJ. E. カッツとM. オークスの**『絶え間なき交信の時代』**は，ケータイと社会の関係性を考える上で役に立つ。

2 映像メディアの展開
——テレビの登場そして未来

→ 20世紀を代表するメディアと言われるテレビは，私たちの社会生活やライフスタイルに，どのようなインパクトを与えながら，発展してきたのだろうか。
→ 時代の変化やテレビを取り巻くメディア環境の変化の中で，人々のテレビの見方やテレビに対する意識は，どのように変化してきただろうか。
→ 多メディア化・デジタル化が進む中，今後，テレビはどのように変化していくであろうか。

2.1 「見る」メディアとしてのテレビの登場：1953〜1965年頃

(1) 草創期のテレビ

テレビは，20世紀を代表するメディアと言われる。イギリス，アメリカはじめ，第二次世界大戦の直前に本放送を開始していた国もあるが，世界的に見た本格的なテレビ時代の始まりは，1950年代に入ってからのことである。テレビの最も重要な特徴は，その語源「テレビジョン（television）」のとおり，「遠くのものを見る」ことができる点にある。テレビは，今，どこかしらで起こっていることを，多くの人々が，同時に，全社会的な規模で「見る」ことによって知り，情報や感動を共有するという，新しい社会的コミュニケーションを生み出した。そして，メディア史全体から見ると，極めて短い期間に，娯楽，報道，そして教育・教養のメディ

アとして，広く人々の生活や意識，コミュニケーション行動に，大きな影響力を及ぼしてきた。

多くの人々に同時に情報を伝えるという点では，すでに活字メディアが存在していたが（3章参照），人間の言葉が文字化され伝達されるプロセスでは抽象化が行われ，全ての人々が理解するには困難が伴うこともある。これに対してテレビのような視聴覚メディアでは，人間の言葉だけでなく表情や周辺情況も含めて伝えることが可能で，より人間の直感に近い形で伝達されるため，広く大衆に受け入れやすいという特徴がある。

日本でのテレビ本放送の開始は1953（昭和28）年。2月1日に公共放送NHKで，8月28日には，民間放送の先頭を切って日本テレビで放送が始まった。草創期のテレビ受像機は高価で，誰もが購入できたわけでなく，多くの人々は盛り場に設置された**街頭テレビ**＜☞＞や電気店や飲食店，あるいは近所のテレビのある家で，この新しいメディアとの出会いを体験した。人々が見ていたのは，プロレス，野球，相撲などのスポーツ中継や，舞台中継・劇映画など，テレビの登場以前は，自ら見に出かけていた娯楽が中心であった。

(2) 家庭へ普及したテレビ

50年代後半から60年代にかけて，放送局の開局が続き，放送時間も拡大した。途中5時間の休止をはさんで1日4時間で始まったNHK総合テレビの放送は，62年10月には，朝6時台から24時近くまで休みなく放送される，全日放送となった。番組も，中継物に加えて，ドラマ，クイズ，

〈街頭テレビ〉
　日本テレビでは，一刻も早いテレビの普及のために，1台のテレビを大勢の人が見る機会を広げる戦略を展開した。開局当日，新橋駅西口広場や浅草観音境内など東京都内と近郊55箇所に街頭テレビを設置した（最終的な数は全国で278と言われている）。その人気を決定的にしたのは，当時一大ブームを巻き起こしていたプロレスの国際試合の中継（54年2月）であった。

バラエティーなど，テレビ独自の娯楽番組が増え，テレビ受像機の価格も一般の人々に手の届くところまで下がり始めた。そして，59年4月の「皇太子ご成婚パレードの中継」は，テレビならではの，見ることによってこそ実感できる現場の映像を広く全国に伝え，テレビの家庭への普及を大きく前進させるきっかけとなった。

こうして，街頭テレビに始まったテレビ視聴は，その舞台を家庭へ移していく。戦後日本経済が急成長する中，電気洗濯機，電気冷蔵庫など，家事を効率化する電化製品が普及しようとしていた時期であったが，後から登場したテレビ受信機は，これらを大きく上回る勢いで家庭に普及し始めた。このような熱い思い入れの中で「家にやってきたテレビ」は，茶の間に大切に置かれ，家族が一緒に楽しむメディアとなった。大型電気製品に囲まれた幸せなアメリカ中流家庭が舞台のドラマ，続いて，日本の家庭を舞台としたホームドラマ（和製英語）が，戦後の新しい家庭像や家族像を描くものとして放送され，広く受け入れられていった。また，大人も子どもも等しく参加できるクイズ番組も，人気を集めた。

テレビ時代の幕開けを飾る大イベントとなった「皇太子ご成婚」から5年後，64年の東京オリンピックの頃には，ほとんどの家庭でテレビ（白黒）が見られる状況になっていた（図1）。この時期のテレビ技術は，その場に居合わすことのできない人に向けて現場から中継するだけでなく，できごと（イベント）を「テレビ的に構成」して伝えることが可能になっていた。あちこちの会場で同時に繰り広げられているさまざまな競技を入れ替わり中継したり，ビデオの活用で，現在進行している競技の中継の間に，すでに終わっている競技の様子を挿入したり，決定的瞬間をスローモーションで再現してみせるなど，オリンピックは，壮大なドラマとして，人々に送り届けられた。実際に競技場に出かけたのはごく限られた人たちであったのに対して，ほとんどの日本人がテレビで観戦しており，このオリンピックは，まさに，「テレビ的な体験」として，人々に共有されたと言える。テレビで見たオリンピックこそが，人々にとって本物だったとも言える状況であった。

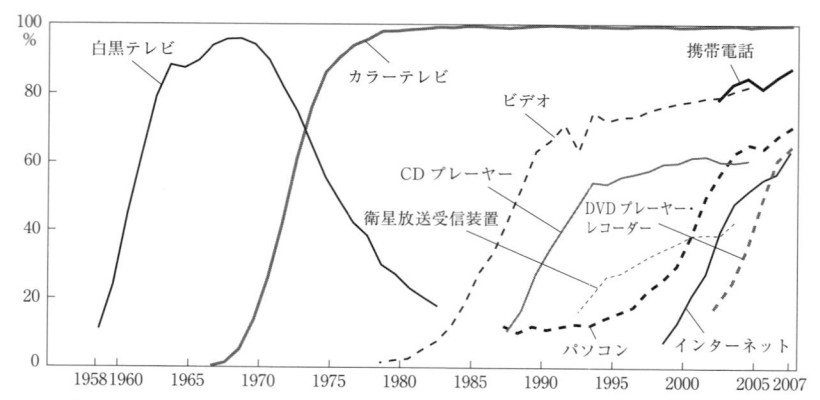

出典:「インターネット」以外については,「消費動向調査」(経済企画庁→内閣府)による耐久消費財の世帯普及率のデータ。1977年までは「消費と貯蓄の動向」(経済企画庁), 1978年からは「家計消費の動向:消費動向調査」, 1988年からは「消費動向調査年報」(経済企画庁:2001年からは内閣府)。1977年までは2月, 1978年以降は3月の調査結果。また, 1963年までは, 非農家世帯のデータである。
「インターネット」については, 自宅内からネットを利用している世帯の比率で,「インターネット白書」(インターネット協会監修)発表のデータである。

図1. 情報メディア関連機器の世帯普及率

(3) 生活に浸透するテレビ視聴

　家庭へのテレビの普及に伴い, 60年代前半には, 人々のテレビ視聴時間量が急激に増加した(図2)。1960年以来今日まで, 5年ごとに実施されてきたNHKの「国民生活時間調査」によれば, 60年の時点で平日1時間弱だったテレビ視聴時間が, 65年には3時間近くに増加した。また, 人々は圧倒的多くの時間を自宅で見ており, 他の事(とくに食事, 家事)をしながらテレビを見るという「ながら視聴」が視聴時間の約4割を占めていることも明らかになった。

　ラジオと違って視覚情報を伴うため, テレビを見ながらのおしゃべりが可能である。このような特性も加わって, 夕食時にテレビを見ながら家族でおしゃべりをしたり, 食後の団らんの時間にテレビを見ることが, 定着, 習慣化していったと言える。食事時間が長くなり, 大人も子どもも, 家事や勉強などを後回しにし, 睡眠時間を減らしてテレビを見ていた。なお,

2. 映像メディアの展開——テレビの登場そして未来　33

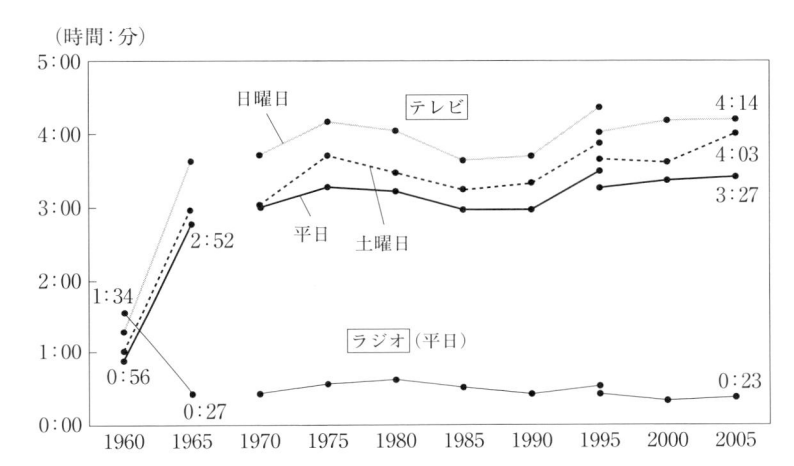

注) 1960年と1965年は面接法・アフターコード式，1970年〜1995年は配付回収法・アフターコード式，1995年から2005年は配付回収法・プリコード式。グラフがつながっていないのは，調査方法が異なるためである。
(出典：NHK「国民生活時間調査」(各年とも10月実施，全国10歳以上の国民))

図2．テレビ視聴時間量の推移

　この時の調査結果によれば，テレビ視聴による影響として心配されていた子どもの勉強時間の減少傾向は見られなかった。
　テレビ視聴時間が急増したこの5年間に，活字メディアである新聞・雑誌・本の閲読時間には変化が見られなかったが，ラジオの聴取時間は，テレビと入れ代わる形で，60年の1時間半から65年には30分足らずに減少している。また，テレビと同じく視聴覚メディアである映画については，年間観客数の激減傾向が見られた。
　60年から65年にかけてのテレビ視聴の変化は，それまで存在しなかったテレビが人々の生活に登場したことによる劇的な変化であった。テレビ視聴は，現在でも，極めて多くの人々が，自宅という最もプライベートな空間で，毎日の生活の流れの中で長時間を充てて行う行動だが，その原型が，テレビがほぼ全世帯にいきわたった1965年の時点で形成され，日本人のライフスタイルの中に組み込まれていった。

2.2 娯楽メディアから総合メディアへ：1965～1975年頃

　初期のテレビ番組が，家族誰もが楽しめる娯楽番組中心でスタートしたこともあって，60年代前半頃まで，テレビの視聴は夜が中心で，朝はまだラジオを聴く習慣が残っていた。しかし，NHKの朝の「連続テレビ小説」（61年～現在）や，各局の午前中のニュースやワイドショーが，出勤準備や家事であわただしい人々の関心を集めるようになり，次第に人々の朝のテレビ視聴習慣を形成していった。朝遅刻しないよう，時計代わりにテレビを見るという習慣は，この頃に始まっている。（「連続テレビ小説」は，2年目の放送から現在まで毎朝8時15分から15分間の放送，というスタイルを変えていない。）このことは，テレビの前にじっと座って番組をじっくり見るという習慣を希薄にし，「ながら視聴」や「断片的，細切れ視聴」を促進するものとなっていく。

　60年代後半から白黒テレビに代わってカラーテレビの普及が始まるが，この時期には，ホームドラマの他に，『8時だョ！全員集合』（TBS, 69年）などの大型バラエティー番組，歌・音楽番組など，多彩な娯楽番組が出揃い，家族団らんを促進するものとして，茶の間に迎えられた。『鉄腕アトム』（フジテレビ, 63年）の成功で次々登場するアニメ番組や「ウルトラマン」シリーズに始まる特撮ドラマは，ごっこ遊びや人気キャラクター商品の普及という形で，日本中の子どもたちの遊びや生活に大きく入り込んでいった。

　また，この時期には，ベトナム戦争（60～70年代），アポロ11号の月面着陸（69年），よど号ハイジャック事件（70年），浅間山荘事件（72年）などの歴史的大事件が相次ぎ，事態の進行を同時に伝える長時間中継の映像が，次々家庭に送り届けられ，人々に報道メディアとしてのテレビの威力を強く印象づけた。国内のできごとはもちろん，世界情勢も，宇宙のできごとまでも，家庭にいながらにして目撃し，その体験を世界の人々と共有することも可能な時代となったのである。

　さらに，教育・教養番組も充実を見せ，70年代半ば，日本のテレビは，

多様な機能を持ち合わせる総合メディアとして定着し，テレビ視聴時間も，65年以降の10年間，増加を続けた。テレビは，家庭の求心力とも言える形で，家族を茶の間やリビング・ルームに集め，そこでは，番組をめぐる会話だけでなく，チャンネル権争いといった行動も含めて，テレビを囲む家族間の交流が存在していた。テレビ視聴を通して家族のまとまりを感じていたと見ることができよう。

　テレビ視聴のほとんどは家庭で行われているが，日本では，学校教育の場でも，テレビが大きな役割を果たしてきたという特徴がある。学校放送番組は1953年のテレビ放送開始と共に始まっていたが，1959年に世界初の教育専門局としてNHK教育テレビジョンが開局したのを機に，学校へのテレビの普及と利用が急速に広まった。60年代半ばには全国の9割の小学校にテレビが普及し，7割を超える学校で利用され，さらに75年には，小学校の各教室に1台テレビが普及するまでの環境が整って，9割を超える学校で，理科，社会，道徳などの番組が利用されるようになっていた。

2.3　テレビの日常化と個別視聴化のきざし：1975～1985年頃　～テレビと家族のアンビバレントな関係～

　テレビ開始から20年，1970年代半ばには，カラーテレビが9割近い世帯に普及，2台以上のテレビを所有する家庭も半数近くになり，人々のテレビとの関わり方にも変化が生じてくる。

（1）　テレビに対する興味の変化と家庭内でのテレビの位置づけ

　テレビは人々の日常生活にすっかり溶け込み，特別なものではなくなり，無意識のうちに視聴される状況が進行していた。そうした中で，次第に番組に対するマンネリ感が生まれ，また，過熱報道に対する批判が高まるなど，人々のテレビに対する興味の減少を引き起こし，さらには，視聴時間の減少へと結びついていった。これまで増加の一途をたどってきたテレビ視聴時間は，1975年頃をピークに減少に転じ，1985年まで減少が続いた（図2）。意識面で始まっていた「テレビ離れ」が，視聴時間の停滞，減少

という行動面にも現れたと言える。

　この時期においても，全体としては，相変わらず食事中や夕食後，家族と一緒にリビング・ルームに置かれているメインテレビを見ることが主流であったが，テレビの「個別（個人）視聴」が可能な環境が出現したことで，見たい番組が家族と一致しなければ，1人でサブテレビ（2台目以降のテレビ）を見る，こんな風景も登場した。

　また，家族が一緒に見ている状況にも変化が生じた。1979年のNHK「家庭とテレビ」調査は，全員が積極的に見たり，家族につられたり付きあって見るのとは別に，「家族全員が何となく漠然と見ている」状況の存在を指摘している。ついているテレビが，茶の間に適当な話題を投げかけてくれることで，時おり言葉を交わしながら，何となく家族が時間を過ごせる状況が作り出され，テレビの存在が「団らん」気分を作り出していたとも言えよう。家庭内暴力が話題になり，家族の絆の危うさが案じられ始めていたこの時期に，テレビは，一方で（視聴形態の面で）家族を分散させつつ，他方で（心理的な面で）は，家族をつなぎとめる役割を果たしていたと言える。

（2）　テレビ本来の特性への回帰

　テレビに対する一種の倦怠感が生じたと言えるこの時期に，人々を惹きつけた番組に共通していたのは，作り物でない「事実の持つ面白さ」であった。歌番組でありながらテレビ本来の特徴である"生放送"に徹して，同時進行性を共有することで視聴者を惹きつけた『ザ・ベストテン』（TBS, 78年）や，リハーサルはあるにしても観客・視聴者の前で繰り広げられている現実感が魅力となった公開バラエティー番組などは，その一例である。

　これまでテレビは，特定曜日の特定時間帯に同じ番組を放送するという，1週間をサイクルとする時間の感覚を人々に与えてきたが，この時期には，そうした日常番組の枠を超えた番組も登場した。それまでの常識を超えた3時間という長時間ドラマや，何日も連続して番組を集中的に放送すると

いう編成も登場した。

　そして、まだ24時間放送が始まっていない78年、日本テレビが、開局25周年を記念して、チャリティー・キャンペーン番組『24時間テレビ・愛は地球を救う』を放送した。全国29局を中継で結び、文字通り24時間休みなく、各地でタレントたちが募金を呼びかける様子が映し出され、最終的にこの番組を通じて11億円を超える募金が集まったというものである。「超」長時間番組としてのユニークさだけでなく、全国各地の家庭で、ばらばらに番組を見ていた、お互い見ず知らずの人々の間に、「テレビの現実」を通した熱気による連帯感が生まれ、その相互作用の中で、極めて多くの人々が募金に参加するという行動につながった。藤竹暁の著書のタイトルになっている、まさに「テレビメディアの社会力」の具体的事例の1つである。

2.4　ニューメディア時代のテレビ再認：80年代半ばからの10年間

(1)　回復したテレビに対する興味

　80年代から90年代にかけて、さまざまなメディアが登場し、「ニューメディア時代」という言葉が盛んに使われたが、80年代半ばから10年間に着目すると、VTR、テレビゲーム、パソコンなどが急速に家庭に普及していることがわかる（前出図1）。ビデオやゲームなど、テレビ画面を利用するメディアの普及が、「テレビ離れ」を促進するのではないかとの見方もあったが、現実には、85年以降、テレビ視聴時間は増加に転じ、現在に至っている（前出図2）。ビデオは、普及率は高いが、利用頻度が低く、1日当たりの利用時間の平均は、10分前後にとどまっていた。

　テレビ視聴時間が増加に転じた背景には、特に90年から95年にかけて、週休2日制の浸透や家事時間の減少で、自由時間が大幅に増加したことや、生活の夜型化で深夜の時間帯がテレビ視聴の時間になったことなど、生活面での変化も要因となっていた。テレビの24時間放送は、1987年に始まっている。

　この時期には、テレビに対する興味の回復という意識面での変化も見ら

れた。それは，ニュース・報道番組への人々の関心の高まりにも表れている。中継技術の発展やビデオカメラの小型軽量化などテクノロジーの進歩が，テレビの速報性・同時性の範囲を飛躍的に拡大したこともあり，「ベルリンの壁崩壊」(89年) や「湾岸戦争」(91年)，「阪神・淡路大震災」(95年) など，相次ぐ内外の大きなできごとを通して，人々がテレビメディアの特性を認識し，テレビの再評価にもつながったと見られる。

ベルリンの壁崩壊に始まる東欧社会の民主化への急展開については，衛星テレビを通じて，自由で豊かな西欧社会や人々のライフスタイルを知った東欧諸国の人々の結集力が，社会変動の原動力になったと言われており，このことは，広く世界の人々に，テレビのもたらす影響力の大きさを知らせることにもなった。

(2) リモコンの登場によるテレビ視聴の変化

そして，もう1つ注目されるのは，リモコンによってもたらされた新たな変化である。70年代末に登場したリモコンの普及率は，87年には54％，92年には87％に達している。リモコンの使用でチャンネルの切り替えが容易になり，CMを飛ばして見るだけでなく，番組の面白い部分だけを見たり，必要なものを探して見たりするようになったことが，テレビの見方に変化を及ぼし，テレビに対する新しい興味にも結びついていった。

テレビ最初の30年は，次々登場する多様な番組を，素直にそのまま受け入れて見ていたのが，リモコンの登場で，より興味深いものを探して，あるいは，同時間帯に放送されている各局のニュースを比較して見るなどの目的で，番組途中でもチャンネルを切り替えていろいろ見るという，自ら関わりを持つ見方に変化し始めた。

この間，世帯当たりのテレビの台数も増え続け，家族視聴減少・個別視聴増加の傾向もさらに進んでいた。番組のほうも，テレビ初期から人気を集めてきたホームドラマは80年代には姿を消しており，代わって登場したのは，家族ではなく特定の年代や世代に焦点を当てたドラマであった。トレンディードラマなどのように登場人物が抱える恋愛模様や，職場や家

庭の今日的な問題や最先端の流行を伝えて人々を惹きつけるというもので，家族とより，友人との間で話題になるものに変化していた。

その他，楽しみながら知識や情報が得られるエンターテインメント番組（知的娯楽番組／楽しめる教養番組）や，お笑い番組から独立したタレントなどを中心に据えた新しいスタイルのバラエティー番組が増えていった。この時期以降，現場やスタジオで起こっていることを直接伝える「ナマ性」の強い番組や，情報性の強いワイドショー形式の番組，「娯楽」「報道」といった1つのジャンルにおさまりきらない番組が増え，さらにテレビ番組全体が「バラエティー化」していると言われるような傾向になっていく。

2.5　デジタル時代のテレビがもたらす変化：90年代半ば以降

（1）　新しいテレビの見方の出現　〜無意識だが，こだわりあり〜

家庭における個別視聴傾向とリモコンの登場による，テレビの断片的な見方はさらに進行し，90年代後半には「見たい番組がなくてもテレビをつけたままにし」「気がつくとリモコンでチャンネルを次々変える」といった見方が，若い層を中心に主流になった。このような視聴形態を意識して，途中から見ても，すぐ話題に追いつくことができるよう，短いコーナーで構成される番組や，画面を一瞬見ただけで内容がわかるよう，スーパーや絵文字，マンガの吹き出しなどの「画面文字」を多用した番組も登場し，そのことがさらに，番組を見ている意識が希薄なテレビ視聴を増幅させた。

また，生まれた時からテレビがあった世代が増え，番組づくりの仕掛けを見抜いている人々が増えてくると，演出であることを前提に，テレビを楽しむという状況も現れた。番組の企画として一定の約束事が設定され，その中で展開されるできごとを楽しんだり，その内容をテレビの出演者と視聴者が一緒に見て楽しむという複雑な構造の番組も登場した。『学校へ行こう！』(TBS，97年) や『恋愛地球旅行あいのり』(フジテレビ，99年) は，その一例である。若い世代を中心に，こうした番組を見ながら突っ込

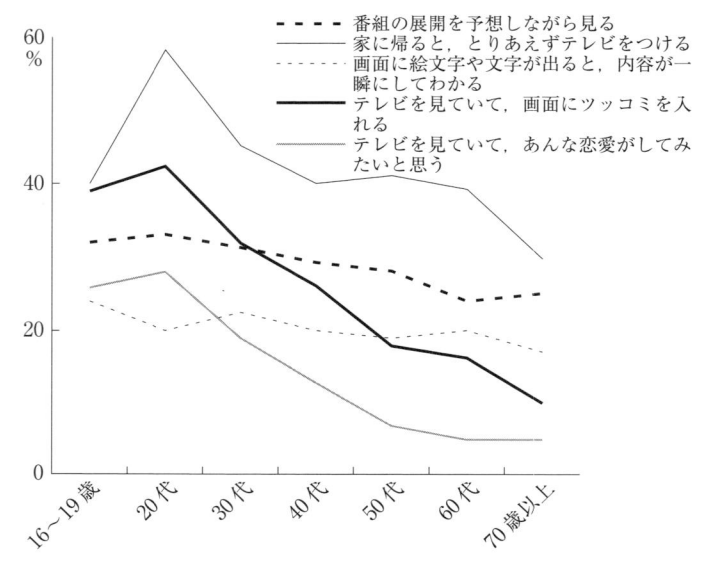

凡例:
- - - 番組の展開を予想しながら見る
―― 家に帰ると、とりあえずテレビをつける
‥‥ 画面に絵文字や文字が出ると、内容が一瞬にしてわかる
―― テレビを見ていて、画面にツッコミを入れる
―― テレビを見ていて、あんな恋愛がしてみたいと思う

(出典：NHK「テレビ 50 年調査」(2002 年 10 月，全国 16 歳以上の国民)
図 3. 若年層に特徴的なテレビの見方

みを入れ，実際には一人で見ていても，テレビの出演者と一緒に見ることで，友達と雑談でもしながら見ている感覚で，「番組視聴」というより，「テレビとのやりとり（コミュニケーション）」を楽しむ状況の中にいる。

図 3 に示したように，とりあえずテレビをつけておき，気が向くとテレビと対話したり，その内容に感情移入したり，番組の展開を予想しながら楽しみ，それに飽きると，またリモコン操作が始まる。家族全員がテレビの前に集まり，最初から最後までじっくり番組を鑑賞していた時代には，想像もできなかった情景である。

(2) 多チャンネル化，デジタル化時代へ

衛星放送，都市型 CATV，CS デジタル放送の普及が進んだことで，日本でも 90 年代半ば以降，本格的な多チャンネル時代を迎えた。視聴時間量の面では，現在でも地上波テレビの占める割合が圧倒的に大きいが，多

表1. 多チャンネル化，デジタル化の進展

1989年6月	NHK衛星放送の本放送開始
1992年5月	通信衛星によるCS放送開始
1996年10月	CSデジタル放送開始（パーフェクTV!）
2000年12月	BSデジタル放送開始：データ放送，デジタルハイビジョン放送開始
2003年12月	3大都市圏で地上デジタル放送開始
2006年4月	携帯端末向けワンセグ放送開始
2011年7月	地上アナログ放送の終了，全面デジタル移行予定

くの中から選択できることや，少数であっても強いニーズを持つ人々に向けた専門的な番組が見られるようになったことの意義は大きい。

　テレビ放送のデジタル化により，ハイビジョンによる高画質・CD並みの高音質や，データ放送を使った双方向型の情報やサービスの提供が可能になった。放送は，「1対多(マス)」の一方向メディアとして発達してきたが，これまでは通信の分野と考えられていた「1対1」対応の双方向サービスも提供される時代となり，視聴者がリモコンのボタンで番組中に出されるクイズやアンケートに答えた結果を反映させながら進行する番組も登場している。そして，2006年4月には，「いつでも，どこでもテレビ視聴」を可能にする地上デジタル放送の携帯端末向けサービス**「ワンセグ」**＜☞＞が登場し，家庭で見るものであったテレビを肌身離さず持ち歩くことも可能な時代となった。

〈ワンセグ（放送）〉
　地上デジタル放送による携帯端末向けのサービス。日本の地上デジタル放送は，1つのチャンネルの帯域が13のセグメントに分割されており，その1セグメントが携帯端末向けに割り当てられたことから「ワンセグ」という愛称が生まれた。移動中でも映像や音声の乱れが少なく，鮮明に放送を受信できることが特徴で，テレビ番組視聴のほか，データ放送を通じてニュースや気象情報，教育コンテンツ，番組情報を画面上に呼び出すこともできる。

(3) 多層化するテレビとの関わり方：テレビとインターネットの連動

90年代半ば以降急速な普及を見せたインターネット（前出図1）は，テレビ以降のメディアの中で，テレビとの関係においても，最も大きなインパクトを持つものと言えよう。そのことは，テレビ局自身がインターネットを通じてニュースの提供，番組ホームページの開設，番組コンテンツの配信を行っていることにも現れている。

イギリスのBBCでは，2007年，放送後7日間の番組を，英国内であれば無償でダウンロードできるインターネット経由の番組提供サービスiPlayerを開始して，世界的に注目を集めている。また，アメリカで立ち上げられた動画共有サイトYouTubeの例にも見られるとおり，欧米を中心に，放送機関が動画共有サイトと積極的な提携を進める動きもある。

表2．メディア別に見た行為者率と平均時間（日曜日）

	行為者率 2006年	（2001年）	全員平均時間 2006年	（2001年）
テレビ	89%	91	3:33	3:52
ラジオ	11	12	0:17	0:15
新聞・雑誌・マンガ・本（活字）	45	49	0:34	0:33
CD・MD・テープ	15	14	0:16	0:17
ビデオ	**14**	12	**0:16**	0:13
テレビゲーム	8	9	0:09	0:10
ウェブ閲覧*	**20**	9	**0:15**	0:06
メール*	**37**	22	**0:25**	0:13
インターネット**	**44**	26	**0:40**	0:19
パソコン***	**23**	15	**0:27**	0:16
携帯電話***	**48**	34	**0:35**	0:20

注1）*「ウェブ閲覧」「メール」＝パソコン，携帯といった媒体は問わず，それぞれを利用。
**「インターネット」＝パソコン，携帯といった媒体を問わず，「ウェブ閲覧」と「メール利用」を合わせた利用。利用目的については，仕事利用も娯楽利用もすべてを含んでいる。
***「パソコン」「携帯電話」については，「ウェブ閲覧」「メール利用」「その他の利用」を合わせた利用。
注2）太字は，2001年と比べて有意に行為者率や時間量が増えた行動。
注3）この調査の結果では，図2の結果と異なり，テレビ視聴平均時間が5年間で減少しているが，これは本調査の対象者が69歳までしか含まれていないことなどによる。
（出典：NHK「IT時代の生活時間調査」（2006年10月，全国の10〜69歳の国民））

表2は、メディア・コミュニケーションの量的側面から見た、パソコンや携帯電話によるインターネットの利用や、テレビ等の各種メディアの利用実態を比較対照した結果を示したものである（ここでは、自由時間を最大限に活用できる日曜日の結果を紹介）。「テレビ」は、相変わらず、接している人の多さ（行為者率）、時間の長さ（平均時間量）ともに、他のメディアを大きく引き離している。この傾向は、男女いずれの年層にも共通している。「ウェブ閲覧」と「メール利用」を合わせた「インターネット」の利用は、5年間で大きく伸びて、1日の中で国民全体の半数近くが利用する日常行動になった。40代ぐらいまでは、テレビに次いで高い行為者率で、特に20代（男性66％、女性76％）では、テレビの行為者率（男性78％、女性84％）にかなり近い値にまで迫っている。

　利用時間量の面から見ると、男女とも10～30代ぐらいまでは、テレビのほか、インターネットが40分以上と多く、さらに活字メディアやCD・MD・テープ、ビデオなど多様なメディアにアクセスしている。これに対して、50代以上は、テレビ視聴が4～5時間と多いうえ、活字メディア30分以上、ラジオ20分以上と、既存3メディアの時間量が多く、インターネットは10分前後と少ない。新しいメディアを積極的に取り入れ、目的に応じて多様なメディアを使うグループと、従来型メディアに時間を使うグループの境界は、現時点では40代あたりと言える。

　インターネット利用がテレビ視聴時間を減少させるのではないかという点に関しては、2006年時点ではこれを科学的に確証した調査結果は見当たらない。「IT時代の生活時間調査・2006」（NHK）は、平日、日曜日の夜8～10時の時間帯には、インターネットをしている人の3分の1から半数程度が、テレビを見ながらの利用であるという結果を紹介している。テレビとインターネットの同時並行的な利用の実態については、他の調査でも報告されているが、テレビをつけていて、ちょっと気になる情報があると、パソコンで検索することは珍しくないし、テレビ局も、番組ごとにウェブサイトを設けて、番組の内容を補完する情報を紹介するのがごく普通のこととなっている。他のメディアと連動させながらテレビを見る時代

になってきたと言えよう。

　さらに，20代，30代を中心に，携帯電話もテレビと同時並行的に利用され始めている。テレビを見ながら，メールをチェックしているうちに，「今見ているテレビが面白い」ことをメール相手の友だちに知らせ，そこからさらに会話が広がるようなことも起こっている。それこそ「ワンセグ」対応の携帯電話で，テレビ視聴も，関連情報の検索も，視聴内容に関するメールのやり取りも行うという「携帯電話内でのテレビ視聴とネット利用」も，すでに現実のものとなっている。このようなスタイルの情報行動は，一様に社会全体に広がっていくとは考えにくいが，メディアの機能面でのさらなる進化が，現時点で誰も予想していないような情報行動上の変化を引き起こしたとしても不思議ではない。

（4）　多面的なテレビの効用評価と今後のテレビ

　テレビは，量的な面だけでなく，メディアとしての効用の面でも，これまで同様高い評価を保っている。「報道」（世の中の出来事や動きを知る）「娯楽」（感動したり楽しむ）「教養」（教養を身につける）「情報」（生活や趣味に関する情報を得る）「解説」（政治や社会の問題について考える）「慰安」（疲れを休めたりくつろぐ）「交流」（人とのつきあいを深めたり広げる）の7つの機能のそれぞれについて，新聞，テレビ，インターネット，家族との話など11種類のメディアの中から，最も役に立つと思うもの1つだけを回答するよう求めた2005年のNHK「日本人とテレビ」調査の結果を見ると，「報道」（66％）「娯楽」（57％）「解説」（51％）など7つのうち5つの機能で，テレビが最も多くの回答を得ており，残る2機能でも第2位に入っている。インターネットを「毎日利用している」人々の回答に注目してみると，ここでも7項目中3項目でテレビが第1位など，全般的にテレビの評価は高い。インターネットに対する評価は「情報」「報道」「解説」「交流」といった機能で上位に顔を出しているが，テレビを上回ったのは「情報」機能1つであり，インターネットの積極的ユーザーも，全てをインターネットに頼っているのではなく，目的に応じて，

テレビとインターネットを使い分けている傾向が読みとれる。テレビが大多数の人々に，最大公約数的に受容されるのに対して，インターネットは，利用者が具体的な意図を持って働きかけることで真価を発揮する，個別ニーズ対応型のメディアということができよう。

多様なメディアが登場する時代にあっても，また，家族そろっての視聴から個別視聴へなどの視聴スタイルの変化はあるにしても，人々，少なくとも日本人にとって，テレビがない生活は考えにくい。ニュースにしても娯楽番組にしても，テレビが，「現在」を映し出すもので，しかも多くの人々がテレビを見ていることを認識しているので，テレビ視聴という行動を通して，社会を感じたり，他の人々と感動を共有したりできないと，取り残される不安にかられるからである。

テレビが私たちの日常生活の流れの中にしっかり組み込まれ，これほどまでにも大きなウエイトを占めている要因として，接することの気楽さ，必ずしも自分から意図して集中しなくてもよい，漠然とした関わり方が可能な点も見逃せない。このような特性は，「受動的」というネガティブな評価を受けやすいが，現在のような多メディア時代には，むしろテレビならではの特性として，重視される面もある。情報収集のほとんどをテレビに頼っている人に対しては，生活に必要な基本的な社会の情報を伝え，新しいメディアも駆使する積極的な情報収集者に対しては，自分の関心ある世界に閉じこもらせず，より広い観点から社会の情報を送り届ける。こうした特性を持ち続けることが，テレビには期待されているとも考えられる。

本稿では，人々のテレビ視聴スタイルの変化の傾向にも触れてきたが，1人の人間の中に多様な見方が同居していることも重要な特徴である。ある時はリモコン片手に，チャンネルを変えながら，またある時は，最初から最後までじっくり番組を見て堪能するといった具合に，多様なテレビとの関わりがある。外出先では携帯テレビを見る人間が，家庭では大画面テレビで，ホームシアター気分で番組に没頭することも不思議ではない。

(5) テレビと人間の関わりの今後を考える視点

　最後に，今後さらに変容が予想されるテレビと人間との関わりを考えていくためのポイントを整理する。テレビの登場によって，人間はテレビがつくりあげる「テレビ的世界」に生きるという状況が生じたが，私たちは，そのことを改めて意識することは少なく，ともするとテレビで見ていることを現実と受け止めがちである。「テレビメディアの世界」と「現実の世界」の混同である。画面には映っていない部分も合わせて情報を読み取ることの重要性については，テレビに限らず広く「メディア・リテラシー」の観点から指摘される機会も増えつつあるが，改めて意識化する必要性は大きいと言えよう（12章参照）。

　そして，人々への影響力が大きいテレビでは，まず，「見える」もの自体が信頼できるものであることは，当然重要な要件となる。しかしながら，多メディア・多チャンネル化が進む中で，さらには97年のピープルメーターによる個人視聴率の本格的な導入などともあいまって，視聴率競争が一段と激しくなり，放送倫理，ジャーナリズム性，人権・プライバシー保護，青少年保護など，テレビのあり方を考え直すべき問題も表出している。視聴率偏重を避けるために，「視聴質」という考え方を重視しようという議論は60年代から存在しているが，テレビ50年を機に，再度この議論が高まった状況もある。

　テレビの質をめぐる第一義的な責任は，番組を作り，送り出す側にあると言えるが，本章でも見てきたとおり，見る側からも積極的にテレビに関わりを持つ時代となり，さらに，テレビのもたらすインパクトがインターネットなど他のメディアを通してさらに増幅して社会に還元されていくことを考えると，社会全体として，テレビと人間の関わりや，テレビの「質」に対する認識を意識化していくことが重要と言える。

2. 映像メディアの展開——テレビの登場そして未来

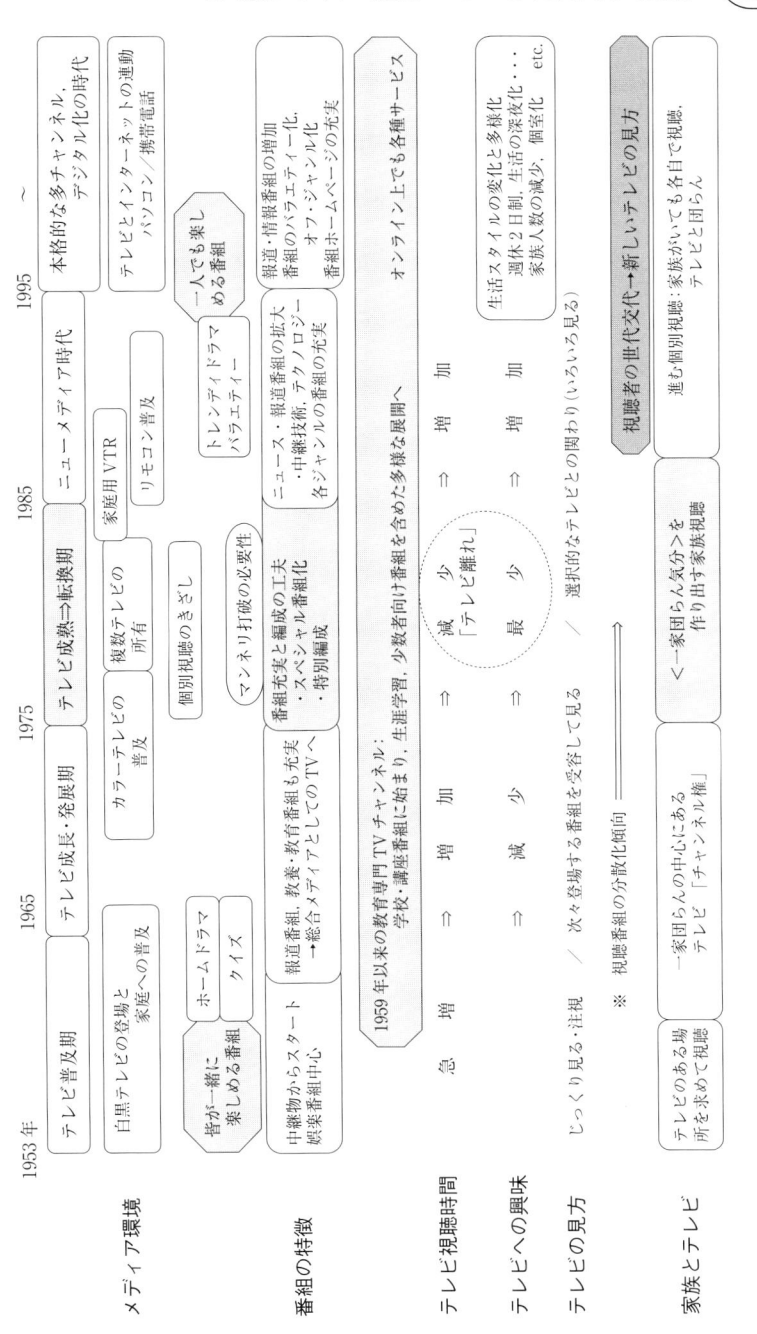

	1953年	1965	1975	1985	1995	～
		テレビ普及期	テレビ成長・発展期	テレビ成熟⇒転換期	ニューメディア時代	本格的な多チャンネル・デジタル化の時代
メディア環境		白黒テレビの登場と家庭への普及	カラーテレビの普及	複数テレビの所有 家庭用VTR リモコン普及		テレビとインターネットの連動 パソコン／携帯電話
番組の特徴		皆が一緒に楽しめる番組 ホームドラマ クイズ 中継物からスタート 娯楽番組中心	報道番組、教養・教育番組も充実 →総合メディアとしてのTVへ	個別視聴のきざし マンネリ打破の必要性 番組充実と編成の工夫 スペシャル番組化 特別編成	トレンディドラマ バラエティー ニュース・報道番組の拡大 番組のバラエティー化・中継技術、テクノロジー 各チャンネルの番組の充実	一人でも楽しめる番組 報道・情報番組の増加 番組のバラエティー化・オフ・ジャンル化 番組ホームページの充実
			1959年以来の教育専門TVチャンネル；学校・生涯学習、少数者向け番組を含めた多様な展開へ			オンライン上でも各種サービス
テレビ視聴時間		急 増	⇒ 増 加	⇒ 減 少	⇒ 増 加	⇒ 増 加
テレビへの興味				（少）「テレビ離れ」（最）		生活スタイルの変化と多様化 週休2日制、生活の深夜化・・・家族人数の減少、個室化 etc.
テレビの見方		じっくり見る・注視 ／ 次々登場する番組を経válく見る ／ 選択的なテレビとの関わり（いろいろ見る）				
		※ 視聴番組の分散化傾向				
家族とテレビ		テレビのある場所を求めて視聴	一家団らんの中心にあるテレビ「チャンネル権」	←一家団らん気分＞を作り出す家族視聴		視聴者の世代交代→新しいテレビの見方 進む個別視聴；家族がいても各自で視聴、テレビで団らん

図4.〈チャート〉テレビ環境の変容とテレビ視聴の50年

エクステンション・スタディ 視聴率と視聴質

　視聴率（audience rating）は，テレビ番組がどのぐらいの人々や世帯に視聴されているかを示す数値（世帯視聴率，個人視聴率）として，テレビ初期から存在していた。80年代には「視聴率三冠王」（ゴールデンタイム（19:00-22:00），プライムタイム（19:00-23:00），全日（6:00-24:00）の年間視聴率のいずれでもトップ）という表現も登場した。

　その一方で，視聴率だけでなく，視聴者が番組をどう評価しているかという観点から，番組の質に目を向けることの重要性も指摘され，質の測定方法をめぐる研究も進められてきた。その背景には，視聴率優先主義が放送の質の低下を招くことに対する批判がある。

　日本民間放送連盟研究所では，70年代後半，あらゆるジャンルの番組の内容分析調査と視聴者に対するフィールド調査により，番組の「充足タイプ」と「充足度」を判定する調査システムの開発を行った。NHK放送文化研究所では，80年代に，視聴率調査と並行して，番組視聴感想を調査し「よかった率」の測定を試みている。その後も，各放送局で開発研究は続いたが，調査コスト面や，結果が出るまでに時間がかかりすぎるなどの問題が残っていた。テレビ朝日では，97年から，大学の研究室と共同研究を重ねつつ，インターネットを活用した「リサーチQ」という調査システムを開発して，番組の「期待度」「満足度」「集中度」「推薦度」について5段階評価で回答する「質」の調査を行っている。

　視聴率についても，大容量録画機能を搭載したレコーダーの普及や，携帯端末でのテレビ視聴など，デジタル時代の視聴形態の変化に対応する測定を行わないと，視聴者のテレビ視聴の実態とかけ離れたデータになってしまう点にも目を向ける必要がある。

参考文献

伊豫田康弘他編（1998）『テレビ史ハンドブック（改訂増補版）』自由国民社
岩波書店（2003）『思想』No. 956（特集　テレビジョン再考）岩波書店
NHK放送文化研究所編（2003）『テレビ視聴の50年』日本放送出版協会
NHK放送文化研究所編（2006）『日本人の生活時間2005：NHK国民生活時間調

査』日本放送出版協会
NHK放送文化研究所編『放送研究と調査』（1983年3月までは『文研月報』）日本放送出版協会
NHK放送文化研究所編『NHK放送文化研究所年報』日本放送出版協会
NHK放送世論調査所編（1983）『テレビ視聴の30年』日本放送出版協会
田中義久・小川文弥編（2005）『テレビと日本人：「テレビ50年」と生活・文化・意識』法政大学出版局
日本放送協会編（2001）『20世紀放送史』日本放送出版協会
日本マス・コミュニケーション学会編（2003）『マス・コミュニケーション研究』No. 63（特集・テレビ50年の光と影）三嶺書房
日本民間放送連盟編（2001）『民間放送五十年史』日本民間放送連盟
藤竹暁（1985）『テレビメディアの社会力：マジックボックスを解読する』有斐閣
藤竹暁編著（2005）『図説・日本のマスメディア　第2版』日本放送出版協会

　テレビ放送開始50年（2003年2月1日）を機に，さまざまな書籍が発行された。NHK放送文化研究所編**『テレビ視聴の50年』**は，テレビ草創期から50年間のテレビ編成と視聴者の動向を，これまでの知見と多数の調査データをもとにまとめたもので，50年間の主な調査一覧などの資料も掲載されている。田中義久・小川文弥編**『テレビと日本人』**では，この半世紀，テレビが日本人の生活と意識をどのように変えてきたかについて，特に「コミュニケーション行為としてのテレビ視聴」という点に着目した分析を試みている。ここにあげた2冊でも多数引用されているNHK放送文化研究所実施の各種調査の結果については，研究所の月刊誌**『放送研究と調査』**や年報**『NHK放送文化研究所年報』**を通じて，詳細データと分析結果が公表されており，またテレビをめぐる最新動向を知る際にも参考になる。
　藤竹暁**『テレビメディアの社会力』**は，テレビ30年時点の著作だが，テレビが人々の生活に浸透していく様子が，多様な具体例でわかりやすく紹介されており，テレビの特徴の理解にあたって参考になる。

3 活字メディアの変遷
――本，新聞の行方

- ➔ 15世紀以降，写本（手で書き写した本）の時代から活字本の時代へ移りゆくことで，どのような変化が生じたのだろうか？
- ➔ 新聞は18～19世紀にヨーロッパを中心として急速に伸長していくが，そこにはどのような社会背景があったのだろう？　また日本には，いつ頃入ってきて，どのように展開していったのだろうか？
- ➔ 「活字離れ」が進んでいると言われる現在，本や新聞はもはや滅びゆく時代遅れのメディアなのだろうか？

3.1　グーテンベルク革命　――活字本の出現

　過去千年の世界史上で最も重要なできごとと言われて，あなたなら何を選ぶだろうか？　1998年にアメリカの有名雑誌『ライフ』が1位に選んだのは，意外かもしれないが，グーテンベルク（J. Gutenberg）による聖書の印刷だった。

　インターネットをはじめとするデジタル情報技術が発達した現在，紙に活字を印刷するだけの技術がそれほどまでに大きな影響を世界に与えたというのは，少し想像しにくいことかもしれない。そこで，まずは活字というメディアが登場し，普及していった時代に，それがどのような社会的インパクトを持っていたのかを見ておくことにしよう。

　グーテンベルクが15世紀半ばにドイツで開発した**活版印刷技術** <☞>

は，中国からイスラム圏を経由して伝えられた製紙法とも結びつき，本の制作を従来に比べてはるかに安く迅速にするものだった。そのため急速にヨーロッパ中に広まっていき，15世紀末までに少なくとも3万5000種類，総計2000万冊もの本が印刷されたという。

　それ以前には，本は1つ1つ手で書き写されるのが一般的だった。教会の僧侶や「写字生」という専門業者がその担い手だったが，こうしたやり方では当然，作られる写本の部数も限られてくる。それゆえ，本（とそこに記された知）は，聖職者や貴族しか手にすることのできない高価な貴重品だったのだ。15世紀イギリスの場合でいうと，宗教書1冊が当時の「中流の下」の世帯年収にあたるものもめずらしくない。現在の日本円に換算すると，数百万円といったところだろうか。

　活版印刷による本の大量生産は，そうした一部の権力者に独占されてきた知を広く人々に解放する可能性を開くものだった。それによって聖書や教典，学術書を用いた研究が容易になったことが，続く16世紀の宗教改革を用意したとも言われる。宗教改革を説くルター（M. Luther）の著作は数年間で計30万部以上も売れたと言われているが，短期間でこれだけの大部数を出版すること自体，そもそもグーテンベルク以前にはありえなかったことだ。もっとも，皮肉なことにグーテンベルク自身は，ルターの批判したカトリック教会の免罪符（贖宥状）も印刷しているのだが。他

〈活版印刷技術〉

　グーテンベルク以前もヨーロッパには木版印刷，銅版印刷などがあり，木製の活字も用いられていた。しかし木活字に比べ，グーテンベルクの金属活字は製造が容易で，サイズが正確に揃っており組みやすいという大きな利点を持っていた。また，朝鮮（高麗）ではすでに13世紀に銅活字が作られていたが，漢字にはきわめて多種の活字が必要であり，また貨幣と同じ鋳造技術によるものだったために機密扱いされ，一般には普及しなかったという。グーテンベルクの印刷した『42行聖書』は慶應義塾大学でデジタル画像化が進められており，インターネット上で閲覧することができる（http://www.humi.keio.ac.jp）。

にも活版印刷技術については，14世紀以来のルネサンスを加速し，17世紀の近代科学の誕生を促したなど，さまざまな影響が指摘されている。

ただし，一部のエリート層をこえて活字文化が大衆化するには，グーテンベルクの技術革新だけではなく，人々の読み書き能力（識字 literacy）の向上が必要だった。当時の識字率が直接わかる史料は残っていないが，たとえば自分の名前をサインできた男性は17世紀前半のイギリスで2〜3割，後半のフランスで3割程度にすぎず，女性の数値はさらに低かったという。読めるが書けないという者も少なからずいたようだが，いずれにせよ文字を読めることがあたりまえになっていくのは，先進的なヨーロッパ諸国でも18〜19世紀の教育制度の整備を待たなければならなかった。

ちなみに現在でも発展途上国では識字率が低く，エチオピアやバングラデシュなどでは40%程度だ（ユネスコの2004年統計による）。こうした地域を含めて世界的に見れば，インターネットによる情報格差以前に，むしろ文字の読み書きの格差こそが大きな問題なのである。

さて，本が大衆化していった時期には，読書スタイルにもある変化が生じつつあった。17世紀までのヨーロッパでは，聖書など限られた数の本を家族のあいだや教会で音読して聞かせることが一般的だった。それに対して18〜19世紀には，数多くの本を一人で黙読するというスタイルが都市部を中心に徐々に広がっていく。その背景には，本の大量生産・大量流通制度が整えられ，さまざまな本の入手が容易になったことがある。音読から黙読へ，少数精読から多数濫読へ，そして集団単位から個人単位の読書へ。現在へとつながる近代的な読書スタイルはこの頃に形作られた。

文学研究者のマクルーハン（M. McLuhan, 1962＝1986）やオング（W. J. Ong, 1982＝1991）は，この音読から黙読への移行に，声の文化から切り離された文字の文化の完成を見てとり，その変化の大きさを強調している。オングは，口伝え（声）によって語り継がれてきた物語と，活字普及以降の作品を多面にわたって比較し，活字文化の表現がより抽象的・分析的であることなどを指摘している。それは文字によって思考様式・知性に変化が生じたからだという。その1つの根拠となっているのは，文字の持

つ脱コンテクスト性だ。たとえば，話されたことばの場合は，「ここ」がどこか，「今」がいつか，説明しなくても状況（コンテクスト）からすぐわかる。しかし文字は，書かれた「今」「ここ」ではないところで読まれるので，わからなくなってしまう。具体的なコンテクストをあてにできないことが，抽象的・分析的な知的能力を促すというのである。

さらにまた，オングの議論を受け継いだサンダース（B. Sanders, 1994 = 1998）は，黙読こそが近代的な「内省する自己」を生み出したと論じている。声に出したことばはすぐさま消え去ってしまい，それを省みることができない。ことばは文字となってはじめて残る。残存する文字と内面で対話すること，すなわち黙読こそが内省する自己をもたらしたのだ，と。

オングやサンダースら文学研究者だけでなく，社会学者のリースマン（D. Riesman, 1961 = 1964）も，声から活字へのコミュニケーションの移行に人格類型の変化を対応づけている。対面的な会話から営まれる小さな共同体の中では，そこでのしきたりに従うことが行動や判断の指針となる。これが伝統指向型の人格だ。それに対して，活字は共同体の外から文化を持ちこんで自己の内面を鍛えあげ，内部指向型の人格——共同体から独立した指針を持つ近代的な個人——を育むことになる。（ちなみに，映画やテレビによる映像コミュニケーションには他人指向型が対応づけられる。）

これらの議論は，ひと言で言えば，活字というメディアこそが合理的な近代人（の思考様式）を生みだしたとみなすものだ。ただ，その議論の中では，脱コンテクスト性や残存性といった文字・活字自体の持つ特性が強調されすぎるきらいがある。たとえば文字を黙読することは一般的ではないにせよ中世以前から存在しており，また，世界最古のシュメール文字は，そもそも音声言語とは対応しない絵文字に近いもので（Bottéro, 1987 = 1998），黙読するしかなかった。文字の黙読が合理的な思考様式や内省する自己をつくるのであれば，紀元前3000年のメソポタミアに近代的な個人が誕生していても不思議ではなかろう。

オングらの議論で軽視されているのは，活字の普及をとりまくさまざまな社会的要因である。たとえば教育のあり方を考えてみよう。現在の学校

では，文字の読み書きだけでなく，さまざまな科目が学ばれる。文字を知らないまま方程式を解けるようになるのは確かに難しいだろうが，だからといって，文字さえ覚えれば数学的思考力が高まると考えるのはバカげている。現在のように，文字の読み書きとともに，他のさまざまな知識・技能が学ばれるという教育システムに変わっていったのは，ヨーロッパではまさに活字の普及期（特に18～19世紀）にあたるのである。

社会学者の佐藤俊樹（1996）もまた，近代的な法制度や経済産業システムが成立していくとともに，内省する自律的な個人像があらわれたことを指摘し，むしろそこから自己の内面を表現するという近代に特殊な活字文化が生まれたのではないか，と論じている。伝統的な社会では，文字はもっぱら「記録」のために，あるいは「記憶」を助けるために使われてきた。そこでは，一字一句まちがえずに正確に読みあげ，書き写すことに価値が置かれてきた。たとえば17世紀アメリカのピューリタン社会で行われていた読み書き教育もそのようなものであり，自分が感じたこと・考えたことを表現させる「作文」教育など存在しなかった。サンダースのように，文字の読み書きと内省的な自己像を短絡させる考え方自体が，近代社会の産物なのだ。

グーテンベルクの活版印刷技術が16世紀の宗教改革や17世紀の科学革命，その後の近代社会の成立を促す大きなインパクトとなったことは確かに事実だろう。しかしそのインパクトは，技術的な優秀さだけから生み出されたのではない。ヨーロッパに隣接する中東イスラム圏では，早くから活版印刷技術の存在は知られてはいたものの，長らく取り入れられることはなかった。一説には，真理を神の「声」とみなすイスラム教が活字を敵視したためではないかともいうが（Man, 2002＝2006），要は当時の中東圏では社会の側に活字を受けいれる素地がなかったということだ。メディア技術はそれ単体ではなく，社会のさまざまな要因や変化の中に編みこまれて初めて特定の影響力を持つに至る。そのことを頭に入れながら，活字メディアの歩みをさらに追いかけていくことにしよう。

3.2 近代社会への流れと新聞の台頭

　ドイツ宗教改革の中で出版された聖書は1つの大きな特徴を持っていた。それまでの聖書は聖職者や貴族などエリート層のみが知るラテン語で書かれていたが，ルターはそれを民衆が日常的に話していた言語（俗語）に翻訳して出版したのである。とはいえ，当時のドイツでは地域によって異なる方言が話されるのみで，単一の標準語が存在していたわけではない。そこでルターは，どの方言圏でも共通に理解できるような単語を選び出し，文法やスペリングなどの統一と簡素化をはかった。それが印刷された活字となって広がっていき，各地の方言の違いをこえたドイツ標準語の基礎となっていったのである。

　こうした俗語による本の出版はイギリス，フランスなどで続々と行われるが，そこには宗教改革だけではなく，初期的な資本主義の動きが関係していた。資本主義は，宗教的価値より何よりもまず，経済的利益を追求するものだ。ラテン語の本を読める人の数は限られている。俗語による出版には，新たな読者市場を開拓する意味もあった。また，さまざまな方言圏にわたって同じ本を売ることができれば，そのぶん儲けも大きくなる。標準語の確立はその点で資本主義的にもメリットがあったのだ。

　これら標準化された俗語は17～18世紀以降の近代的な国民国家形成の流れのなかで，国民の言語，すなわち「国語」として位置づけられていく。それは単なる共通語という以上に，さまざまな異なる方言を話す人々を1つの「国民」として束ねるものであった。政治学・人類学者アンダーソン（B. Anderson, 1991＝2007）の指摘するように，この点で，出版資本主義に組みこまれた活字メディアは，「国家」という対面関係をはるかに離れた想像上の共同体およびナショナリズム国民主義を形作る一因となったという見方もできるだろう（あわせて11章参照）。

　アンダーソンはまた，新聞についても，それがある種の想像の共同体を成り立たせていることを論じている。人は朝刊を読むとき，他の多くの人々が同じようにそれを読んでいることを知っている。新聞を読むとは，

こうした互いに顔も知らない人々からなる読者共同体に参加することでもあるのだ。19世紀の初め，ドイツの哲学者ヘーゲルはそのような状況を指して，朝刊を読むことを，かつての朝の礼拝の現代版にたとえた。これは，宗教権力が支配的だった時代から，新聞という「**第4権力**」＜☞＞が人々を束ねる時代への移行を言い表したものとも考えられる。

　世界初の日刊紙『アインコメンデ・ツァイトゥンゲン（Einkommende Zeitungen）』がドイツで発行されたのは1650年，ヘーゲルの生まれる1世紀前のことである。ドイツではそれ以前から「飛ぶ紙片（Flugblatt）」と呼ばれる不定期刊行のビラが出版されており，フランスやイギリスなどでも同種のものが流通していた。掲載されるニュースは，戦争や災害のほか，外交，祝祭，葬儀，殺人，魔女や幽霊の話にいたるまで多種多様であり，その背景には，都市部に商人・職人・傭兵・難民などさまざまな人々が集まることで，さまざまな情報が流通し，必要とされつつあったことがある。そうした種々雑多な情報を1つにまとめて刊行すること自体，当時（17世紀）は目新しい「発明」だった。

　17世紀半ばにはイギリスに，新聞の読まれる場として重要な役割を果たすコーヒーハウスが現れる。コーヒーハウスには身分に関わりなくだれでも自由に出入りでき（ただし男性だけだったが），単なる喫茶店という以上に，一種の情報文化センターともいうべき場所になっていた。たとえば1688年頃に開業した「ロイズ」は貿易商の集まるコーヒーハウスとして有名であり，そこに行き交う船舶情報をまとめて，後に『ロイズ・

〈第4権力〉
　英語では the fourth estate であり，もともとは聖職者・貴族・市民の3身分に次いで，新たに登場した新聞（記者）を「第4身分」と位置づけたことに始まる。ただ，日本ではもっぱら「第4権力」と訳され，司法・立法・行政の3権に対置される。今では新聞だけでなくマスコミ報道機関全般が含まれ，国家権力を市民の側に立ってチェックし批判する権力という意味合いを持つが，最近では，報道被害や情報操作などの点で市民に対立する第4の権力という皮肉な見方をされることも増えてきた。

ニューズ（Lloyd's News）』が刊行される。国際的な貿易および商業資本主義の拡大が，そうした情報とその媒体たる新聞の需要を増しつつあったのだ。

　コーヒーハウスはまた，そこに置かれた新聞や本，政党パンフレットをもとに，文芸や政治について議論の繰り広げられる場でもあった。当時，重税を課せられていたため高価だった新聞を，コーヒー代だけで読むことのできたコーヒーハウスは，公共図書館のようなものでもあり，読み書きのできない者も，口頭で読み聞かせてもらって議論に加わることができた。そうした社会空間の出現に，社会学者のハーバーマス（J. Habermas, 1962＝1994）は，1つの公共性の転換点を見いだしている。

　ハーバーマスによれば，近代以前の公共領域とは宮廷や教会であり，その公共性は王や聖職者の体現する威厳や栄光などに基礎づけられていた。これを「代表的具現の公共性」という。17世紀のイギリスでは，ピューリタン革命（清教徒革命）から名誉革命を経るなかで，王と教会の権威が弱まり，資本主義に力づけられた市民（ブルジョワ）と政党が台頭する。そこでは，開かれた論議——世論・公論（public opinion）——を土台とする「市民的公共性」が取って代わる。コーヒーハウスとそこで読みあげられる新聞は，市民らが対面的な議論の中から世論・公論を立ち上げる，いわば「ゆりかご」の役目を果たしていたのである（あわせて11章を参照）。

　1702年に創刊されたイギリス初の日刊紙『デイリー・クーラント（Daily Courant）』も，このようなコーヒーハウスの読者に向けられていた。18世紀初頭には新聞の種類も多様化し，女性紙や娯楽紙などが現れる。1750年のロンドンでは総発行部数が週10万部，読者数100万人に達し，この頃には家庭で購読されることも多くなっていた。それが一因となってコーヒーハウスは急速にすたれていき，メンバーの固定された閉鎖的なクラブへと姿を変えていく。

　18世紀末からの産業革命（工業化）の波は，印刷技術も革新していった。それまで人力で動かしていた印刷機に蒸気機関が取り入れられることで，

生産能力が急速に上がり，1860年頃には1時間に2万部の印刷が可能になる。一方，この頃までには，新聞出版の自由を保障する法制度も整えられていた。イギリスでは1695年に事前検閲が撤廃されていたが，その後も重税が課されることで，新聞は実質的には国家の統制のもとに置かれていた。しかし19世紀半ばにはその税金も廃止されるに至る。イギリスの植民地から独立したアメリカでは，すでに1791年の憲法修正第1条で「言論もしくは出版の自由」を妨げないという条文が加えられており，フランスでも19世紀後半には出版の自由をうたう法律が制定されている。

　こうした自由化と，税の撤廃による低価格化によって，新聞は大衆（マス）メディアとしての性格を強めていった。イギリスでは新聞税撤廃の日に創刊された安価な『デイリー・テレグラフ（The Daily Telegraph）』が中流階級の下層にまで読者を広げ，知識人や上流階級を対象とする高級紙『タイムズ（The Times）』の発行部数を上回る。フランスでは，政治的な記事・論説を削って広告紙面を拡大した『プレス（La Presse）』が1836年に創刊され，大きな成功を収めた。新聞の大衆ジャーナリズムは広告収入に大きく支えられることになり，それまでの政治的オピニオンリーダーとしての性格を弱め，読者を広告の受け手・消費者として意識した紙面作りもなされるようになっていく。

　さて，日本でも鎖国の解かれた19世紀半ばには，ヨーロッパの新聞が持ちこまれるようになっていた。1862年，幕府はオランダの新聞を翻訳して『官板バタビヤ新聞』を発行し，3年後には民間でも外国新聞の翻訳記事を集めた『海外新聞』が発行される。慶応年間には，尊王派を批判する『中外新聞』『江湖新聞』なども発行されたが，明治新政府によって禁止され，長くは続かなかった。

　日本初の日刊紙は，横浜で発行されていた英字新聞を手本として，1870年に作られた『横浜毎日新聞』である。これが現在へとつながる日本の新聞の起源と言ってもいいだろう。江戸時代から日本では独自のニュース媒体として「瓦版（かわらばん）」があったが，これはもっぱら1枚刷りで，1つの事件やできごとを伝えるものだった。同じ紙面に多種多様なことがらを載せる

「新聞」とは，その点で情報様式が異なっていたのである。

　明治政府は当初，新聞を上意下達のメディアととらえて，無料の新聞縦覧所や新聞解話会を各地で開き，その普及に努めた。しかし，自由民権運動を機に，エリート層向けの政論紙——「大新聞」と総称される——が政府批判を強めたため，1875年には新聞紙条例を改正し，讒謗律（名誉毀損法にあたる）を設けて，規制強化へと転じる。新聞縦覧所の公設も中止されたが，それに代わって民営の縦覧所が開設されていく。そこでは文字を読めない人々への読み聞かせも行われ，民権運動を広げる拠点の1つとなっていた。自由民権運動が衰退するまでの短期間ではあったが，そこにはイギリスのコーヒーハウスと似たような光景が見られたのだ。

　明治初期には，政治を論じる高級紙「大新聞」とともに，それとは読者層のまったく違う「小新聞」も現れている。小新聞は庶民層に向けて作られており，漢字にはすべてふりがなが付けられ，挿絵入りのやさしい口語体で書かれていた。現在の日本の2大紙『読売新聞』と『朝日新聞』は，そもそもはこの小新聞として始まっている。内容としても，政治記事より，市中の事件や商業情報，娯楽小説などに比重がおかれていた。

　その後，小新聞が部数を伸ばしていくにつれて，その地位も上がり，大新聞の側も小新聞のような報道重視の紙面作りを取り入れていく。小新聞の政治的な主張の薄さは，政府にとっても好都合なものだったが，1900年頃には，各紙はそれをむしろ政治的中立性，「不偏不党」の理念としてうたいあげるようになった。20世紀に向けて，大新聞と小新聞はいわば「中新聞」として一元化されていき，言論から報道の媒体へと，その性格を変えていったのである。

3.3　活字離れの実情と本・新聞の行方

　大正デモクラシーの時期をむかえると，新聞は民本主義を擁護する論陣を展開していくが，そうした中，1918年に米騒動を報じた『大阪朝日新聞』は，記事の中に不適切な文言があったとして政府から告訴される。それに対して『大阪朝日』は，「不偏不党」を軽んじたという社告を出して

謝罪した。この背景には，前年のロシア革命の影響を警戒した政府が言論統制を強めたことがあったと言われる。その後，1930年代の軍部の台頭とともに，統制はさらに強化され，1937年の日中戦争以降，新聞は政府・軍部の極端な管理のもとにおかれることになった。

1945年の第二次大戦敗戦後，占領軍の総司令部（GHQ）は戦時中にしかれていた新聞統制を撤廃したが，一方で，検閲を行って占領軍に不利な報道を制限した。GHQの検閲部門が廃止されたのは1949年のことであり，翌々年には新聞用紙の統制も廃止され，新聞界は本格的に戦後の新たな歩みを進めていく。

日本経済は1955年には戦前の水準を回復し，さらに高度経済成長へと向かう中で，新聞も発行部数を順調に伸ばしていった。1950年代には2300万部前後で推移していたのが（60年時点で2444万部），65年には2978万部，70年には3630万部に達する（朝夕刊セットで1部とした数値：『日本新聞年鑑』による）。また，この時期には本の発行部数も大きく増加し，60年に1億4601万部であったのが，70年には4億7159万部にまで上っている（『出版指標年報』による）。

一方で，1953年に開始されたテレビ放送は，60年前後に加速度的に普及し（2章参照），活字メディアにとって脅威と感じられるようになっていた。60年に行われたNHK「国民生活時間調査」を見ると，テレビを持たない男性サラリーマンの「新聞・雑誌」接触時間は平日68分であるのに対し，テレビを持っている場合は40分に減る（橋元，1999）。ただし，それ以上に大きな影響があったのは「ラジオ」で，テレビを持たない場合のラジオ聴取時間122分に対し，持っている場合は24分にすぎない。

1970年代以降も，新聞および本は発行部数を右肩上がりに伸ばし続けるが，一方で，テレビやマンガの影響による若者の「活字離れ」を指摘する声も挙がっていった。その中には主観的な印象論にすぎない指摘も多いが，活字離れの実態は統計データからもある程度裏づけることができる。NHK「国民生活時間調査」によれば，20代男性が平日に新聞を読む率は1970年に60％であったのが，80年には55％，90年には31％に，女性も

46%→43%→27%に低下している。ただ，全年齢で見るとほぼ横ばいであり，これは中高年層の新聞閲読率が上がったため，その分で相殺されたことによる。本の読書率についても同じような変化が見られる。毎日新聞社の読書世論調査によれば，10代後半の書籍読書率は1970年から80年，90年にかけて，71%→51%→50%に，20代は61%→59%→52%に低下しているが，やはり中高年層の読書率が上がったため，全体としてはほとんど変化していない。

しかし1990年代末になると，「活字離れ」の声はより深刻なトーンを帯びていく。新聞や本・雑誌の売れ行きが落ちてきたからだ。書籍の販売総額は96年をピークに減少に向かい，雑誌もそれに続く。新聞の発行部数も97年の5376万部を境に，それ以降は漸減傾向にある。戦後ほぼ一貫して拡大しつづけてきた新聞・出版市場が，ここで初めて縮小へと転じたのである。

これは，グーテンベルク以来の活字メディアがその歴史的役割を終え，衰退の下り坂へと向かい始めたことを物語るものなのだろうか？　現時点で明確な答えを出すことは難しいが，この問題を考えるうえで，いくつかおさえておくべきポイントを挙げておこう。

第1に，現在の「活字離れ」を語る声は，すでにふれたように，もっぱら売り上げの減少という産業・経済的な側面を根拠にする傾向があることだ。しかし，活字メディアが売れなくなっているからといって，必ずしも読まれなくなっているとは限らない。毎日新聞社の読書世論調査を見ると，1990年代以降は若者の書籍読書率も下げ止まり傾向にあり，10代後半も20代もおおよそ50%前後で推移している（全年齢層で見てもほぼ横ばい）。また，文部科学省の社会教育調査によれば，図書館の年間貸出冊数は国民1人あたりで，1989年2.2冊から04年は4.5冊へと倍増している。本の販売額が落ちているのは，人々が読まなくなったからではなく，図書館から借りる，あるいは「ブックオフ」のような新古書店で安く古本を買うようになったことの影響が大きいとも言われる。

第2に，本と新聞では「活字離れ」の実態が異なることに注意しなくて

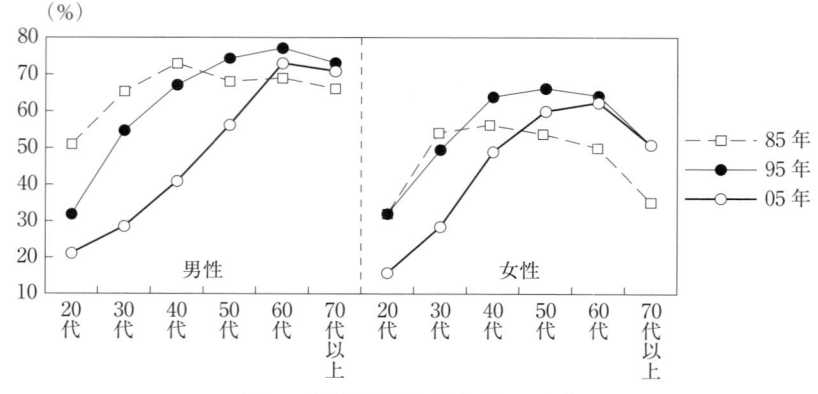

図1. 新聞閲読率（平日）の変化

はならない．本とは違って，新聞は販売面だけでなく，実際に読まれる率も下がり続けている．図1はNHK「国民生活時間調査」をもとに新聞閲読率の変化をまとめたものだが，1995年から05年にかけては，20代の若年層よりも30～50代の中年層（特に男性）の低下が著しい．さらに注目すべきは，85年に20代だった男性の場合，95年（30代）になると率が若干であれ上昇していたのに対し，05年（40代）になると低下していることだ．この傾向は男女・世代を問わずほぼ共通している．つまり，85～95年にかけては，歳を取るにつれて新聞を読むようになっていたのが，95～05年には，逆に加齢とともに読まなくなるようになったのである．

その一因として取り上げられることが多いのはインターネットである．今では紙の新聞を買って読まなくても，新聞社のサイトにアクセスすれば同じ記事が無料で読める．しかも紙媒体より早く掲載されることも多い．インターネットはまた検索性に優れ，仕事などに必要な情報も探し出しやすい．東京大学の情報行動調査によれば，「仕事や研究に役立つ情報を得る」ために最も利用するメディアとして，インターネットと答えた割合は2000年6%から05年は20%に増え，代わって新聞は20%から15%に減っている（雑誌も12%から6%に減少）．ただし，インターネット利用が新聞閲読を代替することを疑問視する研究結果もあるので（橋元，

2006)，この点については今後さらなる研究の蓄積が必要だろう。

　第3に，そして最も重要なのは，「活字離れ」によってどのような問題が生じるのか，ということだ。これまで見てきた活字メディアの歴史からわかるように，本は知や文化の，新聞は公共性の担い手となってきた面を持つ。それゆえに「活字離れ」は，それらの衰退に結びつけられて問題にされることが多い。だが，活字（文字）が単に紙の上から電子メディア上に移るだけで，知や公共性を担えなくなると考えるのは，どう考えてもおかしいだろう。実際，インターネット上では，**ウィキペディアやオーマイニュース**＜🖉＞のように，「ネット市民」参加型の新たな電子出版・電子新聞の試みも立ち上がりつつある。ただ現状では，そうした試みは限定的であり，これまでの本や新聞に取って代わるほどの広がりを見せていないことも事実だが。

　活字メディアは，社会の近代化という大きな流れとともに歩んできた。現在，私たちの社会はポスト近代（モダン）の時代を迎えたと言われる。その社会変容は，これまで活字メディアが果たしてきた役割を，電子メディアへと移しつつあるだけなのだろうか？　それとも，活字メディアが果たしてきた役割そのものを必要としなくなりつつあるのだろうか？　活字メディアとそれを取り巻く環境が激変しつつある今だからこそ，むしろ長い歴史的スパンと広い社会的視野で冷静に検証を加えていくことが重要なのである。

〈ウィキペディア，オーマイニュース〉
　ウィキペディアはインターネット上でだれでも自由に執筆・編集に参加できる電子百科事典。2001年1月に英語版，5月に日本語版が発足。情報の信頼性がしばしば疑問視されるが，英語版について専門家が科学分野の項目を『ブリタニカ百科事典』と比較したところ，正確さには遜色なかったという評価もある。オーマイニュースは，会員（市民記者）が寄せた記事を掲載するインターネット新聞。2000年に韓国で設立され，02年の大統領選では盧武鉉（ノ・ムヒョン）政権誕生の大きな原動力になったと言われる。06年に日本版も始められたが，韓国ほどのインパクトを持つには至っていない。韓国でも以前のような勢いはなくなってきたとも言われる。

| エクステンション・スタディ | 人気のある本や雑誌の時代変化 |

　本文中ではふれる余裕がなかったが,「活字離れ」とともに問題にされることが多いのは,読まれる本の種類・質の変化である。哲学・思想書や文学全集などの「かたい」本がすっかり読まれなくなった。長く読み継がれる名著・名作も減り,一時の流行や娯楽として消費される「やわらかい」本ばかりが売れるようになった。雑誌も,思想や時事問題を論じるような総合誌はすたれ,ビジュアル主体のマンガ誌やファッション誌に取って代わられた。だから,全体的な販売量や読書量は減っていなかったとしても,質的な面でかつてのような活字文化は衰退してしまったのだ,というのである。

　ただ,このように語られるとき,しばしば念頭に置かれているのは,かつての"大学生"の読書状況だ。戦前から戦後しばらくの大学生文化は,まさに上記のような教養主義に彩られていたが(竹内,2003),注意しなくてはならないのは,当時は大学進学率がかなり低かったことである。1950年代はせいぜい10%前後であり,そうした少数派の特殊な層の読書傾向を,進学率が3割をこえた70年代以降の大学生(現在の進学率は5割)とそのまま比較するのは適当ではないだろう。まして,大学生以外を含む一般的・全体的な読書傾向の時代変化をつかむには無理がある。

　そこで,毎年のベストセラー上位にランキングされる本を調べて,そこから読書傾向の時代変化を探ってみよう。『出版指標年報』にはその年のベストセラーがまとめられているほか,出版関連の情報が豊富に掲載されている(ライトノベルやケータイ小説,電子出版といった最新動向もここでつかめる)。また,毎年発行されている毎日新聞社の『読書世論調査』報告書には,小・中・高校生対象の学校読書調査の結果も収められ,各学年でよく読まれた本や雑誌のランキングが掲載されている。その他,出版や図書館関連の業界紙誌にも,単発的な読書調査の結果がよく掲載されており,参考になる情報もあるはずだ。

　過去のベストセラーで,書名・著者名からはどういう本かわからなければ,年配の親戚や知り合いにきいてみよう。それを糸口に,当時の本や読書についての話を聞き出せれば,いろいろおもしろいことがわかるかもしれない。

参考文献

アイゼンステイン, E. L./別宮貞徳監訳（1987）『印刷革命』みすず書房（Eisenstein, E. L. (1983) *The Printing Revolution in Early Modern Europe*, Cambridge University Press.）

青木日照・湯川鶴章（2003）『ネットは新聞を殺すのか』NTT出版

秋山哲（2003）『本と新聞の情報革命』ミネルヴァ書房

アンダーソン, B./白石隆・白石さや訳（2007）『定本 想像の共同体：ナショナリズムの起源と流行』書籍工房早山（Anderson, B. (1991) *Imagined Communities*, Verso.）

オング, W. J./桜井直文ほか訳（1991）『声の文化と文字の文化』藤原書店（Ong, W. J. (1982) *Orality and Literacy*, Methen & Co. Ltd.）

カラザース, M./別宮貞徳監訳（1997）『記憶術と書物』工作舎（Carruthers, M. (1990) *The Book of Memory*, Cambridge University Press.）

香内三郎（1982）『活字文化の誕生』晶文社

佐藤俊樹（1996）『ノイマンの夢・近代の欲望』講談社選書メチエ

佐野眞一（2004）『だれが「本」を殺すのか（上）（下）』新潮文庫

サンダース, B./杉本卓訳（1998）『本が死ぬところ暴力が生まれる』新曜社（Sanders, B. (1994) *A is for Ox*, Pantheon Books.）

シャルチエ, R. 編/水林章ほか訳（1992）『書物から読書へ』みすず書房（Chartier, R. (1985) *Pratique de la Lecture*, Editions Rivages.）

スミス, A./仙名紀訳（1988）『ザ・ニュースペーパー』新潮選書（Smith, A. (1979) *The Newspaper*, Thames and Hudson.）

全国出版協会・出版科学研究所『出版指標年報』（各年版）

竹内洋（2003）『教養主義の没落』中公新書

東京大学大学院情報学環編『日本人の情報行動』（1995／2000／2005各年版）東京大学出版会

日本新聞協会『日本新聞年鑑』（各年版）

ハーバーマス, J./細谷貞雄・山田正行訳（1994）『公共性の構造転換（第2版）』未来社（Habermas, J. (1962) *Strukurwandel der Öffentlichkeit*, Suhrkamp Verlag.）

橋元良明（1999）「情報行動，戦後60年の変遷と今後の展望」『情報行動と社会心理』北樹出版

橋元良明（2006）「「日本人の情報行動・日記式調査」の分析からみたインターネット利用の生活時間・他メディア利用時間への影響」，東京大学大学院情報学環編『日本人の情報行動2005』東京大学出版会

フェーブル, L. & マルタン, H-J./関根素子ほか訳（1998）『書物の出現（上）（下）』ちくま学芸文庫（Febvre, L. & Martin, H-J. (1971) *L'apparition du*

livre, Albin Michel.）
ボテロ, J./松島英子訳（1998）『メソポタミア〜文字・理性・神々』法政大学出版局（Bottéro, J.（1987）*Mésopotamie*, Gallimard.）
毎日新聞社『読書世論調査』（各年版）
前田愛（2001）『近代読者の成立』岩波現代文庫
マクルーハン, M./森常治訳（1986）『グーテンベルクの銀河系』みすず書房（McLuhan, M.（1962）*The Gutenberg Galaxy*, University of Toronto Press.）
マン, J./田村勝省訳（2006）『グーテンベルクの時代』原書房（Man, J.（2002）*The Gutenberg Revolution*, Headline Review.）
山本武利（1981）『近代日本の新聞読者層』法政大学出版局
リースマン, D./加藤秀俊訳（1964）『孤独な群衆』みすず書房（Riesman, D.（1961）*The Lonely Crowd*, Yale University Press.）

　活字本以前／以後の文化変容についてはW・オング**『声の文化と文字の文化』**が有名だが，M・カラザース**『記憶術と書物』**は記憶という観点からその変容をユニークかつ丁寧にえがきだしている。L・フェーブル＆H-J・マルタン**『書物の出現』**は今日の書物史研究の基礎をなす一冊。香内三郎**『活字文化の誕生』**も味わい深く読める。ジャーナリズム史に偏らないバランスのとれた新聞史としてはA・スミス**『ザ・ニュースペーパー』**がよい概観を与えてくれる。日本の場合は山本武利**『近代日本の新聞読者層』**が必読。学術書ではないが，佐野眞一**『だれが「本」を殺すのか』**，青木日照・湯川鶴章**『ネットは新聞を殺すのか』**を読むと，「活字離れ」に関する業界側の危機感と状況はよくつかめる。

4 音声メディア
──ラジオとユース・カルチャー

- ➔ラジオが登場したころ，メディア学者はその影響力をどの程度のものと考えていただろうか。
- ➔ラジオ放送と流行音楽の関わりを時代ごとに探ってみよう。
- ➔インターネットの時代にラジオの役割は変化しているだろうか。

4.1　ラジオというメディア体験

(1) ラジオがもたらす声の効果

　「こちらはニューヨーク市の放送会社の屋根の上です。ただいまお聞きになったサイレンは，火星人の接近のために全市から退去するよう人々に警告したものです！……わが陸軍は全滅しました。砲兵隊，空軍，全部終わりです！これが最後の放送になるかと思われます！」

　これは，劇作家オーソン・ウエルズが演出したラジオ・ドラマ「宇宙戦争」のクライマックス・シーンである。1938年10月30日，コロンビアのラジオ局によって放送されたこのドラマは，火星人が襲来するという荒唐無稽な物語であるにもかかわらず，その内容を信じた人々が逃げまどい，交通網が機能不全を起こし，多くの怪我人が出るという事態を引き起こした。アメリカ社会は，百万人規模のパニックに見舞われたのである。

　本放送が始まって20年足らずの新しいメディアが起こしたこの事件は，研究者の関心を集めることとなった。折しもプリンストン大学では，前年に設立したラジオ研究所がラジオの影響力を測定するプロジェクトを進め

ており，事件は1つの仮説を導く。それがつまり，マス・メディアは大衆の行動に直接の効果をもたらすとする「強力効果説」である。

社会心理学者のキャントリルは，主著『火星からの侵入』（H. Cantril, 1940＝1971）で，同放送を聞いてパニックに至った人々の追跡調査を行った。彼は，ラジオが一方的に情報を伝えるメディアであり，適切な判断基準の欠如している状況下では，放送された内容は疑われることなく信じ込まれやすいことを指摘した。

また，社会学者のマートンは，著書『大衆説得』（R. K. Merton, 1946＝1970）で，キャンペーン放送の効果を検証した。1943年，ラジオスターのスミスが18時間に渡って呼びかけた戦争債権購入のキャンペーンは，「債券を購入することが国民としての義務だ」「アメリカ国民は今こそ一体となるべき」などの扇情的な言葉とともに，高額の基金を集めることに成功した。こうした事例に見られるマス・メディアの強烈な効果をイメージさせるべく，強力効果説は「皮下注射モデル」「弾丸モデル」とも言われる。

とはいえ，本当に大衆とはメディアの伝える内容を疑いなく受けいれる愚かな存在なのだろうか。ラジオ研究所主幹のラザースフェルドらは，1940年のアメリカ大統領選挙の投票行動をリサーチした『ピープルズ・チョイス』（P. Lazarsfeld, et al. 1944＝1987）で，強力効果説とは異なる仮説を提唱する。

彼らによると，人がどこに投票するかは，新聞やラジオの情報を鵜呑みにしてというよりも，身近な対人関係に左右される度合いが大きい。マス・メディアを視聴した一部のオピニオン・リーダーが，他の人々に知見や意見をもたらすのである。つまり「コミュニケーションの二段階の流れ」に注目すべきであり，メディア報道が大衆全般の心情を弾丸のように貫くわけではない（11章参照）。「強力効果説」から「限定効果説」への移行が促されたのであった。

これらは初期マスコミ研究の成果であり，1920年に本放送を開始したラジオが，大衆社会において無視できない影響力を持つに至ったことも示

している。周知のように，戦後間もなくするとマス・メディアの主流はテレビに移行するのだが，政治的宣伝や商品の広告効果を算出するとき，あるいは暴力シーンの影響を問う場面などで，「強力効果説／限定効果説」のどちらに理があるかということは，今も議論の的になっている。後にそれら仮説を変形させた「議題設定効果」モデルが唱えられるなど，**効果論**＜☞＞はマスコミ研究の基礎理論として息づいているのである。

（2）ラジオがもたらす音の効果

ラジオはしかし，ドラマやニュース，政治家の「声」だけを送り届けるメディアではない。そのプログラムの中心には「音」，すなわち音楽に関連した放送が今も昔も変わらずにある。実際，1920〜30年代の時点でも，音楽番組は全放送内容の6〜7割を占めていた（水越，1993）。そこで本項では，クラシック音楽やポピュラー音楽を媒介する装置としてのラジオに注目してみたい。

ドイツの社会哲学者，アドルノは，1938年に亡命した先のアメリカで，ラジオや複製物を中心とした大衆社会が現出していることに驚きを覚える。

> **〈効果論〉**
> 　1970年代になって再度盛んに論じられた「新効果論」によると，マス・メディアは，人々の賛否の態度を変えるわけではないが，問題を訴えかける力において，その影響が絶大であるという。マス・メディアは，視聴者に対して「今このことが話題の中心です」という議題を設定する。いたるところで大小さまざまな事件が生じているにもかかわらず，私たちは，マス・メディアの設定した話題をもっとも重大な議題なのだと考えてしまう。これを，マコームズとショウ（M. E. McCombs and D. L. Shaw）が1972年に発表した雑誌論文にちなんで，「議題設定効果（アジェンダ・セッティング）」モデルと呼ぶ。
> 　また，メディアの増幅作用によって多数派の声が拡大し，逆に少数派が沈黙していく現象を，ノエル＝ノイマン（Noelle-Neumann）は「沈黙の螺旋」モデルと名付けた。私たちがどの局にチャンネルを合わせても似た内容に遭遇するのは，マス・メディアが多数派の声に寄り添いがちだからであるし，その多数派をマス・メディアが作りあげているからである。

ラザースフェルドの研究所に身を置きつつアドルノがなしたことは，自身の哲学によって自身の抱いた違和感を表明することだった。たとえば「ラジオ・シンフォニー」（T. W. Adorno, 1941 = 2002）と題した論文では，シンフォニーがラジオで伝送される際の問題を批判的に論じている。

　アドルノは，まずベートーヴェンのシンフォニーの音楽的諸特徴（音量や音の強弱による造形が作品の特性を構成する統合形式）を述べ，それらがモノラルで音質の悪いラジオの聴取環境では再現できないことを嘆いている。弱音と強音のテンションの幅が狭められ，多声的な絡み合いは失われ，旋律の流れの見通しが悪くなる。彼が理想としたリスナーの類型「構造的聴取」（全体から細部まで音楽のすべてを聴き取る能力，Adorno, 1962 = 1999）は，劣悪なラジオの環境では望むべくもないのである。

　彼はまた，ラジオで音楽を聴くことによる，体験の「矮小化」を指摘している。部屋で人がラジオを聴くとき，そのスイッチを消すことは自由であり，時間芸術である音楽はその瞬間に分節される。また，ラジオでは番組編成上，作品のすべてを演奏・放送せずにメドレーあるいはイントロだけを紹介することがある。音楽作品の持つ本来の文脈は，そこでぼやけてしまう。そして，たとえば放送された一部分だけを聴いて，人がそれを「ベートーヴェンの五番のシンフォニーだ」と把握してしまうように，音楽の全体性に対峙する緊張した態度は失われて，簡単な理解ばかりがまかり通る。体良く紹介される作品は，もはや「文化」ではなく「商品」である。これは，単に音楽作品が被る変質ではなく，音楽を体験する人々にもたらされる矮小化された変質なのであり，この音楽聴取のあり方を，アドルノは「引用型摂取」と呼んだ。

　さらにラジオは一方で「ロマン化」をもたらすとアドルノは述べる。ラジオは全体を表現できない。そこでキャッチーな部分だけを強調し，それが何かを表現しているかのように演出する。並べられた美辞麗句（メディア発信者による「これが最高傑作です！」などの演出）は，俗流のロマン主義で作品をオブラートに包み，リスナーが自発的な聴取態度を育てるきっかけを奪う。クラシック音楽ですらそうなのであるから，キャッチー

なサビやシンプルなリフレインの多いポピュラー音楽は，彼にとってまやかしの音楽以外の何ものでもない。作品の魅力や神秘性がメディアによって規定され，それに操られることを大衆が引き受ける，そのような循環を成立させる文化産業のあり方を，アドルノは忌み嫌ったのである。

　いま現在の時点から見て，このような批判は時代性を感じさせるものである。しかし，売れ筋の音楽を商業主義として揶揄する感性が未だに残っている（「Jポップなんて……」）ことを鑑みれば，ただ古くさい意見として切り捨てることもできない。メディアの回路を経由することによって，リスニングの作法が変わり，そのモードに沿った音楽が創作される。マクルーハン（M. McLuhan）が「メディアはメッセージである」と述べるよりも前に，アドルノがマス・メディアのもたらす作用について論究していた点については，少なからず再考の余地がありそうである。

(3) 声と音が伝える世界

　普及期のラジオ研究をもとに言えることは，ラジオという機器を通じて声ないし音を聴くという経験は，直接的にしろ間接的にしろ，また肯定的にせよ否定的にせよ，広範な層を対象に「情動的に」「語りかけてくる」ものとして作用していたことである。

　マス・メディアの影響よりもパーソナルな対人関係を重視し，限定効果説を提唱したラザースフェルドらも，活字メディアと比べてラジオのアナウンスの方が投票行動に直接影響したことを認めている。その理由は，「ラジオによる政治的経験は，当該の人物との対面接触に似ているともいえる。それは，どちらかというとパーソナルな関係に近いものであり，だからいっそう効果的」(Lazarsfeld et al., 1944＝1987) だからであり，ラジオの情動的な語りかけの力に注意を促している。

　しかしその一方で，ラジオがひきだす感覚が聴覚にのみ限定されているということは，常にその放送内容に神経を集中させなくてよいことも意味する。洗い物をしている間でも，書き物をしている間でも，運転をしている間でも「ながら聴取」は可能であり，視覚や触覚は何か別のことに専念

させてかまわない。コンサート・ホールで集中して音楽を聴く経験とは根本的に異なる，気散じ（散漫な意識）的な音楽作品への接し方が，ラジオというメディアによって促進されたのである。

　この点をアドルノは芸術への冒涜として非難するとともに，放っておけば耳に飛びこんでくる散漫な音楽が人々を管理する装置になると危惧した。アドルノが見落としたものがあるとすれば，ラジオとともに発展したポピュラー音楽が，そのキャッチーなメロディやサビのなかに，オーケストラやシンフォニーとはまた別種の美学を内包させていたことだろう。

　「情動的に語りかける」要素と「ながら聴取」の要素。声と音に特化したラジオの持つ特徴は，テレビというより大きな影響力を持つマス・メディアが登場した後は，独特の役割を担うようになる。それが，ラザースフェルドも指摘した，マス／パーソナルの中間的な役割である。あたかも「あなただけに向けて」ディスク・ジョッキー（以降 DJ）が語りかける放送内容は，日々の移動や労働，勉強に追われる人たちにとっての憩いの時間をつくりだし，いわば"擬似"パーソナル・メディアとして機能する。

　次節では，日本社会におけるラジオの役割について，主に 1960 年代以降の時代状況とともに考えてみたい。

4.2　日本のユース・カルチャーにおけるラジオの役割

(1) AM 深夜放送・若者音楽文化の牙城

　はじめに，19 世紀末に開発されたラジオがそもそもどのような存在であったのかを確認しておこう。水越伸（1993）や吉見俊哉（1995）は，メディアの最初期の利用状況を検証することによって，必ずしも産業誘導型ではないオーディエンスの利用の姿を描きだしている。それらの研究によると，ラジオは最初，有線電信の延長線上，すなわち無線通信として利用されていた（1 章参照）。声が相手に届くことの驚きと，電波に乗せて遠く離れた人とおしゃべりすることの喜び。各地にアマチュア無線家が出現し，1920 年代に定時放送事業が確立する（アメリカでは 1920 年 KDKA，日本では 1925 年 JOAK）までは，ラジオというテクノロジーは，マス・

メディアではなくパーソナルなメディアとして利用されていた。

そのように考えると，テレビ登場によってマス・メディアの中心としての役割を降りたラジオが，「語りかけ」の色合いを濃くした"擬似"パーソナル・メディアとして独自路線を歩むことは，必然的な道筋だったのかもしれない。

津金澤聰廣（1982）がまとめたところによると，1960年代，テレビの急速な普及に危機感を覚えた放送業界は，「ラジオ・ルネッサンス」をスローガンに番組編成の見直しを試みた。これは，家事労働の主婦や車で移動中の就労者，徹夜で働く労働者や受験生をターゲットとして，「ながら聴取」を促す内容に番組をシフトさせていくものであった。その方針はとりわけ受験生の若者に受けいれられ，**深夜放送**＜☞＞を聴きながら勉強するというライフスタイルが形成されていく。

「ラジオはテレビの陰にかくれ，ひっそりと音楽を流し，『眠れないあなた』にささやきかけるマイナーなメディアであるがゆえに，ヤングたちには新鮮だった。あるいは，受験体制の強化にともない，受験勉強時間の長時間化が進むにつれて，いわば競争社会のはざまで身動きできなくなった多くの若者たちの孤立感や淋しさが，深夜放送のDJへの参加ともたれかかりを促したともいえそうである」（津金澤1982：17）。

「セイ！ヤング」「ヤング・タウン」「オールナイトニッポン」などの名

〈深夜放送〉
現在，深夜放送枠は，若者向けというよりも高齢者向けの番組枠となりつつある。象徴的な番組にNHK第一放送の「ラジオ深夜便」（1990年～）がある。おだやかな語り口でクラシックの名曲集を流すというそのコンセプトが，孤独になりがちな高齢者に対する細かなケアを担う（＝遠くの親戚より近くのラジオ）ことに成功したからであろう。たとえば同番組では，アナウンサーが「お聞きのがしなく」とは言わない。代わりに，「眠くなったらどうぞご無理をなさらないように」と語りかける。聴取者に向けて，安心させて，寄り添うような働きを持つ言葉がそこでは選ばれているのである（真鍋2007）。

番組がいくつも生まれ，土井まさる，みのもんた，落合恵子らDJが有名になった。彼らはあたかも若者一人一人に向けて語りかけるように話す。そして番組の投稿コーナーでは，投稿者の名前を読み上げてくれる。これらは孤独な受験生にとっての自己表出の機会を生み，ラジオが若者による若者のためのメディアであるという感触を強くした。勉強部屋の机の上のトランジスター・ラジオは自分だけの所有物であり，深夜の時間は家族にも誰にも邪魔されない。ここに，いわば若者の"解放区"が成立したのである。

　しかし，ラジオは若者を個室に閉じこもらせたばかりではない。その中から，これまでにはなかった形でのヒット曲が登場してくるのである。大きな話題になった例で言うと，1967年，フォーク・クルセイダーズの「帰ってきたヨッパライ」のヒットがある。同グループが第1期メンバー解散記念にと制作したコミカルなフォーク調の歌が，ラジオ関西の番組「若さでアタック」で放送したとたんに大反響を呼び，ほとんど宣伝もないまま累計180万枚の売り上げを記録する。

　当時フォークは反戦や差別をテーマにしたメッセージ・ソングが多く，組合の集会や街頭で歌われる運動としての側面が強かった。しかしフォーク・クルセイダーズにつづいて高石ともやの「受験生ブルース」(1968年)や岡林信康の「山谷ブルース」(1968年)がラジオを起点にヒットを飛ばすと，フォークはアングラでありながらユース・カルチャーの代表格としての存在感を増していく。折しも時は，全共闘が若者の叛乱を唱えた季節である。ラジオはテレビと比べてスポンサーやレーティングから自由であり，その分，先端的なものを好む若者の支持を受け，また，主張の強いフォークシンガーを迎え入れることができたのである。

　若者の最先端の情報受信装置としてのラジオは，その後，70年代に入って全共闘運動が沈静化してからも続く。フォークの歌手はニューミュージックと呼ばれるようになるが，吉田拓郎や泉谷しげる，中島みゆきら，テレビへの出演をよしとしなかったミュージシャンたちは，深夜放送ラジオのDJをつとめ，自分たちの日常をしゃべるとともに，新曲を幾度もオ

ンエアし，若者音楽の牙城を守り通していたのである．

(2) FM エアチェック文化・洋楽への憧れ

　60年代後半～70年代の「AM深夜放送の時代」と比較して，70年代後半～80年代は「FMエアチェックの時代」と呼んでもよさそうである．

　FM放送の歴史は古く，その開発者アームストロング（E. H. Armstrong）がニュージャージー州に最初の局を開設したのは1938年である．AMよりも音質がよく運用費も安価なFMは，放送関係者の期待を集めたのだが，テレビの開発と競合したため実際に十分な利用環境が整うまでには時間を要した．日本では，NHK技術研究所の実験放送が始まったのが1957年，段階を経て本放送に漕ぎだすのが1970年のことである．

　NHK（全国）を筆頭に，東京，大阪，名古屋，福岡の民放各局で始まったFM放送は，後発ならではの戦略的な編成デザインを組む．それは「サウンド・インテリアとして生活の中に組み込まれたFM放送を目指すことであり，教育・教養的な音楽の扱い方に固執することから離れて，ポピュラー音楽を素材とした品格のある『生活音楽局』をめざし，都会的で新しい流行や聴取者の知的欲求に応える文化性を加味してゆくことをねらったものであった」（松前1996：212-213）．

　軽妙なトークやお笑いを前面に出すAMとは一線を画し，また，当初想定していた教育的なプログラムも後景に退けて，FMは，あくまでもステレオ品質の音楽をメインに出発したのである．これには，実験放送の段階でのリスナーの反応を考慮した側面もあった．FM放送の高音質に目をつけた初期リスナーは，放送局側が行う「前奏にDJのお喋りを被せたり楽曲を途中でフェード・アウトさせたりする行為」（溝尻2007：117）を嫌い，受信・録音するテクニックを競いあっていた．放送局は，そのようなマニアのニーズに応えて，フルオーケストラやロックアルバム1枚を番組枠ひとつ使って放送する番組を制作した．

　FMのエアチェック熱は瞬く間に広まっていく．録音に最適な形態のラジカセやコンポが普及し，磁気テープのHiFi化も進んだ．毎月大量のレ

コードを買うわけにはいかない一般のリスナーにとっても，エアチェックはありがたかったのである。そして，FM が音源取得の重要なリソースになるにつれて，FM 専門誌がその数を増やしていった。『FM ファン』（66年創刊），『週刊 fm』（71年），『FM レコパル』（74年），『FM ステーション』（81年）には，それぞれタイムテーブルの付いた番組表が掲載されていて，リスナーはそれを見てエアチェックにいそしむわけである。

　FM 放送と FM 誌の連携は，同時代の洋楽ロック／ポップのファンを増やすことに貢献したと言えよう。先述した「サウンド・インテリアとしての FM」の理念にもっとも適合的だったのは，海の向こうの洗練されたサウンドであった。『FM ファン』誌にはビルボードのチャートが，『FM ステーション』誌にはキャッシュボックスのチャートがそれぞれ掲載されていたから，アメリカの週ごとの流行の動向を追って一喜一憂することができる。

　エアチェック文化は，誇張して言うならば，神の詔詞（みことのり）（洋楽のレコード）を俗化した形（エアチェックしたカセットテープ）で受け取る構図になぞらえることができる。少なくともアメリカがあこがれの象徴だった時代の雰囲気を，それらの流行から感じとることは可能だろう（南田 2005：147）。

　後述するように，その後 FM は多局化し，DJ 主体の生番組編制が中心になり，以前のようにアルバムをまるごと 1 枚かけることはなくなった。FM 専門誌も，現在ではすべて廃刊となっている。しかし，この時代にリスナーが受けた洋楽ロック／ポップの洗練した感覚は，次世代の日本の音楽の洗練に形を変えてつながっていくのである。

(3) 多角化する FM・流行感度の洗練

　80 年代後半～90 年代のラジオと流行音楽に関しては，第二世代 FM の動きが重要である。メディアが多チャンネル化することによって，若者の深夜のおともという AM の独自の役割は薄れ，CD の急速な普及によって FM エアチェックも必要でなくなった。代わって台頭したのが，気流のよ

うに音楽を感じる（music air current）ことをコンセプトに掲げた，J-WAVEを嚆矢（こうし）とする第二世代FMの相次ぐ開局である。

　1988年，東京に2局目のFMとして開局したJ-WAVEは，既存のFMとの差別化を図り，アメリカン・スタイルのフォーマットを踏襲した時間編成で出発する。それは，1時間単位で番組を区切るのではなく，24時間にゆるやかな連続性をもたせ，英語混じりのDJが生放送で間断なく音楽を紹介していくものだった。流される楽曲も，ジャンルに関係なく都会的でスタイリッシュな曲が選ばれた。何をかけるかという選曲自体が新しいFMのポリシーなのであり，同局は，都市生活者の"気流"となるべく，開局当初ほとんどすべてを洋楽で構成していた。

　そして，大阪のFM802（88年），京都のα-STATION（91年），名古屋のZIP-FM（93年），福岡のCROSS FM（93年）など，同時期に放送を始めた各地のFM局も，多少の違いはあれども同様のコンセプトで，感度の鋭い若者をターゲットにスタートした。また，既成のFM局も，徐々に新しいFM局に近い番組編成に変わっていった。

　烏賀陽弘道（2005）によると，現代日本の流行歌の総称として用いられる「Jポップ」の言葉は，J-WAVEが仕掛けたものである。同局は，日本の歌のコーナーを設けるにあたって「洋楽と肩を並べることができるセンスのいい邦楽」「洋楽の何に影響を受けたかはっきりわかる邦楽」を基準として選曲し，89年秋に「J POP CLASSICS」のタイトルで放送を始める。

　一般にまで「Jポップ」が浸透するのは，サッカーのJリーグが発足して「J」の記号性が注目される93年以降になるが，FM局の当初の目論見として「洋楽に比肩しうる邦楽」のコンセプトがあったことは重要である。実際には諸外国のマーケットに日本の音楽が通用したわけではないのだが，世界と肩を並べたと日本人に錯覚させうる効果がそこにはあった（烏賀屋2005：11）。あかぬけないイメージで捉えられていた日本のポピュラー音楽が，洋楽的エッセンスを吸収することによって，洋楽を得意としていたFMに認められた，という構図を見いだすこともできる。

　実際，95年前後を境として，日本の音楽シーンには「ドメスティック

な構造」（南田 2001：200-202）が散見されるようになる。海外の音楽が売れなくなり，新しいミュージシャンは洋楽ではなく国内のミュージシャンを手本にするようになった。それまで歴史感覚すらなかった日本のロック史を再発見する流れも生まれ，日本の音楽のルーツが"創造"されていったのである。特に洋楽を好んで聴く層をのぞけば，そもそもの視野の範囲から準拠先としての洋楽は失われてしまった。これは，それだけ日本人のライフスタイルの欧米化が進んだ結果とも言えるし，グローバリゼーションと同時進行するローカリゼーションの流れの結果とも言えるだろう。

　FMは，確かにそうした流れの中心にあった。洋／邦が混在する選曲にはハイセンスという基準以外に垣根はなかったし，局が選定したヘビー・ローテーション（パワープレイ，繰り返し流される楽曲のこと）は，曲のヒットにつながった。たとえば宇多田ヒカルのデビューアルバム『First Love』（98年）は，700万枚セールスを記録する空前のヒットとなるのだが，タイアップをしなかった宇多田が記録を打ち立てた要因の1つに，FMでのヘビー・ローテーションを挙げる声もある（小川 2005：250）。

　時代を経るごとにラジオの流行は変わっていったが，ユース・カルチャーの発信基地として機能しつづけていたことは一貫している。テレビ視聴の間隙をついて「あなたに向けて話しかけ歌を聴かせる」ラジオは，新鮮な刺激を欲する若者世代それぞれにフィットしていたのである。

4.3　ラジオの現在

(1) 地域に密着するラジオ

　本節では現在のラジオをめぐる状況を記しておこう。現在のラジオ局の特徴として，自ら主体となってイベントを主催する例が多くなっている。

　たとえば大阪のFM802に注目してその活動（2002年の時点）をピックアップすると，「MEET THE WORLD BEAT」（＝聴取者を無料で招待する夏の音楽フェス），「LIVE FLASH!」（＝京都駅やUSJなど話題のスポットで開催するライブ），「MOVING! KYOBASHI」（＝京橋駅前にビジュアル・アートを展示し特別番組を中継），「MINAMI GO! ROUND!」

(＝大阪ミナミの各所で行われる秋の音楽＆アートの祭典）など，地域性を意識したイベントを多数仕掛けている。ラジオ局は，放送事業主としての役割にとどまらない都市共同体の共有感覚を生みださんとしている。

地域性といえば，コミュニティFMの隆盛も取り上げておくべきである。都道府県よりも狭い地域を対象としたコミュニティFM放送は，1992年の制度化を受けて発足し，函館のFMいるかを皮切りに10年足らずで全国150局を突破，今なお広がりを示している。その放送内容は，地域に密着した情報番組が中心で，災害時には生活関連情報をいち早く提供するなど，地域社会との連携が心がけられている。また，市民株主制の局や，スタッフに地元住民を起用する局，NPOが運営する局もあり，営利目的にとどまらない放送が行われているのが特徴である。コミュニティFMの経営は必ずしも順風満帆なところばかりではないが，地域社会が見直される現在，その役割には生活者のさまざまな期待がかけられている。

実際，ラジオのよいところは，小回りが利き，かならずしもマスを対象とした内容でなくても放送が可能な点にあるだろう。そこから新しい音楽の潮流が生まれることもあるし，特定の世代層や地域層だけに向けて情報を提供することもできるメディアなのである。

(2) ポッドキャストに見る個人"放送"

しかし，ラジオは融通が利くとはいえ，無許可の海賊放送を別にすればどこの局も好きな内容を勝手に放送しているわけではない。放送メディアには放送法の規定があり，公序良俗の遵守，政治的公平，事実報道，多様な意見の提示など，負わなければならない責務があるからである。

かつて，ブレヒト（B. Brecht）やガタリ（P. Guattari）は，彼らの望む「真に民主的なメディア」を，ラジオの技術利用から実現することを夢見ていた。かりに国家が総動員されるような事態に陥った時，マス・メディアでは体制を批判することができないかもしれない。ラディカルな政治的意見を発信しようとしても，放送法の前に沈黙を余儀なくさせられてしまうだろう。通常の目線では届かない視野をもって報道を行うゲリラ的

なメディア=「自由ラジオ」が，民主社会においては必要であると彼らは考えていた（粉川編，1983）。

現在，このような「自由ラジオ」に似たしくみが，思わぬ方向から展開している。それが，個人による音声情報をインターネット上にmp3ファイルとしてアップロードする「ポッドキャスト」である。

ポッドキャストとは，米国アップル社の音楽プレーヤーiPodのPodと，放送を意味するBroadcastのcastを掛け合わせた造語で，そのキャッチーな語感とともに，現在，Web上で世界的に流行している。ネットにつながるPCさえあれば誰もが"放送"の主体となることができ，誰もが好きな"番組"をチョイスして聴くことができる。ブログなどのRSS（番組リスト）を利用すれば定期的に閲覧することも可能だし，iPodをはじめとする携帯プレーヤーがあれば持ち運びすることも可能である（図1）。

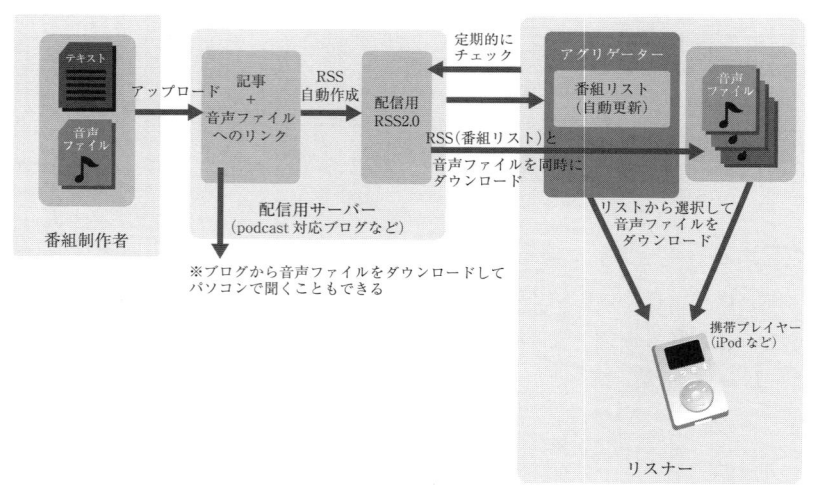

図1．ポッドキャストのしくみ

このしくみの先進性について，*Newsweek*誌記者のレヴィは以下のように語っている。「高額な出費や無線免許，連邦委員会の承認などにしばられずに，世界中に向けて自由に音声コンテンツを配信するという夢が，つ

いに現実のものとなったのだ」(S. Levy, 2006＝2007)。

　ポッドキャストの"放送"内容は，先述したような政治的意見の表明から，エンターテイメントに徹した内容，取るに足らない個人の語りまで，まさに千差万別である。個人で製作するのだから当然のことではあるが，自分の意見や音楽趣味を全面に押し出した番組を作っても誰に文句を言われるわけでもなく，その内容に共鳴した人に受けいれられさえすればよい。音楽の使用許諾は必要だが，その手続きも簡便化されつつある。マス・メディアともパーソナル・メディアとも言えない，インターネット時代ならではのメディア形態である。

(3) ブロードキャストとエゴキャストの狭間で

　ポッドキャストについて，ひとつ危惧すべきことは，好みの情報を好みの時間に聴くことのできるその自由なメディアが，きわめて自分本位なメディアとなる可能性をはらんでいる点である。*The New Atlantis* 誌編集者のローゼン (C. Rosen) は，このような情報社会における現代的な傾向を，「エゴキャスティング (Egocasting)」の言葉で説明しようとしている (http://www.thenewatlantis.com/archive/7/rosen.htm)。

　情報の送り手は，個人的な嗜好を遠慮なく反映させ，情報の受け手は，自分に興味のある内容だけをそこからピックアップする。一般向けに放送される「Broadcasting」時代から，「Ego (エゴが) Casting (放たれる)」時代への移行である。ローゼンは，その能動性を認めつつも，こうした個人化が行きすぎれば自分の選択以外を受けつけない「文化的・社会的な不寛容さ」が生みだされると警告を発している。

　一方のラジオ放送は，パーソナル・メディア風の装いで独自性を高めてきたが，やはりそれはマス・メディアである。不特定多数を対象に一定の時間帯に沿って放送され，リスナーは基本的には情報を受けとるだけの存在である。リスナーが情報を受けとるだけの存在であることは，マイナスの側面で語られることも多いが，受動的であるがゆえに「偶然の出会い」が促進されることもある。ドライブ中，カーラジオから流れてきた音楽に

思いもかけず心を揺り動かされてしまったこと，勉強中，ラジオ DJ の語りの内容に筆を止めて聞き入ってしまったこと，このような体験をしたことがある人は少なくないだろう。そのような「異質な他者」との「偶然の出会い」を通じて，人々の文化的経験は豊かになっていく。

これからの「声と音が伝える世界」に望まれることは，ラジオのような半強制的な情報配信メディアと，ポッドキャストのような選択的な情報配信メディアの，ほどよいバランスである。リスナーの個人個人が，双方のメリットとデメリットを考慮した上で，そこに耳を傾けることが求められている。

エクステンション・スタディ　音楽研究における録音／放送メディア

本章では，ラジオと若者音楽の関係をテーマのひとつとしたわけだが，メディアと音楽を論じた学術研究には，録音メディアをあつかったものが多く，放送メディアに言及したものは存外に少ない。その背景には，音楽という芸術／娯楽様式が独特に持つ問題圏がある。つまり，本来なら時間の瞬節にしか存在しない時間芸術である音楽が，モノの形に押し込められる録音技術との齟齬を生みやすく，美学的な関心を惹きつけてやまないこと。あるいはモノという容れ物に乗って生産・流通・消費されることが，商業的議論もしくは近代社会論の関心を引き寄せ，経済学や社会学の対象となったこと，などがその理由であろう。

レコードに記録されることで音楽の美的な経験がどう揺れ動いたのかを主題にした細川周平の『レコードの美学』（1990，勁草書房），ライブでの音楽体験とディスクでの音楽体験がどのように異なるかを解説した小川博司の『音楽する社会』（1988，勁草書房），クラシック音楽史を印刷楽譜や音楽録音の歴史から再編成した大崎滋生の『音楽史の形成とメディア』（2002，平凡社），レコード産業やタイアップ・プロモーションを平易に解説した岸本裕一・生明俊雄の『J-POP マーケティング』（2001，中央経済社），演奏家の役割をターンテーブル DJ が担う時代の作品概念を論じた増田聡・谷口文和の『音楽未来形：デジタル時代の音楽文化のゆくえ』（2005，洋泉

社)など,録音メディアを主題化した日本人研究者の研究は豊富に蓄積されている。本章を読んでメディアと音楽の関係に興味を持った人は,是非これらの研究書を手に取り,発展的な思考をめぐらせてほしいと思う。

　と同時に,本章で引用した文献などに触れて,放送メディアの歴史や行く末に興味を持ってもらいたいとも思う。音楽研究において放送メディアは録音メディアと比較して副次的な扱いにとどまってきたが,文化の伝播の観点から考えれば,ラジオやポッドキャストは音楽を世界に広めて人と人とを結びつける重要な役割を担っている。放送のあり方の変化も含め,今後は放送メディアに関する音楽研究が多くなされていくことに期待したい。

参考文献

アドルノ,T. W. ／高辻知義・渡辺健訳(1999)『音楽社会学序説』平凡社(Adorno, Theodor W. (1962) *Einleitung in die Musiksoziologie*, Suhrkamp Verlag, Frankfurt am Main)

アドルノ,T. W. ／渡辺裕・村田公一・船木篤也・吉田寛訳(2002)『アドルノ　音楽・メディア論集』平凡社(Adorno, Theodor W. (1941) The Radio Symphony : An Experiment in Theory, *Radio Research*, New York: Duell, Sloane, and Pearce, 1941, 110-39)

烏賀屋弘道(2005)『Jポップとは何か』岩波書店

小川博司(2005)「音楽」藤竹暁編『図説　日本のマスメディア［第二版］』日本放送出版協会,232-256

キャントリル,H. ／斎藤耕二・菊池章夫訳(1971)『火星からの侵入』川島書店(Cantril, H. (1940) *The Invasion from Mars: a Study in the Psychology of Panic*, Princeton University Press.)

粉川哲夫編(1983)『これが「自由ラジオ」だ』晶文社

田崎篤郎・児島和人編(2003)『マス・コミュニケーション効果研究の展開［改訂新版］』北樹出版

津金沢聡広(1982)『マスメディアの社会学:情報と娯楽』世界思想社

前田祥丈・平原康司(1993)『60年代フォークの時代』シンコー・ミュージック

松前紀男(1996)『音文化とFM放送:その開発からマルチ・メディアへ』東海大学出版会

マートン,R. K. ／柳井道夫訳(1970)『大衆説得:マス・コミュニケイションの社会心理学』桜楓社(Merton, R. K. (1946) *Mass Persuasion: the social psychology of a war bond drive*, Harper.)

真鍋昌賢(2007)「ラジオと高齢者:「深夜」とは誰のものか」小川伸彦・山泰幸

編『現代文化の社会学入門：テーマと出会う，問いを深める』ミネルヴァ書房, 233-249
水越伸（1993）『メディアの生成：アメリカ・ラジオの動態史』同文館
溝尻真也（2007）「日本におけるミュージックビデオ受容空間の生成過程：エアチェック・マニアの実践を通して」『ポピュラー音楽研究』Vol.10, 112-127
南田勝也（2001）『ロックミュージックの社会学』青弓社
南田勝也（2005）「価値増幅装置としての音楽雑誌」青土社『ユリイカ』第37巻第8号, 143-152
森綾（1994）『読むFM802：OSAKAで一番HOTなラジオ局の奇跡』日経BP出版センター
吉見俊哉（1995）『「声」の資本主義：電話・ラジオ・蓄音機の社会史』講談社
ラザースフェルド, P., ベレルソン, B, ゴーデット, H／有吉広介他訳（1987）『ピープルズ・チョイス』芦書房（Lazarsfeld, P. F. and Berelson, B. and Gaudet, H.（1944）*The People's Choice: how the voter makes up his mind in a Presidential Campaign*, Columbia University Press.）
レヴィ，S.／上浦倫人訳（2007）『iPodは何を変えたのか？』ソフトバンククリエイティブ（Levy, S.（2006）*The Perfect Thing : How the iPod Shuffles Commerce, Culture and Coolness*, Simon & Schuster.）

　ラジオを包括的にまとめた研究書が出ることも最近では少なくなったが，その起源を知るには水越伸の**『メディアの生成』**は必読。AM放送については，やや古いが津金沢聡広の**『マスメディアの社会学』**が，逆に当時の状況を知ることができてよい。FM放送をまとめたものは松前紀男**『音文化とFM放送』**が随一である。

　マス・メディアの基礎理論としても重要な効果論に関しては，原著者らの著作に触れてほしいが，手に入りにくい場合は田崎篤郎・児島和人編著**『マス・コミュニケーション効果研究の展開』**を勧める。過去から現在に至るまでの効果論の発展過程がうまくまとめられているからだ。

　音楽にまつわる問題系に関しては，アドルノの研究が避けて通れない。ラジオの機能もあつかっていて比較的平易な**『アドルノ　音楽・メディア論集』**がお勧めである。アドルノ流の批判理論をスタートに，それぞれの「メディアと音楽」論を思考してみてほしい。

5 インターネット革命
——私たちのコミュニケーションを変えたもの

- ➡現代の「インターネット社会」は，どのような経緯で生まれ，発展してきたのだろうか？
- ➡インターネット黎明期から現在に至るまでに，日本あるいは世界のネットワーク社会では何が起こっていたのだろうか？
- ➡現在のインターネット社会に強いインパクトを持つ「革命的」なできごとは，何だったのだろうか？
- ➡人々は，インターネットをどのように利用してきただろうか？その形態には変化が見られるのだろうか？

5.1 インターネットの歴史を振り返る

 現代はインターネット社会である。誰にそう言われるまでもなく，皆さん自身がそれを日々実感しているだろう。今はごく当たり前に私たちの生活の中に根づいている「インターネット」だが，その歴史はそれほど長くはない。しかし普及の勢いは爆発的で，今やインターネットがない社会など考えられないほどだ。

 本章では，こうしたインターネット社会がどのような経緯で生まれたのかを理解する手がかりとして，まず時代を20世紀半ばのインターネット黎明期にさかのぼり，当時から現在に至るまでに，日本あるいは世界で起こったインターネットに関連したさまざまなできごとについて，時系列をたどりながら振り返ってみたい。本章前半では，インターネット以前を含

め，コミュニケーションにネットワーク・メディアがどのように利用されてきたかを見ていく。後半では「WWW（World Wide Web）」登場以降に急速に成熟し多様化した，個人による情報コミュニケーションや対人コミュニケーションにおけるインターネット利用のさまざまなありようについて，現況に強いインパクトを持つ事象を中心に詳しく解説する。

5.2 インターネット黎明期：基本的構想と技術の確立

　インターネットは，いつ，どのように始まったのだろうか。インターネットとは，一言で説明すると「ネットワークのネットワーク」である。ネットワークとは，複数台のコンピュータ同士を通信可能なように，すなわち情報が送受信できるように接続することをいう。インターネットは，世界の誰かが「インターネットというものを作ろう！」と声をかけて始まったものであるというよりは，世界の各所で行われていたネットワーク構築の試み同士がつながり，集約され，それらの結果として「インターネット」ができあがった，と表現する方がより正確であろう。

　そこでまず，ここではインターネット構築にもっとも大きなインパクトを持ったと言われている歴史的事実を紹介しよう。それは，1957年にアメリカ合衆国の国防総省にARPA（Advanced Research Project Agency；高等研究計画局）が創設されたことである。そもそもこのARPAが創設されたきっかけは，同年に旧ソビエト連邦（ソ連）が世界初の人工衛星「スプートニク」号打ち上げに成功したことにあり，これに衝撃を受けたアメリカが，当時「冷戦」のまっただ中であった「敵国」ソ連に科学技術分野で対抗しうる力を持とうとする意図があったと言われている。

　このARPAの研究・調査用コンピュータ・ネットワークとしてARPANETが誕生したのが1969年である。このARPANETが，現在のインターネットの原型となったと言われている。発足当初は全米4ヵ所（カリフォルニア大学ロサンゼルス校（UCLA），同サンタ・バーバラ校（UCSB），スタンフォード研究所（SRI），ユタ大学（UTAH））にある4台のコンピュータがネットワークによって結ばれた（図1）。このネット

5. インターネット革命——私たちのコミュニケーションを変えたもの

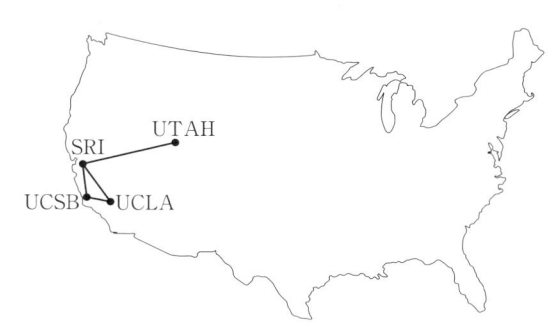

図1. ARPANETで接続された4カ所のコンピュータ・ネットワーク（1969年）

ワークでは，当時主流だった中央集中型ではなく分散型のネットワーク・システムが構築されたが，そこで指向されたのはより耐久性の高いシステムであった。中央集中型の制御システムを持つ通信網にはたとえば電話があるが，ある制御システムがいったん破壊されると，それに接続している端末すべてが通信網から切り離されてしまう危険性がある。インターネットは電話と異なり（そして電信と似て），特定の集中した責任主体は存在せず，全体を1つの組織・ネットワークとして管理するのではなく，少なくとも建前上は，接続している組織が各ネットワークを管理することになっている。そうすることによって，どこかが軍事的な攻撃を受けて破壊されたとしても，破壊されていない他の部分がそれを補完し，接続を維持することが可能な通信網たりえようとしたのである。

　ARPANETによって各地に点在するコンピュータ同士が結ばれ，ネットワーク化されたことで，このネットワークを有効に利用できるさまざまなコミュニケーション技術が開発され始めた。代表的な技術は，電子メールプログラム（1971年開発），遠隔地にあるサーバを端末から操作できるようにするプロトコル telnet（1972年仕様発表），ファイル転送プロトコル FTP（1973年発表）などである。メールアドレスに不可欠なアットマーク「@」が，個人のIDとそのIDの「住所」（所在するサーバ）とを区切る文字として選ばれたのは1972年である。また世界で初めてチャッ

トが行われたのもこの頃である。世界初のチャットは、チャット技術を開発した会社にいる医師と、スタンフォード大学にいる患者 Parry とを結んで行われたものであったという。さらに、1973 年には初めて ARPANET が国際接続をし、アメリカ合衆国と英国・ノルウェーとが接続された。

　こうして新たに開発されたコミュニケーション技術を利用して、インターネット上に次々とコミュニティが作られ始めた。インターネット利用者たちは、もちろんまだごく限られた専門家を中心とする人々ではあったが、ネットワーク上に自分たちの居場所を確保し、相互のつながりを維持できる空間、すなわち「社会」を築こうと思い始めていたのである。1975年にスティーブ・ウォーカーによって初めてのメーリング・リスト（ML：複数の人に同時に電子メールを配信（同報）するしくみ）が運用され始めた。初の非軍事目的の ML は「SF-Lovers」（SF 愛好者の ML）であったが、多くの参加者を集め、1979 年の開始以来、長年にわたって運用された（http://www.sflovers.org/）。ネットワーク・コミュニケーションが徐々にさかんになり始めたことで、そこに特有の言語形態も生まれた。1975 年には "Jargon File"（この場合の Jargon とは「ハッカー（ネットワークのシステムを熟知した利用者）が好んで用いる言葉」のこと）初版がリリースされた。

　また、1979 年には Usenet が誕生した。大規模な協調ネットワークである Usenet は「ネットニュース」のしくみを提供したことでよく知られている。1984 年に誕生したネットニュースは、あるニュースサーバに利用者が記事を投稿すると、記事は当該サーバに保存されると同時に他のサーバにも配送され、理想的にはネットワーク上のすべてのニュースサーバに届けられることによって、そこにアクセスした利用者相互によって共有されるというしくみである。記事の投稿先となるニュースグループは、使用する言語（たとえば日本語のニュースグループには fj（for Japanese の略）、japanese といったカテゴリ名が付された）や話題の内容（たとえばジャズ音楽の話題なら music.jazz といったようなグループが作られた）によって階層構造をなしており、その仕様は、後に WWW 上に登場する

大規模な電子掲示板サービスのさきがけともいうべきものであった。ただし，ネットニュースへの投稿は原則的に実名を伴うべきとされていた点は，のちの電子掲示板サービスの多くが匿名投稿を許したこととは異なっている。

このように，現在と比べると圧倒的に限定的かつ小規模ではあるものの，インターネット上で人々が行き交い集うコミュニケーションの場は，着々と構築されつつあったのである。

5.3 インターネット創生期：新しいメディア・コミュニケーションの息吹

1980年代に入ると，インターネットは一気に世界的な拡大を見せ始め，日本でもその動きが活発になってくる。1981年には，ARPANET以外のネットワークとして，アメリカの大学・研究所と企業（IBM）のホストコンピュータを結んだBITNETや，大学と民間研究機関を結んだCSNETが開始された。個々のネットワークが構築される際に，それぞれが固有の通信ルールを定めると，ネットワークのネットワークを構築しにくくなってしまう。そこで，1982年には統一の通信規格としてTCP/IPが定められた。TCP/IPとは，Transmission Control Protocol / Internet Protocolの略である。Protocol（プロトコル）とは基本的なルールという意味なので，TCP/IPは「インターネットにおけるデータ転送をコントロールする基本的なルール」と理解すればよいだろう。このTCP/IPの採用によってインターネットは今日につながる爆発的拡大への機動力を得たと言ってよく，現在も利用されている。日本でも1984年に東京大学・慶應義塾大学・東京工業大学を結ぶネットワークJUNET（Japan University NETwork）が誕生し，この年インターネットに接続可能なコンピュータ数が全世界で千を超えた。ウィリアム・ギブソンのSF小説『ニューロマンサー』（1984）で"cyberspace"（サイバースペース：コンピュータ・ネットワークを利用した空間）という言葉が使われるなど，その後のインターネット社会への息吹が感じられ始めたのもこの頃である。

その後のインターネットは着実な拡大を続けた。インターネットに接続

されたコンピュータ数が1万を超えたのは1987年，10万を超えたのが1989年である。インターネット上にヴァーチャル・コミュニティが確固たる姿を現し始めたのもこの頃で，サンフランシスコに本拠を置くヴァーチャル・コミュニティ WELL が創設された（1985年；10章および H. Rheingold, 1993＝1995を参照）。一方で，1988年11月2日は初めての「インターネット・ワーム（ウイルス）」が出現し，当時6万台あったインターネット接続コンピュータのうち10％もが感染した。

　日本では，1985年の通信の自由化（それまで日本の国内通信は国の公共企業体である日本電信電話公社の業務とされてきたが，同公社が1985年に NTT として民営化するのと同時に，通信事業への民間企業の参入が認められた）にともなって電話回線を利用したパソコン通信ネットワークが民間レベルに普及し始め，次々と大手有料サービスが開始（ASCII-NET（1985）・PC-VAN（1986）・NIFTY-Serve（1987）など）された。さらに，電話回線とホストコンピュータとなるパソコンさえ持っていれば個人や非営利団体でもサービスを提供できたため，大手資本によらない電子コミュニティ，いわゆる「草の根BBS」も勃興期を迎え，多様な興味関心・趣味情報を手がかりとしたコミュニケーションが展開されるヴァーチャル・コミュニティが成長の時期を迎えていた。インターネットが世界中のネットワーク同士を結ぶ「開かれた」ネットワークであるのに比べると，パソコン通信は原則として特定の参加者（会員）同士のネットワークであるので，それぞれが「閉じた」ネットワークであった。しかし，その規模の大きさや内容の多様性，時間と空間を軽々と越えられるコミュニケーションの具現化は，ヴァーチャル・コミュニティでのコミュニケーションに多くの人々を惹きつけるのに十分なユニークさを持っていた。パソコン通信をきっかけに，コンピュータ・ネットワークを利用することが自らのコミュニケーション行動に拡がりをもたらすことを知る人々が増えたことは，まもなく到来するインターネット革命期の素地となった事象であると言えるだろう。

5.4 インターネット革命期：個人による積極的な情報発信の時代へ

　1990年代に入り，時代は一気にインターネット全盛期へと進み，インターネットがわれわれの生活に革命的な変化をもたらし始めることとなった。特にこの「革命」に大きなインパクトを持ったのがWWW（World Wide Web）の登場である。1991年にインターネット上での標準的なドキュメント・システムとして開発・一般公開されたWWWは，インターネット上で公開される文書の中に画像や音声など文字以外のデータや，他文書へのハイパーリンクを埋め込むことを可能にした。つまり，情報を伝えるメディアとしてより豊かになり，それに加えてそうした情報を，そのありか(Uniform Resource Locator＝URL)を記したごく簡単なタグをデータ中に埋め込むだけで相互に接続することができるしくみが開発されたのである。さらに，ブラウザ（閲覧用）ソフトが無料で提供されたことから，誰でも気軽にその世界に入り込むことができたことも大きな影響を持った。WWWは，文字通り「世界的に広がる蜘蛛の巣」となって人々を絡め取り，インターネット利用者を爆発的に増やすこととなったのである。

　WWWは，デジタル化された情報の集積基地にたとえることができる。ここに集積される情報は，図書館の蔵書や活字による印刷物と違って物理的な形を持たない。そのため，WWWを介した情報流通は物理的な量に制約を受けることがなく，情報をコピーする手間もかからない。またデジタル化することの利点として，WWW上の情報は簡単かつ効率的に検索でき，これまでのどんな通信手段や実地の旅行よりも早く情報を集めることがある。つまり，WWWは歴史上もっとも広範な伝達可能性を持つ個人の情報交換メディアであり，誰もが世界各地の人々と情報交換するという，これまでは不可能だったことを可能にさせる大いなる力を持っていたのである。

　WWWを利用した日本初の**ホームページ**＜☞＞（図2）が発信・公開されたのは1992年9月30日のことだったが，当時のネットワーク社会はまだ大手パソコン通信サービスや草の根BBSの全盛期であった。しかし，

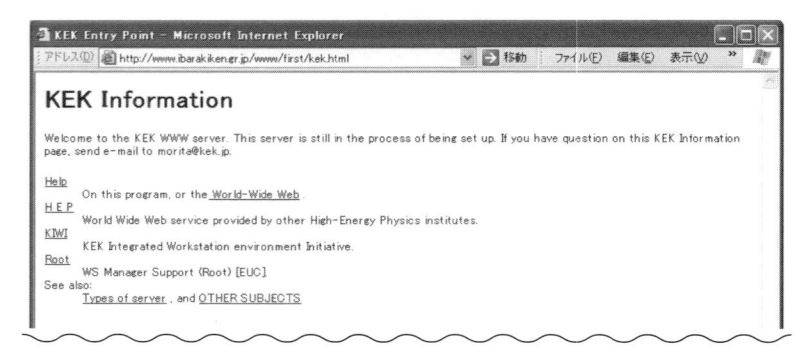

図2. 日本最初のホームページ
(http://www.ibarakiken.gr.jp/www/first/kek.html)

1993年に商用プロバイダ（インターネット接続環境を提供する事業者）がサービスを開始して以降，ネットワーク利用者たちは急速にパソコン通信や草の根BBSといった「閉じた」世界から，「全世界に開けた」インターネットへと流入し始めた。ブラウザソフトが普及し始めた頃からは，個人でホームページを持つ人々も増え始めた。商用プロバイダは，個人でも加入しやすい安価な料金体系を競い，中には無料を謳うところまであらわれるなどして，インターネット人口を増加させるのに一役買った。とはいえ，ホームページそのものの数は（現在と比べると）まだ少なく，また当時はまだサーチエンジン技術は開発されていなかったため，NTTによ

＜ホームページ＞

インターネットのWWWサーバ上に格納され，インターネットを通じて（不特定）多数の人からの閲覧が可能なコンテンツのこと。本来こうしたコンテンツ群は「ウェブサイト」あるいは「ウェブページ」と総称され，それらの中でもっとも上位にあたるサイトやページのことを「ホームページ」としていたが，現在では両者はほぼ同義として用いられている。ほとんどのホームページはHTMLという言語で記述され，WWWブラウザを用いて格納先のウェブサーバにアクセスすることで，内容を表示することができる。文字だけでなく，静止画，動画，音声などを含むページも作成できるマルチメディア性を持っている。

る「日本の新着情報」などのイエローページ的なホームページがWWW上の情報のありかを知らせる交通案内的な役割を果たしていた。

　インターネットにアクセスし，そこで長い時間を過ごす人が増えると，すぐに持ち上がったのがコストの問題である。なるべく安い費用で，長時間，そして高速でインターネットに接続したいという利用者のニーズは切実であった。NTTがこうしたニーズに対応した料金定額サービス（テレホーダイ；発信者があらかじめ指定した電話番号に，午後11時から朝8時までの深夜・早朝時間帯にかける電話を，1か月の延べ通信時間に関係なく定額料金とするサービス）の提供を開始したことで，家庭からのインターネット・アクセスは，接続したい時に接続するという「随時接続」から，「常時接続」に向かい始めた。また，1995年1月17日に発生した阪神大震災とそれに伴う混乱は，従来の通信連絡網が遮断・寸断された状況下にあって，人と人，人と情報を結ぶインターネットの必要性を痛感させるできごととなった。

　1996年には，世界でインターネットに接続しているコンピュータ数が1千万台を超えた。こうしてインターネットに多くの人々が集い始めるのに伴って増え始めたのが有害情報である。非合法だったり著しく低俗だったりする有害情報が流通することによるネガティブな影響に関する憂慮も高まりはじめ，アメリカでは通信品位法が可決され，政府レベルで有害情報の取り締まりが行われ始めた（ただしこの法律はその後の裁判で違憲判決が出るなど議論の的となった）。今に至ってもこの問題は解決されず，むしろ深刻さを増している。

　また，コンテンツの増加に伴って，インターネット上に蓄積された情報をより効果的に交通整理するための「サーチエンジン」が提供されるようになったのもこの頃である。サーチエンジンとは，インターネットに存在するさまざまな情報の検索機能を提供するサーバやシステムの総称である。日本で初めてサーチエンジンが登場したのは1995年だが，東京大学の学生が作成したODiN，早稲田大学の学生が作成した千里眼，京都大学の研究室が開発したMondouなど，一個人（しかも学生）や大学の研究室が

作成した非営利的なサービスが商用に対してはるかに先行していた。これらのシステムはロボット型と呼ばれるサーチエンジンで，ロボット（クローラー）を使ってWWW上にある多数の情報を自動的に収集し，索引情報（インデックス）を作成することが基本となるものであった。単に研究用・実験用に公開されただけでなく，実用性も高かったため，当時のインターネット利用者たちに広く利用された。

　もう1つのサーチエンジンのタイプにディレクトリ型がある。これは，WWW上から人手で精選した情報にもとづいてディレクトリを構築し，分類・整理された一覧として検索者に供するシステムである。ロボット型のサーチエンジンに比べて質の高い情報を提供することで，Yahoo! などいくつかのサービスが人気を博した。しかし，WWWに蓄積される情報量は，人力に頼らざるを得ないディレクトリ型サーチエンジンの許容範囲をすぐに超えることとなった。ディレクトリ型サーチエンジンに掲載されている情報の陳腐化は急速に進み，1998年のGoogle登場以降は再びロボット型が主流となり，現在に至るまで「より重要度の高い，より豊富な」検索を可能にさせるための技術開発が進められている。

　コンテンツの充実の一方で接続環境の向上も著しく，1998年のCATV（ケーブルテレビ）回線を利用したインターネット接続の開始，翌年のADSLの商用サービス開始により，いわゆる「**ブロードバンド**」<📖>に

＜ブロードバンド＞

　インターネットで情報を送受信する際に用いられる，広い幅のネットワーク帯域のこと。アナログの電話回線を用いたダイヤルアップ接続など，おおむね150kビット/秒程度までの，帯域の狭い（ナローバンド）サービスに対し，ADSLやCATV，無線などを利用した時に得られる数百キロ〜数メガビット/秒のインターネット・アクセス帯域を表す。ブロードバンドが普及することで，大量のデータを高速に送受信することが可能となり，インターネットで提供されるサービスが，テキストや静止画像を中心としたものから音楽や高画質の動画などを使ったものへと大きく変化することとなった。

よる高速・常時接続の時代が本格的に到来した。他方で，1980年代後半からの一時期にネットワーク文化の中心的地位を担っていたパソコン通信は，この頃までにほぼ完全にインターネットにその座を譲ることとなった。

さらに，当時生じたもう1つの大きな変化には，NTTドコモがiモード対応の携帯電話を発表し，さらに携帯電話サービス提供他社も時をほぼ同じくして同様のサービス提供を開始したことがある。これにより，インターネットへのアクセス・ツールとして，パソコンだけではなく携帯電話端末も利用することができるようになった。ごく小さな携帯型の端末で接続できるようになったことで，個人利用者にとってインターネットの利便性はさらに高まった。その結果，オンライン・ショッピング，インターネット・バンキングなど，生活のさまざまな側面にインターネットがますます積極的に利用されるようになった。

インターネット上のコミュニティに参加する人が増えてくると，そこで展開されるコミュニケーションの内容が，現実社会に遡及的に影響を及ぼす事例も出現し始めた。たとえば，故障したビデオデッキの修理依頼をメーカーのサポートダイヤルに依頼した際のトラブルをきっかけに，メーカーと消費者間の電話のやりとりを録音した音声ファイルが個人ホームページ上で公開された，いわゆる**「東芝クレーマー事件」**（1999年）<📖>

> **＜東芝クレーマー事件＞**
> 　一人のインターネット利用者が，購入したビデオデッキの修理状況をメーカー（東芝）に問い合わせた際の担当者の発言（顧客である利用者を「クレーマー」扱いするものであった）を，音声ファイルとして自らのホームページに公開し，問い合わせ経緯と共に「告発」したことで，インターネット内外で大きな話題となった事件。告発サイトには公開後2か月で200万件以上のアクセスが集中した。ホームページ作成者を「悪質クレーマー」と報じる週刊誌も登場し，マス・メディアをも巻き込む大きな騒ぎとなった。この事件では，メーカー側の対応は結果的に「全面謝罪」となったが，それを声明した文書を現在もウェブ上で閲覧することができる（http://www.toshiba.co.jp/about/press/1999_07/pr_j1901.htm；2008年3月現在）。

は，インターネット上のみならず，多くのマス・メディアや一般大衆の耳目を集めた。個人の意見や情報を簡単にホームページ上で発信でき，それが不特定多数の人の知るところとなるという，それまでにはなかった個人の情報発信方法についてさまざまな議論を呼ぶことになったのである。また，1999年に開設された匿名掲示板コミュニティ「2ちゃんねる」は，やがて日本のインターネット上の情報コミュニティとして最大規模のものとなり，不特定多数の匿名個人によるコミュニケーション・メディアとして，独特の雰囲気を持つ場所となるに至った。

　個人のホームページにせよ，匿名掲示板にせよ，ウェブの登場に伴うインターネット上の電子コミュニティの急速な発達と共に生まれた新たなコミュニケーション形態は，利用者個人が不特定多数に向けて情報発信を行う場である点が大きな特徴である。電子メールは，特定の相手を想定したコミュニケーション手段として用いられることがほとんどで，距離を問わないという意味では同様の特徴を持つ電信や電話から，さらに「同期性」（コミュニケーションに同時に参画する必要性）という条件を取り除いた利便性が評価され，普及したコミュニケーション・メディアである。一方で，個人ホームページや匿名掲示板における情報発信は，基本的に誰の目にも触れる可能性があり，まるで多くの観衆が見つめる（しかし演者からはその個体識別はできないような）舞台での一人芝居（個人ホームページ）や群舞（匿名掲示板）であるかのような，自己表現的なコミュニケーション行動ともなりうる。これまで，不特定多数の前で自己表現するという行動は，テレビやラジオなどマス・メディアを通じることなしに実現することはほとんどなく，そのため，誰しもが体験できるような一般的なことではなかった。しかし，先に述べたように，こうした行動は，WWWの登場によって，インターネットに接続する環境さえあれば，誰でも実現可能なものとなったのである。テレビ局・新聞社など大規模なマス・メディアによる発信であろうと，個人による発信であろうと，WWW上では同じ「ホームページ」であり，その意味において両者は等しい情報発信力を持つ。このことは，情報コミュニケーションにおいて，巨大メディア

による一方的な「放送」の受信者としての立場に慣らされつつあった個人にとって，革命的な変化であっただろう．こうして，インターネット，特にWWWは，個人が自由に自己表現できるメディアとして利用しやすい形に向けて，さらに発展を続けていくことになる．

5.5　インターネット普及期：急速な一般化とコンテンツの多様化

　2000年は，コンピュータの「Y2K（西暦2000年）問題」で明けた．2000年問題とは，古いコンピュータが4桁の西暦を下2桁だけで処理し（たとえば1999年なら99），上2桁は19と決めつける仕様だったために，2000年が1900年と見なされて年数や日数の計算が狂い，年明けと共にコンピュータに司られたさまざまなシステムやネットワークが誤作動する危険性が叫ばれたものである．このことが世間を揺るがす大問題となるほど，人々の社会はコンピュータ化・インターネット化していたことを象徴した事件であった．

　この年，日本政府は「IT立国」を目指して内閣に「IT戦略本部」を設置し，「高度情報通信ネットワーク社会形成基本法（通称：IT基本法）」も成立している．インターネットの企業普及率は95％，世帯普及率は30％を超え，ブロードバンド・アクセスの普及によるインターネット利用の高度化・多様化はさらに進展を見せつつあり，インターネットはついに国家施策においても中核的な存在となったのである．2001年には，21世紀という「IT新時代」の幕開けを飾るイベントとして「インパク（インターネット博覧会）」が政府主導で行われた．しかし，そのコンテンツは，情報発信者としての「個人」を重視せず，あくまでも企業主体のものであった．そのため，既存のインターネット利用者の関心の高まりにも，新たな利用者の参入にもほとんど寄与することがなかった．「インパク」は盛り上がりに欠けたまま終了したが，このことは利用者たちのインターネットに対する興味・関心が減退してしまったことを意味しているわけではない．むしろそれはさらに高まり，われわれの対人コミュニケーションや情報コミュニケーションの多くは，何らかの形でインターネットに依存

したものとなりつつあった。「インパク」の興行的失敗は，インターネットとそこで発生するコミュニケーションのありようを方向づけるのは，国家や企業といった組織ではなく，利用者個人であることを示す象徴的事実であったとも言えるだろう。

　2003年には，インターネットの日本における人口普及率は60％を超え，世帯普及率は88.1％に達し，インターネットによるコミュニケーションは国民生活にほぼ完全に浸透したと言ってよい状況となった。特にこの頃急速に利用者を増やした「ブログ（ウェブログ）」は，WWW普及直後の「ホームページ」ブームに続く，個人による情報発信の「新たな」形としてもてはやされた。ブログは，広義には「ウェブ上で見つけた情報を記録しておく」ことを意味する合成語であり，元来は圧倒的な量で提供されるWWW上の情報群を各利用者が自分たちなりの視点で整理・分類する試みとして誕生したものであった。ブログにおいては，情報の整理形態として，各トピック（エントリー）が記録された日付による時系列的な整理と，トピックの内容による意味的な整理の両方が可能である。前者は従来から個人ホームページの主要コンテンツの1つであった「ウェブ日記」との親近性が高く，そこに後者によって実現可能なデータベース的要素が加わることにより，個人的事実や心情の記録に留まらない，多岐にわたる情報発信が行われることになった。

　ブログにおいても，コンテンツの核となるのは個人による自己表現であり，それに付随して生じる他者との交流がコミュニケーションを活性化させ，さらには至るところに電子コミュニティを誕生させるという，これまでインターネット上で何度も観察されてきた構図は維持されている。こうした構図をさらに明確に可視化したサービスがソーシャル・ネットワーキング・サービス（SNS）であり，また自己表現の形態は，YouTubeやニコニコ動画などの動画共有サービスなどによって，さらに多様化の方向を示している。こう考えてみれば，両者がサービス提供開始後ほどなくして多くの利用者を獲得したのは，当然の帰結であると言えるだろう。

　もちろん，こうした自己表現が常にわれわれのコミュニケーションにポ

ジティブな帰結をもたらすとは限らない。時にむき出しの，そして悪質な欲望が表現されることが，さまざまなネガティブな事象・事件として現実社会に露呈することもある。たとえば2007年7月に兵庫県で起きた男子高校生の自殺事件では，自殺した生徒に対する同級生グループからのいじめの様子がホームページで写真や動画によって公開され，それがいじめの拡大につながったことが報じられた。また，犯罪系サイト・自殺系サイト・出会い系サイトなど，存在する数としてはインターネット上のコンテンツの総体から見ればごくわずかな比率ではあるが，インターネット以前には考えられなかったようなかたちで，個人による自己表現が社会に大きな負の所産をもたらす事例も生じている（10章参照）。

いずれにせよ，インターネット誕生から半世紀も経たぬ間に，すでにわれわれの生きる「現実」社会は，インターネット上のコミュニケーションとの相互影響なしには成り立たないものとなっていることは間違いない。

5.6 インターネットのこれまでとこれから

これまで振り返ってきたインターネットの歴史を簡単な年表形式にまとめると，表1のようになる。これを見れば一目瞭然であるように，インターネットは，基本思想の誕生からわずか数十年の間に急速な技術的進化・発展を遂げ，あっという間に世界中を席巻したメディアである。インターネット以前のコミュニケーション形態を思い起こし，その時点から現在を眺めてみたならば，それはまさに革命的な変化であったと言って過言ではないだろう。そして，本章でくり返し述べてきたように，この革命の担い手となったのは，国家でも企業でもなく，インターネットに接続してコミュニケーション主体となる利用者個人であり，彼らの自己表現やコミュニケーションの拡がりに対する強い希求が革命の行く先を方向づけてきた。その意味で，利用者たちによるインターネット利用は，基本的な動機づけについてはほとんど変化していない。もちろん技術進歩に伴って利用形態には大きな変化が見られているが，それは基本的な動機づけをより容易に実現できるような方向に進んでいる（あるいは，それに沿うサービ

スのみが採用されている）と言ってよい。今後も，おそらくこの傾向に基本的な変化は見られないのではないだろうか。インターネット革命の歴史は，利用者個人が持つコミュニケーションの進化に対する強力な欲求に突き動かされてきたものであり，それはまさに「ピープルズ・パワー（市民の力）」の具現化そのものであろう。

表 1. インターネット歴史年表

西暦	世界	日本	インターネット人口普及率(%)(日本：1997〜)
1969	ARPANET 誕生		
1971	電子メールプログラム開発		
1975	メーリング・リスト（ML）運用開始		
1982	TCP/IP が統一通信規格となる		
1984	ネットニュース誕生	JUNET 誕生	
1985		通信の自由化	
1987	インターネット接続コンピュータ数 1 万台突破		
1989	インターネット接続コンピュータ数 10 万台突破		
1991	WWW 開発		
1992	インターネット接続コンピュータ数 100 万台突破	初めてのホームページ公開	
1993		商用プロバイダサービス開始	
1996	インターネット接続コンピュータ数 1000 万台突破		
1997			9.2
1998		ブロードバンド接続開始	13.4
1999		東芝クレーマー事件，「2 ちゃんねる」開設	21.4
2000	Y2K 問題		37.1
2001	インターネット接続コンピュータ数 1 億台突破		44.0
2002			54.5
2003		「ブログ」ブーム	60.6
2004			62.3
2005		「SNS」ブーム	66.8
2006			68.5

エクステンション・スタディ　インターネットの普及率：国際比較

　本文では日本においてインターネットが急速に普及した様子を具体的な数値を挙げながら示したが，ここでは世界各国のインターネット普及率を概観し，国際比較を試みてみよう。

　通信に関する国際機関 ITU による調査データに基づいて，世界各国の以下のインターネット関連の普及率を見ると，最新のデータ（2005年現在）でトップを走っているのはスウェーデンで，人口1000人あたりの利用者数は764人である。続いて韓国（同684人），日本（同668人）が続き，インターネット発祥の地であるアメリカとほぼ拮抗した数値となっている。その他に普及が進んでいるのは北欧諸国で，雪で孤立した自動車の中からの緊急通信手段として普及が早かったとも言われている。また，英語圏での普及率も高く，これは英語が国際語であると同時にインターネット開発国アメリカが英語圏ということから当然だろうと思われる。アジア諸国の中ではシンガポールや香港などがこれに当てはまり，いずれも人口普及率50％を超えている。一方で，中国では2005年現在で1000人あたりの利用者数がまだ85人にしか達しておらず，日本や韓国とは対照的に普及率が低いことが特徴的である。しかし，国家政策の動向によっては，今後は急速な普及も予想されるところだろう。

　また，高速によるデータの送受信を可能にするブロードバンドの加入率について見てみると，もっとも高いのがアイスランドで26.3％，次いで韓国の25.2％，オランダの25.1％となっている。日本のブロードバンド加入率は，インターネット自体の人口普及率と比べるとかなり低い水準の17.5％に留まっている。近年，パソコンによるインターネット接続の伸びが鈍化し，携帯電話による接続の割合が相対的に増えていることが，こうした数値に反映しているのかもしれない。

参考文献
大向一輝（2007）『ウェブがわかる本』岩波ジュニア新書
喜多千草（2003）『インターネットの思想史』青土社
ばるぼら（2005）『教科書には載らないニッポンのインターネットの歴史教科書』

翔泳社
村井純（1995）『インターネット』岩波新書
ラインゴールド，H.／会津泉 訳（1995）『バーチャル・コミュニティ――コンピューター・ネットワークが創る新しい社会』三田出版会（Rheingold, H. (1993) *The Virtual Community: Homesteading on the Electric Frontier*, Perseus Books.）

　村井純の**『インターネット』**は，日本のインターネット普及を牽引した著者が，インターネットのしくみを平易に解説しており，日本における黎明期のインターネット事情を詳しく知ることができる。同書の続編に**『インターネットⅡ―次世代への扉』**（1998）もあり，いずれも資料的価値が大きい。ばるぼら**『教科書には載らないニッポンのインターネットの歴史教科書』**は日本のインターネットの歴史を，そこで利用者個人のコミュニケーション行動がどう展開され，どのようなコミュニティが形成されたのかに焦点を絞って読み解いている。「公式」の歴史には載らない，しかし重要な情報を圧倒的な量で収集しており，インターネット革命の担い手たちがどう行動していたのかをつぶさに知ることができる。喜多千草**『インターネットの思想史』**はインターネットの源流である ARPANET が誕生した当時の事情を，綿密な関係者へのインタビューと文献調査に基づいて解明することを試み，インターネットの基本思想がどのように生まれたのかについて，従来の定説とは異なる結論を導いている。思想史と銘打たれているが，それを支える技術についても詳しく知ることができる。

第2部

情報社会の
コミュニケーション

6 テレビ映像が脳の発達に及ぼす影響

- ➡情報化の進展とともに，子どもにとってどのような影響が問題になっているのだろうか？
- ➡乳幼児の頃から長時間テレビに接し続けると，言葉の発達が遅れたり，落ち着きのない子に育つというのは本当だろうか？
- ➡赤ちゃんは，現実とテレビの映像上のできごとを区別して見ているのだろうか？
- ➡今後，IT（情報技術）の発展で，「映像接触と脳」の問題に関し，どのようなことが懸念されるのだろうか？

6.1 子どもにとって情報化のどこが問題になるのか

　子どもをめぐる情報環境はこの10年で激変した。各家庭のテレビ画面が大型化・鮮明化し，ビデオはDVDに取って代わられつつある。テレビゲームも映像のリアル度が増し，オンライン上で多人数が同時に参加できる新たな種類のゲームが登場した。携帯電話利用やパソコン利用，インターネット利用の低年齢化が進み，少なくとも小学校高学年を見れば，彼らを取り巻く情報環境は，かつて日本人が経験しなかったほどの早さで変化を遂げている。

　こうした状況で，子どもたちへの悪影響として，しばしば議論になってきた問題をまとめれば以下のようなものがある。

(1) 画像・映像（以下，「映像」で一括）の内容の影響

テレビやビデオ，DVD，テレビゲーム，さらにはネット上のコンテンツの暴力的映像や性的映像への過度の接触が子どもの精神的発達や行動に悪影響を及ぼし，攻撃的性格を形成したり，犯罪に結びつく可能性があるという問題。

(2) メディアに接する時間と他の生活時間，社会生活に及ぼす影響

　テレビゲームやインターネットのチャットなどに長時間没頭することにより，勉強その他の日常的に必要とされる時間が奪われ，学業や通常の社会生活に不都合をきたす問題。この中には，いわゆる引きこもり状況になって，対人関係にゆがみが生じる問題も含まれる。携帯メールの利用も，家族とのコミュニケーションを減少させ，一部の友人だけとの交流が活発化するために社会性が低下するという議論もある（関連する研究は8章で紹介）。

(3) メディアに接することによる身体的健康上の問題

　メディアの過剰な利用により，運動量の低下による肥満や，視力の低下等，身体的な悪影響が生じる問題。

(4) メディアの映像が乳幼児の脳の発達に及ぼす影響

　生後ごく幼い時期から，過剰に映像情報に接することにより，言語や空間知覚能力等の正常な発達に障害が生じ，言葉の遅れや多動症的傾向が現れる可能性があるという議論。

　上記に挙げた事柄は，いずれも実際にそのような悪影響があるということではなく，まさしく現在進行形で影響の有無が学術的に議論されている問題である。仮に影響があるにしても，メディアの利用頻度や利用状況，利用者の特性等により，影響の現れや程度はさまざまであり，「影響がある／ない」といった単純な議論はできない。また，たとえメディアの利用が何らかの問題に結びついていたとしても，家庭環境や社会的状況など複雑な周辺的要因が関与している場合が多く，実際には「因果関係」ではなく，表層的な「**擬似相関**」<☞>でしかない，という場合もある。

　上に述べた議論のうち，本章では，主に(4)の過度の映像接触と乳幼児の脳の発達について述べる。

6.2 乳児のテレビ視聴の発達的影響に関する最近の議論

　2004年4月,「日本小児科学会こどもの生活環境改善委員会」が,「乳幼児のテレビ・ビデオ長時間視聴は危険です」と題する提言を行った。骨子は,「内容や見方によらず,長時間視聴児は言語発達が遅れる危険性が高まるため,2歳以下の子どもにはテレビ・ビデオを長時間見せないようにしましょう。テレビはつけっぱなしにせず,授乳中や食事中はテレビを消しましょう」というものである。同委員会は,その根拠の1つとして,1歳6か月検診対象児1900名について行った調査結果をあげている。それによれば,4時間以上の長時間視聴児では,4時間未満の乳幼児に比べ,有意語出現の遅れが高率(1.3倍)であり,また子どもの近くでテレビが8時間以上ついている家庭の子どもに有意語出現の遅れの率が高く,両者が重なると,そうでない乳幼児に比べ,有意語出現の遅れの率は2倍に達するというものである。それに先立つ2004年1月にも社団法人日本小児科医会が「『子どもとメディア』の問題に対する提言」と題して,小児科

〈擬似相関〉

　たとえば,20歳から60歳の男性を対象に,「年収」と「髪の薄さ」の関係を調べたとすると,「髪が薄いほど年収が高い」という結果が出るだろう。この結果だけからだと「髪の薄さ」と「年収」に因果関係があるようにも思えるが,「年齢が高くなるほど平均的に髪が薄くなる」ことと「年齢が高くなるほど平均年収が高くなる」という2つの現象から導き出される表面的な関係に過ぎない。このように2つの変数の間でそれとは別の変数が介在して見かけ上の相関をつくり出していることを擬似相関という。世論調査で学歴と政党支持の間に相関が見いだされることが多いが,実際には年齢を媒介変数とした擬似相関であるという場合が多い。なぜなら,高学歴化は時代を追って進行してきたので,若い人ほど高学歴者が多いという関係があるからである。アメリカにおけるメディアの影響に関する調査でも,「テレビの視聴時間が長い児童ほど暴力的」という調査結果が出ることがあるが,テレビ視聴時間は家庭環境や社会階層に左右され,また暴力的傾向も同様に家庭環境や社会階層と関連が深いので,擬似相関の疑いが持たれている。

学会と同趣旨の提言を発表している。

そもそも、これらの小児科医の学術団体の提言は、アメリカの小児科学会が「テレビと家族」と題して1999年に発表した提言に刺激されたもので、この提言では、暴力や性、アルコールなどの面も含めて、幼少期のテレビ接触が、教育的効果とともに負の影響も与えうるものであり、脳の発達を考えれば、特に2歳以下の乳幼児にはテレビ視聴は勧められないと記されている。

また、小児科の現場から片岡直樹（2002）が、自らの臨床経験をもとに、テレビ漬けで母親など生身の人間との情緒的な関わりが乏しい乳幼児の中に、言葉の発達が遅れたり、上手にコミュニケーションが取れない子ども（片岡によれば「自閉症類似」）が増えていると報告し、さらにこうした子どもがADHD（注意欠陥多動性障害）に似た傾向を示すことがあると述べている。

果たして、テレビの長時間視聴は乳幼児の脳の発達に悪影響を及ぼす可能性があるのだろうか。

6.3 『セサミストリート』論争

こうした問題はアメリカではかなり以前から医療現場の医師から指摘されていた。たとえばアメリカのロチェスター精神衛生センター小児部長のハルパーン（W. Halpern, 1975）は、3歳未満の多動症（hyperactive behavior）児童の多くが**『セサミストリート』**<☞>を見ていたことから、その種の幼児向け番組の映像技法（ズームの多用やシーンの激しい変化）が、子どもたちの未成熟な神経システムに対して刺激過剰状態をもたらし、そこからくるストレスが落ち着きのない行動として発散されている可能性を示唆した。

アメリカでは、その後、マンダー（G. Mander, 1978 = 1985）やムーディ（K. Moody, 1980 = 1982）らがジャーナリスティックに乳幼児の脳の発達に及ぼすテレビの悪影響を論じた著作を発表し、それらは日本語にも訳され反響を呼んだ。さらにハーリー（J. Healy, 1990 = 1992）が先にも出た

『セサミストリート』をシンボル的に攻撃対象として，テレビの悪影響を論じている。彼女が指摘する『セサミ』の問題点を整理すると次の通りである。

(1) 言葉を覚える前に認知的下地として脳の準備運動が必要であり，また，運動技能とのバランスのよい相補的発達が必要だが，『セサミ』はそのことを無視して，字や音をむやみに外から覚えさせようとする。
(2) 現実的経験を基礎としながら，自然な言語環境の中で意味と結び付けて言語を身につけるべきであるのに，『セサミ』はアルファベットだけを優先させる。
(3) 『セサミ』における文字の提示方法は，「メタ言語意識」（ここでは，単語は文字からなり，決まった書式がある，等の意味）の発達を阻害する。たとえば，本物の字は動くはずもないのに，『セサミ』では文字が飛び跳ねたりして，印刷物に対して間違ったイメージを与える。実際，就学時にテキストを見て，字が動かないのでつまらないという子もいるという。
(4) あまりに早い話の展開は意味の断片しか与えず，因果関係の理解の時

〈セサミストリート〉
　低所得層の非白人系の児童を主な視聴対象と想定し，小学校就学までに，アルファベットと数字を覚えさせることを番組開発の目的とした教育番組。当初はチルドレンズ・テレビジョン・ワークショップ（CTW）が開発・制作にあたった。上記の目的を達成するために，CTW は教育工学者や心理学者などの協力を仰ぎ，また CM プランナーの意見も参照している。その結果，乳幼児が番組を見ても飽きがこないように娯楽的要素を大幅に取り入れ，「マペット（操り人形）」をメインキャラクターとし，映像技術的にも場面展開が多いつくり（「マガジン・フォーマット」）になっている。視聴率的に番組は大きな成功を収め，日本も含め世界 180 か国で放映された。日本の幼児向けテレビ番組の『ひらけポンキッキ』『おかあさんといっしょ』などにも多大な影響を及ぼした。番組の教育効果に対する賛否は本文に述べたとおりである。

間を与えない。
(5) 『セサミ』の登場人物は，早口で言葉が不明瞭であり，言語環境としてもよくなく，聞く能力のプラスにもならない。この結果，視覚的刺激のみに注意を向けがちになる。
(6) 騒がしい音や視覚的にめまぐるしい場面転換は過大な感覚的負荷を生じさせ，知覚的体制化の能力の形成を阻害する。実際に，子どもはあまり内容を理解しておらず，受動脳の形成を助長する。
(7) 早いカットや極端に短い間${}^{\mathrm{ま}}$，高頻度で駆使されるズームやパン，音量変化などが，視覚と聴覚の頻繁な転換に対する脳の自然な防御反応を越えており，児童の注意力の欠如やコミュニケーション能力の低下に結びついている。
(8) 能動的脳を作るのに役立つ「読むこと」を指導しない。
(9) 断片的なシーンの展開は，シナリオ構成力や創造力の発達を阻害する。

　つまり，『セサミストリート』は，乳幼児の言語発達にとっても，他の認知能力の発達にとっても，プラスにならないどころか悪影響を及ぼす，というのである。
　このハーリーの主張に対してさまざまな反論が加えられた。まず，語彙力等学力の向上に関して，すでに『セサミ』が有益であるという報告がある。『セサミ』の放送開始後，効果を検証するために実施された調査では（S. Ball and G. A. Bogatz, 1970），番組開始後6か月の時点で，番組開始前より『セサミ』を長時間視聴した子どもの方が語彙力等の伸びが大きかった。語彙力の向上はヒューストンら（A. C. Huston et al., 1990, J. C. Wright and A. C. Huston, 1995）の長期間追跡調査によっても確認され，調査開始時の言語能力や家庭環境を統制しても，『セサミ』をよく見た2歳から4歳までの子の方が見ない子より5歳児の時の語彙力テストの成績がよかった。
　また，映像技法の悪影響に関しても，子どもたちは，クローズアップやズームイン，ズームアウトといった基礎的な表現技法が理解できるばかり

ではなく，ある対象についてさまざまな角度からカメラでとらえても同じものは同じものとして認識できる，すなわち視点の転換によって自分とは違う他の視点を理解できるようになり，実際7歳から9歳児に試みた実験では，『セサミ』をよく見ている方が視点変換テストの結果はよかった，という報告がある（G. Salomon, 1979）。

さらに，『セサミ』の早い場面展開が注意力を散漫にするという主張に対しても反論がある。たとえば，アンダーソンらの研究（D. R. Anderson et. al., 1977）によれば，『セサミ』をゆったりとしたテンポに特別編集したビデオを見せた場合でも，視聴した4歳児において注意力や忍耐力テストで通常のテンポで視聴した児童と有意な差は見られなかった。

6.4　言語発達阻害論

乳幼児におけるテレビの長時間視聴が脳に悪影響を及ぼすという議論において，どのような仮説が述べられているのだろうか。本章では「言語の発達阻害」と「テレビの映像技法による空間認識への影響と多動症傾向の助長」という2つを取り上げ，まず前者に関する議論と最近の研究結果について紹介する。

乳児は出生した段階ですでに，単なる機械音と言語音を区別している。モルフィーズら（D. L. Molfese et al., 1975）は，生後1週間から10か月の乳児を対象に，言語音と機械音に対する脳の反応の左右差を調べた。その結果，乳児においても，機械音に対しては右半球，言語音に対しては左半球で反応が大きく，子どもや成人に比べても，左右差がかなり大きいことを見いだした。人間の乳児は生まれつき，人間の言語音を他の音と区別するメカニズムを備えており，それによって言語を短期間で習得しやすくしていると考えられる。また，単に言語音を区別しているだけでなく，女性の声，特に母親の声に，優先的に反応することも確認されている（A. J. DeCasper and W. P. Fiffer, 1980）。

ところが，音声刺激と視覚刺激を，生の人間ではなく機械装置から同時に提示した場合，乳児は視覚刺激の方を優先的に受容する（D. Hayes and

D. W. Birnbaum, 1980，西村，1992)。同じ母親の声であっても，肉声に対して乳児は反応を示すが，ビデオ映像を通したものであれば，すぐに反応を停止してしまう。1999年12月に筆者が協力したテレビ番組（TBS系サンデーモーニング「テレビの影響特集」）で，母親が語りかけをするシーンを録画したビデオを生後6か月の乳児に見せたところ，乳児は一瞬，母親の声の方（すなわちテレビ画面）に振り向くが，すぐに関心を向けなくなる様子が紹介された。同じ母親の声であるにもかかわらず，ビデオを通した声には反応を停止する理由の1つは，実際の状況であれば，乳児の反応に答えて，母親が微笑したり，反応に答えた形で別の言語を発したりしてインタラクティブにコミュニケーションを継続するのに対し，ビデオでは適切なコミュニケーションの相互作用が生じないことが考えられる。また，言語的関心をつなぎ止めるために，匂いや体感など別の感覚要素が関与している可能性もある。実際，ほとんどテレビを通してしか言語に接しない特殊な状況で育てられた子どもは，まともに言語が発達しないことがスノウら（C. E. Snow et al, 1976）によって報告されている。

　現実にはよほど特殊な家庭環境や，隔離され，親から遺棄同然の状態で育てられた子どもでない限り，言語情報が与えられるのはテレビだけから，といったことは考えられない。しかし，養育者が多忙等の理由で，いわゆる「テレビに子守り」をさせる状態で，過剰にテレビやビデオから刺激が与えられ続けた場合，先天的な人間の声に対する神経基盤の組織が阻害され，乳児は十分に言語関係の神経生理学的組織を発達させることができないという可能性もありうる。

6.5　情報処理過程異質説

　テレビが言語発達に悪影響を及ぼすという仮説に関し，「言語を含む内容を，映像を伴った状況で処理する場合と言語だけの状況で処理する場合とは，認知的処理のスタイルが大きく異なり，映像中心のメディアに過度に慣れ親しむことは，言語中心のメディアの情報処理能力の発達を阻害し，将来的にも読み書き能力の発達に悪影響を及ぼす」という説がある。

メリンゴフ（L. K. Meringoff, 1980）は，子どもたちに対しアフリカの民話を，1つの群にはテレビアニメで見せ，他の群には物語本を大きな声で読ませるという形で提示した。その後口頭で内容を報告させた結果，テレビ群は登場人物の動きや視覚的要素を中心に物語の内容を描写したのに対し，読み上げ群では，物語自体には出てこなかった情報で物語の内容を肉付けするケースが多かった。ラジオを聴かせるという形をとった場合にも，物語を読ませる群と同様な傾向が示された。ここで問題にされているのは，言語情報単独提示の場合と，映像を伴った言語情報提示の場合の比較なので，単に言語記憶と映像記憶の相違ではない。また，意味記憶（言語的シンボルやその意味，その指示対象をめぐる知識を体制化した記憶）とエピソード記憶（時間的に特定されるエピソードや事象をめぐる自己の経験に関する記憶）の関係ともそのまま重なるものではない。

　活字や音声による言語シンボルは，その一つ一つの受け入れの際において，当該のシンボルにまつわる意味ネットワークを活性化する。もちろん，シンボルは一定の単位で結合し，いわゆる「命題」として記憶に貯蔵されることになるが（「命題コード化」），各シンボルは，過去に蓄積された言語シンボルと結びつき，新たに意味的概念網を作りつつ，その一部が構造化され記憶としてストックされる。一方，視覚映像同時提示の場合，映像シンボル群は提示された段階で，空間的な広がりをもって同時間的かつ連続的に変化して展開するから，空間的な横の広がりの（統辞的）結合関係が，各々のシンボルの過去のストックと結びついた縦の関係の（範列的）概念ネットワークを圧倒する。同時提示される言語シンボルも，すでに体制化された知識よりも，現前する映像と結びついて記憶されていく。記憶再生の際，言語的メディアであれば，各シンボルに関連した，受容者の過去の経験に関わる意味ネットワークが活性化され，自分が受容した以外の情報も一種のノイズとして想起される。一方，視覚中心のメディアの場合そのようなことは生じにくい。これがメリンゴフの実験結果の1つの解釈であり，それによれば，言語中心のメディアと，言語を伴っていたとしても映像中心のメディアとでは，認知的処理過程で大きな相違があることになる。

もちろん，現在の子どもは言語中心のメディアも映像中心のメディアも両方頻繁に接触するが，どちらに頻繁に接するかによって優先的な情報処理システムが決定される。映像メディアに過剰に接する乳幼児は，言語中心のメディアに接した時，範列的な概念ネットワークをうまく活性化できず，情報処理のプロセスで違和感を感じる。現在の学校における授業は基本的に言語的テキストの読解をベースとしたものであり，映像メディアの情報処理プロセスが優先する児童には不利である。したがって，テレビへの過度の接触習慣は学業成績にも影響を与える——というのが情報処理過程異質説のいう「映像メディア悪影響論」である。

　サラマン（G. Salomon, 1983）は，「心的労力投資量（amount of invested mental effort)」という概念を提起し，テレビは活字に比べ労力投資の少なくてすむメディアであり，その結果，浅い処理レベルに留まってしまう危険性を示唆した。小学6年生に読書とテレビ視聴の課題を課した実験で，前者の方が労力を要し，より正しい推論がなされる傾向があることを示したが，上述の情報処理過程異質説を補完するものであり，映像処理優先脳をもった児童ほど，両課題における労力の差は著しい可能性がある。

6.6　テレビ視聴と言語発達に関する最近の日本の研究

　上記で述べたことは，脳レベルで実際に検証されたことではなく，あくまで仮説にすぎない。それも「乳幼児の過度のテレビ視聴が言語発達に悪影響がある」という前提に立ってのものであるが，実際にテレビ視聴は言語発達にどのような影響があるのだろうか。

　この節では，比較的最近日本で実施された実証的研究の成果を紹介する。

　鈴木裕久ら（1990, 1991）は3歳児から5歳児に対してパネル調査（同一調査対象者に対する追跡調査）を実施し，言語的課題（語彙問題はたとえば「ねじれた」がどの図に対応しているか選択させる。語の定義では「机」とは何かについて聞く等），空間認識（図を見てどこから見た図か当てさせる等），時間的順序や因果関係（図に描かれた植物の成長過程の順番を当てさせる等）など，本稿で言及した事項と関係が深い項目とテレビ

視聴の相関を調べている。1990年報告では，番組カテゴリーによって効果が異なること，一部の番組カテゴリー（名作・昔話など）は語彙発達や時間的順序の理解などの認知的発達を促進すること，概してテレビ視聴と読書量は逆相関にあること，等の知見を見いだしているが，それらの関連についても父親の学歴，性別等が介在する擬似相関の可能性を示唆し，事実，相関分析で統計上有意な関係があっても，その多くは多変量解析（2変数間の関係だけではなく，複数の変数の関係について同時に分析する社会統計学的手法）の1つである重回帰分析（目的変数Yを，複数の説明変数によって説明したり，予測をするための統計的分析手法で，擬似相関関係も一定範囲で調整した結果が得られる）で効果が消滅している。第3回調査も含めると（鈴木他，1991），テレビ視聴の効果がすべての調査において明瞭に認められた認知的変数は存在しない。また，認知的発達とテレビ視聴については，部分的に効果が見られたものについても，前者から後者に対する逆方向の因果性ないし家庭の教育的環境の影響の介在が示唆されている。この報告では，第3回目の担任調査の分析で，視聴時間が多いほど言語能力（言葉の使用，文字の知識）の発達的側面に阻害的な効果がある等，非常に興味深い結果もあるが，これも有意差は出ていない。

しかし，質問票調査を主体とする実証的研究で悪影響が明らかでないということは，ただちに影響の不在を意味するものではない。鈴木らの研究で明らかになったことは，テレビの影響といっても他に多くの関連要因が存在し（番組ジャンル，親の学歴，読書等の他のメディア利用，保育園での教育状況等），テレビ単独の効果は見極めがたく，「ストレートな効果がある」という証拠は見いだされなかったということである。

NHK放送文化研究所が2003年以降，継続的に実施している調査（NHK放送文化研究所，2005）によれば，1歳児の表出語彙数は，テレビ接触視聴時間と危険率5％未満の水準で有意な負の相関を持った（相関係数 −0.07）。つまり，テレビをよく見る乳児ほど，言葉の発達が遅いことを意味する。しかし，他の要因の効果も調整して分析する重回帰分析で，「外遊びの時間量」「絵本を読んでもらう頻度」を同時に説明変数に加えて

分析した場合，テレビ接触視聴時間と表出語彙数の関連は，方向的には負であるものの有意な関連ではなくなった。なお，「外遊びの時間量」「絵本を読んでもらう頻度」はともに表出語彙数とは有意な正の関係がある。この結果の1つの解釈は，「乳児において，外遊びの時間が長いほど，また絵本を読んでもらう頻度が高いほど，言葉の発達に好影響を与えるが，テレビ接触視聴時間の長い子どもは，家庭環境等の要因もあって外遊びの時間や絵本を読んでもらう頻度が低く，その結果，表面的には，『テレビ接触視聴時間が長いほど言葉の発達が遅れる』ように見える」というものである。

同じプロジェクトのその後の調査（NHK放送文化研究所，2006）では，追跡調査を実施し，1年後の「交差時差遅れ分析」（調査時期 T_1 における変数 X と，その後の調査時期 T_2 における変数 Y の関係を分析する手法）を実施している。調査対象は前述の1歳児の1年後の2歳児である。この分析では，1歳時におけるテレビ接触視聴量と2歳時における表出語彙数の関連を問題とした。1歳時において，テレビ接触視聴量と表出語彙数が有意な負の関連があったとしても，その影響の方向性はわからない。つまり，テレビをよく見るから言葉の発達が遅れるのか，言葉の発達の遅い子が，好んでテレビを視聴するのか，両者の方向性が考えられるからである。テレビ視聴の効果は累積的であり，また時間の経過に伴い遅延的に言語発達に影響をもたらすものと考えられるから，もしテレビ視聴が言葉の発達の遅れの要因となるのなら，1歳時のテレビ視聴と2歳時の表出語彙数とは有意な負の関連を持つはずである。交差時差遅れ分析の結果，1歳時のテレビ接触視聴量と2歳時の表出語彙数とには有意な関連が見られなかった。断定的なことは言えないが，この調査結果からは，テレビを見る時間は，言葉の発達と直接的な関連を持つとは言えないことが明らかにされている。ただし，傾向的には両者には負の関係（相関係数は－0.05）が示されており，「テレビ視聴時間が長くても，言語の発達を阻害しない」とは言い切れない。

さらに，調査では両親の解説行動（質問文は「見ているテレビの内容について子どもと話す」）が，表出語彙数と有意な正の相関（父親0.17，母

親 0.24，ともに危険率 1% 未満で有意）が示された。つまり，テレビを子どもと見ながらその内容について話すことは，言葉の発達に好影響を与える。

　鈴木らの研究と NHK 放送文化研究所の研究の両者を総合して言えることは，現実の世界では，親の教育態度や他のメディアの利用など，さまざまな変数が介在しており，「テレビ視聴時間と言語発達の関係」を純粋に分析することは極めて困難だということである。したがって，現段階では，テレビ視聴が言語発達にとって阻害因になるとも促進因になるとも明確には断定できない。

6.7　テレビの映像技法による空間認識への影響と多動症傾向の助長

　テレビに対する批判の 1 つは，さまざまな技法を伴って乳幼児の脳に入力されるヴァーチャルな映像が，現実世界の映像と混同されて，脳の発達に悪影響を及ぼし，行動的にも多動症傾向の原因になるのではないかという議論である。

　人類はその進化的発展過程において，環境の変化に迅速に対処できるような身体的メカニズムを形成してきた。たとえば，対象が視覚上，突然大きくなる場合は，距離の接近を意味するから，とっさに運動体へ反応の準備体制に入るべく信号が送られる。その他，視覚対象の早い左右動，突然のノイズ・音量の変化，発光，背景色の急変，これらはいずれも環境の急激な変化や危険の到来を意味するから，そうした状況が発生した場合，ただちに脳の感覚系は非随意的に反応体制に入る。テレビ映像は，クローズアップ，パン（カメラ移動），刺激音，フラッシュアップ等々，上述した視覚環境の変化を最も頻繁に演出する場である。それらの技術が特に援用されているのがコマーシャル・フィルムと幼児向け番組である。視聴者の関心を引きつけるための研究・努力が，こうした画像技法を駆使する結果に結びついた。そうした映像の変化に対し，素直な脳であれば，現実の危険を察知した時と同様に反応してしまうが，すぐに，運動反応の信号を出すのは無意味であることを理解する。

　まだ脳の発達が未熟な乳幼児において，このような状況が頻出すると，

やがて脳と身体の自然の反応体制は分断される。テレビ映像は生理的覚醒状態を引き起こし，神経システムは身体的反応を準備するにもかかわらず，別の指令は身体的動きの停止を命ずる。こうした**ダブルバインド状況**<▼>が，児童の行動過多やフラストレーション，突発的な興奮傾向などをもたらすという可能性を，前出のハルパーンやハーリーが指摘してきたのである。

こうした仮説が本当に乳児の脳で成り立つのだろうか。言い換えれば，乳児は，テレビ画面上のできごと（ヴァーチャルな世界）と現実とを混同しているのだろうか。

脳に関する精巧な活動測定機器が開発され，脳科学は近年急速な発展を遂げたとはいえ，上記の問題に直接答える研究は今のところまだ存在しない。ただ，最近相次いで発表された研究は，これまで考えられてきたほどは，乳児が現実とヴァーチャルな世界を混同していないことを示している（開他, 2006）。

旦と開（Dan, N. and K. Hiraki, 2006）の研究によれば，おもちゃの車がテレビ画面内の坂道の片端から転がり下って反対側の端から消える場面を提示した場合，生後6か月の乳児はテレビの脇に設けられたスクリーン

〈ダブルバインド〉
　アメリカの人類学者・精神医学者ベイトソン（G. Bateson）による造語。言葉によるメッセージと，表情や口調などのメタ・メッセージが矛盾する状態に置かれる状態。たとえば，禁止されたテレビゲームで遊んでいるところを見つけられた子が，恐ろしい形相の親に「もっと先を続けてみろ」と命令され，ゲームを止めるにせよ，続けるにせよ，どちらを選択しても親の怒りを買うことが予想されるような状況。「私の言うことに従うな」というようにメッセージ自体に矛盾をはらむ場合も含まれる。家庭内でダブルバインド状況が頻繁に発生する場合，統合失調症傾向を生ずる原因になりうるとベイトソンは指摘した。ダブルバインド状況に繰り返し置かれる子どもは，言葉の隠れた意味にしか反応しなくなったり，逆に文字通りの意味にしか反応しなくなったり，コミュニケーションそのものから逃避するようになったりするなどの症状を示すとされる。

の裏におもちゃがあると予想する（注視時間が長い）のに対し，生後10か月の乳児ではそのような行動を見せない。しかし，テレビ画面ではなく実際のおもちゃを転がす条件ではスクリーンに隠れたと予想する。つまり，10か月の乳児はテレビの世界と現実との違いを認識していることが示唆されている。

　また，島田と開（Shimada, S and K. Hiraki, 2006）によれば，動作を観察する際の脳（感覚運動野）の活動をNIRS（近赤外線分光法）で計測したところ，生後6か月から7か月の乳児でも，物体運動と人の動作とを明確に区別して知覚し，また大人と同様，人の動作の知覚に関して，現実の動作の観察とテレビを通した観察では，脳レベルでの反応（ヘモグロビン濃度）が異なり，現実と映像の違いをはっきり区別していた。

　こうした研究が示唆していることは，少なくとも生後6か月以上になれば，テレビ上の人や物体の動きを，明瞭に現実世界のできごとと区別して知覚しており，テレビ上の映像の動きに対し，現実世界と同様に脳が反応することはなさそうだということだ。したがって，かつてハルパーンやハーリーたちが考えたようなメカニズムで，テレビ視聴が多動症的行動を誘発する原因になる可能性は少ない。もし，臨床的観察例において，乳幼児におけるテレビの過剰視聴と多動症傾向に関連が見られたとするなら，それはテレビの映像技法の影響というより，運動不足や両親にかまってもらえないストレスなど，他の要因に原因があると見なす方が自然である。ただし，テレビ映像に対する脳の反応が現実のできごとに対する反応と異なるのが，現在のテレビの二次元性や画質によるものであり，まだまだ現実の知覚条件と大きく異なるせいであるとすれば，この先，立体映像技術が発達し，画質も精度を上げた場合，ハーリーたちの懸念が現実化する可能性は否定されるものではない。

6.8　残された問題

　前出のNHKを中心としたプロジェクト（NHK放送文化研究所，2006）によれば，0歳児，1歳児，2歳児のテレビ視聴時間（専念視聴とながら

視聴を合計した時間）は，それぞれ平均で1時間5分，1時間44分，1時間31分であった（同一対象乳幼児の2003年以降の追跡調査）。また，ビデオの視聴時間は平均でそれぞれ20分，37分，43分であり，2歳児の90％が「ビデオを見るのが好き（「あてはまる」61％，「ややあてはまる」29％）」と答えている。テレビとビデオの両者を合わせると2歳児，3歳児とも2時間を超える。さらに，テレビに関して「ついているだけ」も合わせた「テレビ接触時間」は3時間以上にもなる。

　これまで本章では，(1)テレビ視聴時間が言語発達を阻害するという実証的データは見いだせないこと，(2)生後6か月以降ではテレビの映像と現実のできごとを知覚的に脳レベルで区別しており，両者を混同することによって行動上に異常をきたすことは考えがたいこと，を確認してきた。しかし，(1)については，ランダム・サンプリングによって抽出された対象の平均値について言えることであり，1日の大半をテレビの前で過ごすことを余儀なくされるような特異例についての分析ではなく，また(2)については，あくまで現在の技術水準でのテレビ映像に関しての話である。乳幼児が興味を示す番組は限られている。いわゆる幼児向け番組やアニメーションである。それらが放映される時間帯は1日のうち，ごくわずかであり，たとえ乳幼児をテレビの前に置きっぱなしにしておいたとしても，彼らが自発的に視聴する時間には限度がある。しかし，録画機器の発達やパソコンを通した映像など，今後のマルチメディア状況を考えれば，養育者の育児スタイルいかんにより，乳幼児が子ども向けの番組を，長時間，積極的に視聴し続ける環境が整いつつある。今よりさらに長時間，モニターに映し出される映像に接触する事態になった場合の影響については，現時点ではわからない。また，よりリアルに大画面からデジタル映像や立体映像が映し出されるメディアが普及すれば，そうしたメディアに対しても乳幼児が現実と明瞭に区別できるとは限らない。

　多くの研究が明らかにしていることの1つは，幼児期の読書が言語発達を促進させることである。読書自体が言語学習そのものである以上，このことは否定しがたく，小学校以上の現在の教育が，テキストベースの読解

能力に依存している現状では，読書が学業成績と関連するのも理由がある。言語だけの刺激と，映像を伴った場合の刺激とでは情報処理モードに差異があるかどうかの議論は別にしても，テレビなどの映像メディアに接する時間が長くなるということは，それだけ読書に充てられる時間が減少することを意味する。サラマンが示したように，子どもたちにとって，テレビを見る方が読書をするより労力が少なく，安易なのである。そうした意味で，過度のテレビ接触が，やはり子どもの言語発達にとって適切でないことは確かであろう。読書能力の低下については，テレビが子どもに眼を動かさない習慣を植え付けることにも関係しているという議論もある（K. Moody, 1980＝1982）。テレビの場合，普通の視聴距離では，スクリーンの両端と眼を結ぶ角度が小さいので眼の大きな運動を必要としないが（しかも焦点が画面の中心付近に集中しているから，実際の視野は5度から10度程度），読書の場合，広角の眼球運動を伴って眼をスキップさせる能力がその基礎となり（ただし，言葉の把握は眼球が停止している時になされる），テレビ視聴の際の眼球運動とは様相がかなり異なるため，テレビ視聴に慣れると身体的にも読書が苦痛になるという。

　以上，映像メディアと脳の発達との関連についての一端を概観してみた。本稿ではネガティブな部分について焦点を当てているが，もちろんこれらが単なる杞憂に終わる可能性も大きい。オング（W. J. Ong, 1982＝1991）は『声の文化と文字の文化』で，紀元前350年頃プラトンが『パイドロス』の中で「文字の文化」に対して批判したことを紹介している。まず，現実には精神の中にしかありえないものを精神の外に打ちたてようとする点で，書くことは非人間的であり，第2に，書くことは記憶力をはじめ精神を弱め，第3に，書かれたテキストは基本的にはなにも応答せず盛り込まれた内容以上のものはかえってこず，第4に，現実の言葉と思考は，現実の人間どうしのやりとりのコンテクストの中に存在し，書かれたものは，こうしたコンテクストから離れ，非現実的・非自然的な世界の中で受け身にとどまっているとプラトンは非難した。新しい文化，新しいメディアはいつの時代も批判にさらされるが，プラトンでさえ，当時の新しい文化で

ある「文字の読み書き」に対して否定的であった。情報化に伴う映像メディアの発達に対する懸念も，まったくの杞憂となる可能性もなきにしもあらずである。

エクステンション・スタディ　ゲーム脳

　日本大学の森昭雄氏は2002年に『ゲーム脳の恐怖』で「テレビゲームは脳の発達に悪影響を及ぼす」と警告を鳴らした。同書によれば，テレビゲームをしている時は，前頭前野が活発に活動している時に出るβ波が減少し，ゲームで習慣的に長時間遊んでいる子は，前頭前野の活動水準が低いままの状態（「ゲーム脳」）になってしまうという。前頭前野は，感情の抑制や他者の心理状態の推測など，人間の社会性に大きく関わる部位とされている。また，東北大学の川島隆太氏も，2001年，大学生を対象に実験し，足し算課題を続けたグループとテレビゲームをしたグループを比較し，後者において前頭前野の活動レベルが低かったことを報告している。

　しかし，実はテレビゲームに限らず，一般的に視覚的課題の遂行中には前頭前野の活動は低下することが知られている。視覚課題に集中する際に，課題を効率的に処理するためのメカニズムだとする説もある。また，森氏の脳波計測機器の精度には疑問が呈されている。β波は，静かに音楽を聴いている時など，リラックスしている状態で減少する傾向にあり（α波優位になる），ある活動中に一時的にβ波が低下したとしてもそれがただちに問題になるわけではない。マス・メディア研究の領域では，1971年にすでに「テレビCMを視聴しているとα波優位になる」との指摘がされており（Krugman, H. E., 1971, 橋元，1995），その後もしばしば「テレビ視聴中は，認識，記憶，分析などの思考に基づく学習がほとんど行われず，一種の睡眠教育が演じられる」とも言われていた。しかし，テレビを長時間視聴し続ける人が「テレビ脳」になるといった研究報告はない。

　森氏の研究でも川島氏の研究でも，長期的な影響については不明で，ゲームで頻繁に遊ぶ児童が，その後，恒常的に前頭前野の活動が低下した状態にとどまることは検証されていない。また，ゲームで遊ぶようになる前の状態

との比較もされていない。まして,「ゲーム脳」になって,思考力や創造力が低下したり,キレやすくなったりする等の認知活動や行動面への長期的悪影響はまったく検証されておらず,かなり飛躍した論理である。

しかし,一方でゲームと攻撃性に関する最近の脳科学的研究には注目すべきものがあり,シューティング・ゲームの使用時の脳活動は,攻撃的な思考・行動時の脳活動と類似することを示す研究（R. Weber et al, 2006）や,暴力的ゲームを好む被験者は,そうでない被験者に比べ,暴力的な内容の写真を見ても脳波レベルで刺激されることが少なく,脱感作効果（暴力シーンに鈍感になる影響）の可能性があることを示した研究（B. D. Bartholow et al., 2006）などがあり,今後の研究動向から目が離せない。

参考文献

NHK放送文化研究所（2005）「"子どもに良い放送"プロジェクト　第2回調査報告書」

NHK放送文化研究所（2006）「"子どもに良い放送"プロジェクト　第3回調査報告書」

オング,W. J./桜井直文他訳（1991）『声の文化と文字の文化』藤原書店（Ong, W. J. (1982) *Orality and Literacy*, Methuen & Co. Ltd.）

片岡直樹（2002）「新しいタイプの言葉遅れの子どもたち——長時間のテレビ・ビデオ視聴の影響」『日本小児科学会雑誌』106巻10号,1535-1539.

坂元章編（2003）『メディアと人間の発達——テレビ,テレビゲーム,インターネット,そしてロボットの心理的影響』学文社

鈴木裕久他（1990）「テレビの幼児に及ぼす影響の多重パネル研究——第一次中間報告」『東京大学新聞研究所紀要』41号,pp.1-88.

鈴木裕久他（1991）『テレビが幼児に及ぼす影響の多重パネル研究——第二次　中間報告』東京大学新聞研究所

西村辨作（1992）「子どもの考える力とニューメディア」『言語』Vol.21, No.4, pp.64-70.

橋元良明（1995）「映像メディアと脳——テレビ映像の大脳生理学的アプローチ」『マス・コミュニケーション研究』No.46, 18-31,日本マス・コミュニケーション学会（95.2）

ハーリー,J./西村辨作・新美明夫訳（1992）『滅びゆく思考力』大修館書店（Healy, J. (1990) *Endangered Minds: Why Our Children Don't Think*, Simon & Schuster.）

開一夫・旦直子・松田剛（2006）「子どもの発達とメディア」『映像情報メディア

学会誌』60 (11), 1745-1748.
マンダー, G.／鈴木みどり訳 (1985)『テレビ・危険なメディア』時事通信社 (Mander, G. (1978) *Four Arguments for the Elimination of Television*, William Morrow.)
ムーディ, K.／市川孝一監訳 (1982)『テレビ症候群』家の光協会 (Moody, K. (1980) *Growing up on Television : The TV Effect*, Times Books.)
無籐隆編 (1983) 『テレビと子どもの発達』東京大学出版会
American Academy of Pediatrics. (1999) Committee on Public Education, Policy Statement Media Education, *Pediatrics*, 104, pp.341-343.
Anderson, D. R., Levin, S. R. and Lorch, E. P. (1977) The effects of TV program pacing on the behavior of preschool children, *AV Communication Review*, 25, pp.159-166.
Ball, S. and Bogatz, G. A. (1970) *The first year of Sesame Street*, Educational Testing Service.
Bartholow, B. D., Bushman, B. J. and Sestir, M. A. (2006) Chronic Violent Video Game Exposure and Desensitization to Violence: Behavioral and Event-related Brain Potential Data, *Journal of Experimental Social Psychology*, 42, 532-539.
Dan, N., and Hiraki, K. (2006) Infants' understanding of televised images: discontinuity between the TV and real worlds, Poster presented at the 19th Biennial Meeting of International Society for the Study of Behavioral Development. Melbourne, Australia, 2006 July.
DeCasper, A. J., and Fiffer, W. P. (1980) Of human bonding: Newborn prefer their mother's voices, *Science*, 208, 1174-1176.
Halpern, W. (1975) Turned-on Toddlers, *Journal of Communication,* 25: 66-70.
Hayes, D. and Birnbaum, D. W. (1980) Preschoolers' retention of televised events: Is a picture worth a thousand words?, *Developmental Psychology*, 16, 410-416.
Huston, A. C., et al. (1990) The Development of Television Viewing Patterns in Early Childhood: A Longitudinal Investigation, *Developmental Psychology*, 26, 409-420.
Krugman, H. E. (1971) Brain wave measures of media involvement, *Journal of Advertising Reserach*, 3-9.
Meringoff, L. K. (1980) Influence of the medium on children's story apprehension, *Journal of Educational Psychology*, 72, 240-249.
Molfese, D. L., Freeman, R. B. and Palermo, D. S. (1975) The ontogeny of brain lateralization for speech and nonspeech stimuli, *Brain and Language*, 2,

356-368.

Salomon, G. (1979) *Interaction of Media, Cognition, and Learning*, Jossey-Bass.

Salomon, G. (1983) The differential investment of mental effort in learning from different sources, *Educational Psychologist*, 18, 42-50.

Shimada S. and Hiraki, K. (2006) Infant's brain responses to live and televised action, *Neuroimage*, 32(2) 930-939.

Snow, C. E., Arlman-Rupp, A., Hssing, Y., Jobse, J., Jooksen, J. & Vorster, J. (1976) Mothers' speech in three social classes, *Journal of Psychological Research*, 5, 1-20.

Weber, R., Ritterfeld, U. and Mathiaki, K. (2006) Does Playing Violent Video Games Induce Aggression? Empirical Evidence of a Functional Magnetic Resonance Imaging Study, *Media Psychology*, 1, 39-60.

Wright, J. C. and Huston, A. C. (1995) Effects of Educational TV Viewing of Lower Income Preschoolers on Academic Skills, School Readiness, and School Adjustment One to Three Years Later, Report to Children's Television Workshop, Center for Research on the Influences of Television on Children, University of Kansas.

　テレビの影響を，肯定的側面も否定的側面も，主に実証的研究の成果から広く紹介したのが無藤隆編**『テレビと子どもの発達』**である。テレビ視聴と学業成績，社会認識の関係のほか，「暴力的シーンへの接触と攻撃性」との関連についても触れている。本章でも取り上げた J. ハーリー**『滅びゆく思考力』**は，センセーショナルな形でテレビ視聴が乳幼児の脳に悪影響に及ぼすことを説いた書籍。研究者の著書ではないので，実証的データの裏付けに乏しく，ところどころ論理の飛躍があるが，情報化時代におけるメディアのあり方を考える上で重要な問題点をあぶり出している。比較的新しい心理学の研究成果を取り上げた学術的な書籍として坂元章編**『メディアと人間の発達』**がある。テレビや最新の IT 技術の悪影響を説いた本は数多く出版されているが，俗説にとらわれず，実証的論拠にしたがって問題を考える上ではこの種の本を一読すべきである。

7 テレビとテレビゲームの攻撃性・暴力への影響

➡テレビは視聴者の攻撃性や暴力行為に関係するのだろうか？
➡テレビゲームはプレイヤーの攻撃性を高めるものだろうか？
➡テレビの影響とテレビゲームの影響は何が違うのだろうか？

7.1 テレビの暴力映像と暴力的なテレビゲーム

　テレビとテレビゲームの影響には，さまざまなものが考えられるが（大きくは反社会的行為と向社会的行為への影響関係に二分される），ここでは主に破壊行為，暴行，殺人などを描写した暴力的シーン（以下，暴力映像）が視聴者やプレイヤーの攻撃性にどのような影響を与えているのかを中心に考えていこう。

　テレビについては，若年層においてはインターネットや携帯電話利用に相対的に時間をとられる傾向があるものの，現在でもメディア研究の最も重要な対象であることは変わりなく，デジタル化の進展の中で，多チャンネル化，高画質化，多機能化が実現している。一方，テレビゲームは3D化によりリアルさが増すとともに，操作デバイスの進化により身体運動のゲームへの取り込みがはかられている（メディアクリエイト総研，2007）。また，ゲームをオンラインで楽しむことが普及していくと，ゲーム内の仮想的な暴力行為や闘争対象の背後には現実世界の他者がいることになり，このことがプレイヤーの攻撃性にどのような影響をもたらすかなど新しい着眼点も多い。このようによりリアルな表現，より対人的なゲームが，攻

撃性の高まりに関係していないか心配されている。

　ここで注意しなければならないのは，本来，受動的な行為であるテレビ視聴と能動的な行為であるテレビゲームの遊びは，そもそもメディア利用の行動形態としては異なるものであることだ。テレビゲームには集中力や身体動作が必要となる。目的についても，娯楽という点は共通だが，テレビゲームには仲間との対戦，高得点を取ることやゲーム自体を終了させることが明確な目的となる。受け手の能力に関しても違いがある。テレビ視聴にはメディア・リテラシー（12章参照）という内容理解のための背景知識があるが，テレビゲームにはもっと明確なスキルがある。スキルの高い者はより長く暴力映像に接触するかもしれないし，逆にスキルが高いので課題を早くクリアしてしまい，短い接触時間で済むかもしれない。このあたりも効果研究において，独立変数（因果関係において，原因にあたるもの）として接触時間を置く場合，考慮しなければならないテレビゲーム特有の事柄である。

　しかしながら，テレビゲームの影響に関する研究には，テレビの暴力映像に関する理論や実験・調査の枠組が援用されている。メディアの発展にしたがって，その効果を測定しようという研究も並行して進化してきた歴史があるためだ。

　テレビゲームの暴力映像が攻撃性に及ぼす効果について考えるとき，映像表現のリアルさ（血しぶきなど）や，インタラクティブ性（殴る，蹴る，撃つ）が問題にされていることがわかる。テレビ研究とテレビゲーム研究には共通性と異質性があることを念頭に置きながら，それぞれの研究を概観していこう。

7.2　テレビにおける暴力的表現の影響

　ここではテレビの研究について方法と理論枠組を見ていこう。まず，研究方法を大きく二分すると，暴力的表現と視聴者の攻撃性や暴力行為の関係を実験や調査によって明らかにする研究と，放送番組に含まれる暴力的表現の質と量を検証する内容分析に分けることができる。メディアの実証

的研究では，この2つの研究が両輪となって議論がなされる。

　暴力的表現と攻撃性や暴力行為の関係を研究する方法は，さらに，①実験研究（laboratory experiments：実験室で被験者に映像素材を見せて，事後の行動などを明らかにする），②フィールド実験研究（field experiments：自然な視聴状況の中で，映像素材を見せて，事後の行動を明らかにする），③相関研究（correlational survey：質問紙などを用いて，テレビ視聴の実態を把握し，回答者の態度，行動などとの関係を検証する），④パネル調査（panel survey：縦断研究（longitudinal study）とも言われ，同一対象者に一定期間をおいて回答を求める。中・長期的影響を検証する），⑤自然実験（natural experiments：テレビというメディアが社会に導入される以前と導入後でどのように人々の態度，行動が変化するかを検証する）に分けることができる。

　こうした効果研究については，すでに半世紀近い研究の歴史があり，文献も膨大である。それぞれの研究手法を理解するために代表例を挙げておこう。

　初期の実験研究の代表例は，バンデューラらの実験である。彼らは等身大の人形への暴力映像を視聴させた後に，その人形が置いてある遊び場で子どもに自由に遊ばせて行動を観察した（A. Bandura, et al., 1963）。その結果，暴力映像を見た子どものグループは模倣的な暴力が有意に増加したのである。

　実験研究は，人為的な状況が設定されるので，不自然さが問題になることがあるが，フィールド実験はその弱点を補える。フェッシュバックとシンガーは，寮生活の少年を，暴力的表現を含む番組（『バットマン』や『アンタッチャブル』）を視聴するグループと，暴力的表現を含まない番組（『名犬ラッシー』）を見るグループに分けて，日常の行動を観察し，記録した（S. Feshbach & R.D. Singer, 1971）。結果，暴力番組を見続けた方が，攻撃的傾向が低かった。この理由として，暴力番組を見ると代理的に攻撃的欲求が満たされるのではないかという解釈が考えられた。後で述べるが，これがカタルシス効果である。一方，非暴力番組を視聴したグループは見

たい番組が視聴できない欲求不満があり，これが攻撃性の高まりに関係しているのではないかという解釈もなされた。フィールド実験には，自然な視聴環境を維持できる長所があるが，実験計画には難しい点も多い。

相関研究は，回答者が質問紙に記入するやり方をとるため，大量のサンプル数が得られる点，また日常のテレビ視聴行動の実態が細かく把握できる点が優れている。ただし，実験研究と違い，研究者の側が独立変数を統制できないので，因果関係を明確にするのは難しい点が短所である。ロビンソンらは，高卒男子の暴力映像視聴の程度とケンカや窃盗などとの分析を行い，正の相関関係を見出している（J.P. Robinson & J.G. Bachman, 1972）。

パネル調査は，実験研究のような短期的影響だけではなく，中・長期的影響を検討することができる。イーロンらは，被験者が8・9歳の時のテレビ暴力視聴と暴力行為の関係を調査し，10年後，18・19歳の時点で同様の関係を調べた。その結果，8・9歳の時の暴力映像の視聴と18・19歳の時の攻撃的傾向に正の相関関係があることを見出した（L.D. Eron, et al., 1994）。子どもの発達を考える時，年少時の行動が成長後の行動にいかに影響するかは最も重要な観点である。パネル調査はこの点を明らかにする意義を持っている。

自然実験は，ある集団において，テレビ導入以前と導入後で人々の行動がどのように変化するかを調査するものである。実験は人為的なものであるのが普通だが，あるメディアが新しく社会に出現する際に，事前にうまく研究計画を立案できれば，自然実験も可能である。ジョイらは，1973年までテレビがなかったカナダの村で，導入前に小学1・2年生の行動観察を行い，導入後，彼らが3・4年生になった時に再び調査を行い，身体的攻撃，言語的攻撃が増加したことを確認した（L.A. Joy, et al., 1986）。

このように，実験か調査かという研究方法の違いによって，因果関係まで明らかにすることができるか，相関関係の検証のみにとどまるか，また，短期的影響か長期的影響かなど検証すべきポイントが違ってくる。

次に理論枠組について見ていこう。大きく分けると次のようになろう。

①カタルシス効果（catharsis effect），②観察学習効果（observational learning theory），③脱感作効果（desensitizing effect），④培養効果（cultivation effect）である。

　カタルシス効果とは，暴力映像に接することによって，受け手が代理的に攻撃行動に参加し，自分の敵対的，攻撃的感情を浄化し，和らげ，フラストレーションを解消することができるという効果である。このカタルシス効果は明瞭な実証例が少なく批判も多い。ただし，後述のようにこの効果の本質である，代理的に攻撃的感情を緩和するというのは，テレビ視聴よりもより能動的なテレビゲームにおいてこそ重要ではないかという指摘がなされてきた。テレビでは効果の検証が難しい理論も，テレビゲームでは実証される可能性もある。

　観察学習効果は，暴力映像で示された行為を習得し，ある状況において模倣し実行するような効果である。子どもが家族や友人たちの行動を見て，まねをして再現するのと同じく，暴力映像を手本として行為をするのではないかということである。この場合，手本となる行為の行為者に，学習する側がどの程度，同一化できるか，感情移入できるかなども問題となってくる。

　脱感作効果とは，暴力映像に多くさらされる（以下，このことを曝露または接触（exposure）という）とそのことに慣れてしまい，次第に何も感じなくなるという効果である。日本のテレビ番組や学校でのいじめ問題を考える時，この効果は特に議論を呼ぶところとなっている。つまり，いわゆる「お笑い番組・バラエティ番組」には，芸人をいじめることで笑いをとるものがあり，そのことの子どもたちへの影響が懸念されるわけだ。実際，渡辺功は脱感作効果の誘因として，暴力が頻繁に描写されること（刺激接触頻度）と，くつろいだ（弛緩した）視聴環境を指摘している（渡辺，1996）。バラエティ番組には，ひどく深刻な暴力というよりは，もっと軽微な殴る蹴るという暴力が頻出することと，受け手はそれをリラックスした状態で視聴するというのが実情であり，まさにこの条件に合致する。暴力への馴化の危険性を示唆するものと言えよう。

培養効果とは、テレビが描いている世界と実際に視聴者が生活している現実世界の間の認識に混同が生じ、必要以上に犯罪など暴力行為への危機感や恐怖感が増加することを言う。たとえば、1日平均3時間以上テレビを見る長時間視聴者は、テレビの中で発生している事件をより身近に感じ、自分もそのような危険に満ちた世界で日々暮らしていると認識するようになるということだ。ガーブナーは、現実世界の危険性（暴力に巻き込まれる可能性、司法・警察職員の数、他人への信頼度）について、長時間視聴者、短時間視聴者に分けて分析したところ、長時間視聴者の方が現実をより危険なものと評価していることを明らかにした（G. Gerbner & L. Gross, 1976）。

以上がテレビにおける暴力映像の影響についての理論枠組と知見である。これらはテレビゲームにも応用できるか。また、ゲームの場合は何が違うか次に考えてみよう。

7.3　暴力的なテレビゲームの効果に関する理論

テレビ視聴とテレビゲーム利用には共通点と相異点がある。同じく、攻撃性や暴力行為への影響についての研究にも、共通性と相異点がある。テレビの登場から半世紀以上が経過し、テレビの暴力表現に関する研究も半世紀近い蓄積があることを見てきた。しかし、テレビゲームの登場から30年ほど経過しているものの、その表現力や描写内容が高度化し、インタラクティブ性やリアルな暴力表現が問題化してからは、それほど時間が経過してはいない。そのことを念頭に置いて、テレビゲームに関する研究を概観してみよう。

まずシェリーのメタ分析（同じ問題意識を持った数多くの研究を統計的手法により俯瞰し、結果の傾向性を明らかにするために再検討すること）によると、さまざまな研究報告がなされているが、基本的には暴力的なテレビゲーム利用と攻撃性には弱い相関がある（J.L. Sherry, 2007）。結果の違いは、ゲームの種類、利用時間、被験者がさまざまであるためだ。ここで弱いというのは、テレビの暴力映像と攻撃性の相関に比べてということ

である。重要な変数はゲームの種類と利用時間である。ゲームの種類に関しては，人物への暴力行為を伴うものの効果が，ファンタジー系やスポーツ系に比べて大きいことも，テレビの暴力映像とほぼ同じである（後述のアンダーソンらの研究のように，アニメ的表現でも実写と同じレベルの効果が確認されている研究結果もある）。その他，調査による態度測定の研究の方が，実験による行動測定の研究よりも効果サイズが大きいことがこのメタ研究からわかる。

次に，テレビゲームの暴力的表現に関する理論を見ていこう。暴力的なテレビゲームの影響に関する理論は次の5つに分けられる。①社会的学習理論（social learning theory）／観察学習効果，②覚醒転移モデル（excitation transfer model），③認知的新連合理論（neo-associative networks）／プライミング効果（priming effect），④カタルシス効果，⑤脱感作効果。テレビの理論と同じものもあるが，ここでは，それぞれどのような考え方であるのか見ていこう。

（1） 社会的学習理論／観察学習効果

社会的学習とは，人間は他人が行うさまざまな行動を観察することを通して，社会的文脈の中で物事を学んでいくという考え方である。他の人間を手本として，またはメディアを介して，ある行動とその反応，時には行為に対する報酬といったものを理解していくのである。先述の通り，テレビの暴力映像の研究においても，描写された暴力の実行行為者がいかなる制裁を科せられるか，あるいは賞賛・評価すべき人物として表現されているかなどによって，攻撃性への影響力が異なってくることもある。

この考え方を体系化したバンデューラ（Bandura, 1994）は，この観察学習を次の4つの下位過程に分けている。
①どのようなモデルに注意を向けるかという注意過程（attention）
②モデルの行動を表象として取り込む保持過程（retention）
③取り込まれた表象を行動に変換する運動再生過程（production）
④習得された行動を遂行するかどうか決定する動機づけ過程（motivation）

社会的学習理論でテレビゲームを説明すると次のようになろう。テレビゲームはまず高いレベルの注意過程をプレイヤーに要求する。格闘あるいはシューティング・ゲームであればキャラクターを選択し，撃退すべき相手を定める。保持過程はゲームで言えば，遂行する中で生じるさまざまな障害をクリアしていくための経験と知識を蓄積するプロセスになる。テレビゲームはチェスや将棋のようにルールが事前に全てのプレイヤーに明らかになっているとは限らない。ゲーム内世界の規範は攻略本を参考にゲームを遂行する中で発見していかねばならないからだ（ジョンソン（S. Johnson, 2005＝2006）はこの学習過程を「プロービング proving（調査）」と呼ぶ）。運動再生過程はそうした知識を動員して，「殴る」，「蹴る」，「撃つ」といったゲーム内動作を再生するプロセスになる。そして最終的に，プレイヤーは高得点やプレイ時間延長などの報酬を受け取ることになり，それが動機づけになる。

　社会的学習理論によれば，プレイ時間が長くなるほど学習時間が長くなり，また報酬も大きくなり効果が拡大する。したがって，テレビの場合と同じく，ゲーム内の暴力行為に対する制裁の如何が効果に影響するのではないかと問題にされることとなる。

(2)　覚醒転移モデル

　覚醒転移モデルとは，暴力的な映像表現に接触することで，心拍数や血圧など生理的覚醒が生じて，興奮を伴ったエネルギーが攻撃行動を促進するという考え方である。この場合の生理的覚醒は非常に短い時間であるとされる。

　このモデルの検証の難しさは，被験者にまず興奮・覚醒した状態を生じさせ，その後，興奮が冷めないうちに効果を検証しなければならない点にある。したがって，この理論を支持する研究例は少ない。

(3)　認知的新連合理論／プライミング効果

　認知的新連合理論とは，暴力的な映像表現に接触することが，攻撃性や

憎悪などに意味的に関連した思考，感情などの記憶を活性化させることをいう。一般的に，先行刺激（プライム）を処理することによって後続刺激（ターゲット）の処理に影響を及ぼすことをプライミング効果と言うが，同じメカニズムである。これには，人間の記憶を意味的に関連したネットワークとしてモデル化できるということが背景にある。覚醒転移モデルが生理的な反応を概念化しているのに対して，認知的新連合理論は記憶・思考のネットワークを問題にしており，認知プロセスを概念化していると言える。

テレビゲームの場合は，プレイすることが暴力や攻撃に関連した意味ネットワークの結節点（ノード）を刺激する。この刺激が攻撃的な思考を行動へ変化させる契機を提供すると考えるわけだ（この点を統合的に説明したのがアンダーソンらの**一般攻撃性モデル（GAM）**＜☞＞である）。意味的関連の結びつきの強さが強固であれば，それだけプライミングの効果は長くなるという研究結果もある。関連して，意味ネットワークは子どもより成長した大人の方が蓄積により資源豊富で，プライミング効果は子どもよりも大人の方が大きくなるのではないかとも推測される。

（4） カタルシス効果

カタルシス効果とは，怒り，憎悪，不満などを発散することで，代償的

> **〈一般攻撃性モデル（GAM: General Aggression Model）〉**
> これまで，テレビにおける暴力映像の影響，テレビゲームにおける暴力的表現の影響について，いくつかの理論枠組が提案されてきた。すでに見てきたように，社会的学習理論（観察学習），認知的新連合理論（プライミング効果），覚醒転移理論，脱感作などである。ただし，これらの理論には人間の攻撃性・攻撃行動に関する経験的・実証的な知見を統合する形での理論構築は充分ではないこと，また発達に関する諸理論との整合性が充分ではないとアンダーソンは考えた。そして，この２つを実現すべく，先行研究の理論を統合したのが一般攻撃性モデルである。人間の攻撃性のメカニズムを認知科学及び発達研究の知見をふまえて統合的にモデル化したものだと言える。

に攻撃性の高まりを抑制するような働きのことを言う。ケステンバウムとヴァインシュタインは，青年が暴力的なテレビゲームで遊ぶことで攻撃性を抑制し，葛藤を制御したことを報告している（G.I. Kestenbaum & L. Weinstein, 1985）。だが，この報告は自己の内省を調査したものであり，テレビゲームとの因果関係を明らかにするものではない。

　より一般的に動因低減説（drive reduction theory）による説明もある。動因低減説とは，刺激と反応は，動因（欲求）が満たされ低減されることで成立するという考え方である。これに従えば，人は物理的，感情的，心理的に平衡状態を保つために苦闘していることになる。もし，このバランスが崩れると，それを回復する必要が出てくる。シェリーは，動因低減説がテレビゲームで遊ぶことで興奮を制御するという報告に対して，ある程度妥当な説明であると考えている。

　テレビの場合と同様，カタルシス効果の実証が難しいのは，前提として被験者を攻撃的な感情に置かねばならないという点にある。その攻撃的なエネルギーを放出する場として，テレビゲームでのプレイを実験的に設定しなければならない。長時間プレイすれば，それだけ攻撃性が低減することになるはずである。したがって，効果の大きさとプレイ時間は逆相関の関係になる。しかし，いずれの推測も，被験者を攻撃的な状態に置くことからスタートするという実験計画の難しさが問題となる。

(5)　脱感作効果

　テレビで問題になったように，暴力的なテレビゲームへの接触時間が長くなると，表現された暴力の酷さや深刻さに慣れてしまい，特に何も感じなくなるのではないかということが危惧されている。しかし，テレビのバラエティ番組のように，弛緩した視聴環境という要件がテレビゲームの場合はそのままでは当てはまらない。この点，テレビゲームにおける暴力的表現の脱感作を検証することの難しさがあろう。

7.4　暴力的なテレビゲームの効果に関する諸研究

　アンダーソンもまた，テレビゲームの先行研究を相関研究，実験研究，縦断研究に分類し，展望の上，メタ分析を行っている（C.A. Anderson, D.A. Gentile & K.E. Buckley, 2007）。それによれば，暴力的なテレビゲームへの曝露は，有意に攻撃的行動，攻撃の認知，攻撃的感情を高め，心理学的覚醒も高める。また，有意に援助など向社会的行動を低減させる。研究タイプごとに先行研究を詳しく見ていこう。

（1）　相関研究の展望

　相関研究がうまく行くには，①サンプルサイズが適正であること（回答者200名以上が目安），②テレビゲーム利用時間（曝露時間）の測度が信頼できること，③攻撃的行動，攻撃性の測度が信頼できることの3点を備えていなければならない。アンダーソンとディルらが大学生を対象に行った研究では，好きなテレビゲームを5つまで挙げさせて，どの程度の暴力がゲーム内で展開されるか，過去にどの程度それぞれのゲームで遊んだかを聞いている。そして攻撃的な性格を有しているかも測定されている（たとえば，「自分の話を聞いてくれない人にすぐかっとなることがあるか」などを尋ねる）。同時に，「傷つけてやろうとか殺してやろうと思って，誰かを攻撃したことがあるか」などの経験も尋ねている。結果，暴力的なテレビゲームへの曝露時間と自己申告の攻撃的行動の間には，有意な正の相関関係が見出された（Anderson & K.E. Dill, 2000）。この有意な関係は，テレビゲームの利用時間，攻撃的な性格，性別を統計的にコントロールしても変わらなかったのである。このことは，もともと攻撃的な性格の人がテレビゲームでよく遊んでいるだけではないかという説明を排除するもので，2変数の相関だけでなく，因果の方向の解明に一助となる。

　クラーエとモラーが行った研究でも，暴力的なテレビゲームの曝露時間と身体的な攻撃性の間に正の相関関係が有意に認められた（B. Krahé & I. Möller, 2004）。ジェンタイルらも中学2・3年生に行った研究で，暴力的

なテレビゲームへの曝露時間と反抗的性格，教師との口論，ケンカの間に有意な関係を見出している。また，性別，反抗的性格，テレビゲーム曝露時間を統制した後も，暴力的なテレビゲームとケンカとの有意な正の相関関係はそのままであったことも報告されている (D.A. Gentile, et. al., 2004)。

(2) 実験研究の展望

実験研究においても，①適切なサンプルサイズ（被験者200名以上が目安），②ゲームの種類（独立変数）以外の剰余変数（たとえば，疲労度）が作用していないか，③暴力的ゲームが本当に暴力的で，非暴力的ゲームは本当に非暴力的か，④ゲームで遊んだ被験者の攻撃性及び関連する変数について，信頼性と妥当性の高い測度が設定されているか，の4点が重要になってくる。アンダーソンらによると，すべてを満たしている実験研究は多くない。被験者の数が少ない場合や非暴力的なテレビゲームに実は暴力的なものがまじっている場合もある。また，実験にもかかわらず，攻撃的行動として，過去の攻撃行動に関する自己申告を用いたものもある。

先のアンダーソンとディルが大学生を対象に行った研究では，実験に利用する暴力的テレビゲームと非暴力的テレビゲームを慎重に選んでいる (Anderson & Dill, 2000)。たとえば，双方のゲームによる心理学的覚醒（心拍数，血圧），ゲームの難易度，おもしろさ，フラストレーションなどを同じレベルにするなどの工夫を施しているのである。被験者にはどちらかのテレビゲームを利用してもらい，攻撃的な認知特性と攻撃的行動を測定した。その結果，暴力的ゲームを利用した群は攻撃的な認知特性，攻撃的行動とも増加したのである。

「カーマゲドン2」（レースゲームだが街中を暴走し通行人を轢いたり建物を破壊することができる）を用いたカーネギーとアンダーソンの研究でも，暴力素材を含むバージョンで遊んだ群は，事後課題での攻撃性が有意に高いことがわかっている (N.L. Carnagey & Anderson, 2005)。被験者が子どもの場合はどうだろうか。アーウィンとグロスは，小学2年生に暴力的テレビゲームと非暴力的テレビゲームで遊んでもらい，その後，遊び

部屋で他の子どもたちと遊ぶ様子をコーダー（攻撃行動などを判定し記録する者）が観察する実験を行った。結果，暴力的テレビゲーム群は非暴力的テレビゲームの群よりも倍の身体的攻撃行動が認められた（A.R. Irwin & A.M. Gross, 1995）。

（3）　縦断研究の展望

　テレビの暴力映像に関する縦断研究では先述のイーロンらの研究がよく知られており，わが国でも NHK などを中心に研究者がフォローアップ調査を実施している。しかし，暴力的なテレビゲームに関する縦断研究の例はまだ数少ない。

　スレイターらが小6・中1に行った調査を2年後に再調査している（M.D. Slater, et al., 2003）。メディア暴力に関する測度は，アクション映画を見る頻度，武器を発射するような暴力的テレビゲームの利用時間，暴力を推奨するサイト閲覧などである。攻撃性は認知特性，価値観，行動から測定する。性別，性格，ネット利用，年齢などを統制しても，始めの調査時のメディア暴力接触が後の調査時の攻撃性と有意に関係していることが見出された。年少時のメディア接触が成長後の攻撃性に関係するのではないかという縦断研究の仮説に合致している。これが重要なのは，もともと攻撃的な子どもが暴力的なテレビゲームに引き寄せられるのではないかという説に対する反証になるからである。

　このようにテレビゲームと攻撃性に関する実証研究にはさまざまな手法がある。どの研究も理想的な研究計画になっているわけではないが，現在までの研究成果を大きく理解すると，テレビゲームの暴力は，攻撃行動，攻撃的感情，攻撃的認知に正の相関があり，援助や向社会的行動に負の相関があることが結論として導かれる。

7.5　暴力的なテレビゲームと攻撃性：研究の現在

　暴力的なテレビゲームに関する先行研究のメタ分析から導かれる結果を受けて，アンダーソンらは近年，新たな理論枠組である一般攻撃性モデル

のもとに，説明原理を統合し，さらに3つの実証研究を進めている。最後にその知見を確認しておこう。

(1) アニメと実写は違うのか（アニメ・ゲームへの曝露と攻撃行動に関する実験研究）

9～12歳の子ども161名と，354名の大学生への実験研究である (Anderson, Gentile & Buckley, 2007)。この実験のポイントはゲームの映像表現と年齢である。被験者はゲームをした後，攻撃性を測定する課題を行う。被験者の暴力的行動，習慣的なテレビゲーム，テレビ，映画への接触についても聞いている。

結果，暴力的ゲーム群は非暴力的ゲーム群よりも有意に高い攻撃行動を示した。また，日常的な暴力的メディアへの曝露は攻撃的行動と正の相関があることもわかった。加えて，相互作用があるメディア暴力，つまりゲームはテレビや映画への曝露よりも攻撃的行動と強い相関があることも見出された。

特に興味深いのは，アニメ表現のテレビゲームも実写的なテレビゲームと同じく，短期的効果が認められたことである。一般に実写的なものの方がアニメ的なものよりも暴力的な印象があるかもしれないが，ゲームに暴力的内容が含まれているかどうかが決定的であり，表現形式がリアル（実写的）かどうかではないことをこの結果は示しているのではないだろうか。

子どもと大学生の間に効果の違いがないことも注意すべき点である。一般に子どもの方が影響を受けやすいのではないかという考え方もあるが，この研究では異なる知見が得られたことに留意すべきであろう。親が子どものテレビゲーム利用を制限している家庭の被験者は，実験で低い攻撃性を示し，日常生活でも攻撃的行動は少ない。それに対して，家庭でたくさんの暴力的メディアに接触している子どもは，高い攻撃性を示し，日常生活でも攻撃的行動が多く見られる。このことは親が重要な役割を担っていることを強く示唆している。

(2) 男女で影響は異なるのか（高校生に対するテレビゲーム曝露時間と攻撃的行動の相関研究）

189名の高校生に，①暴力的テレビ，映画，テレビゲームへの接触，②対象者の暴力への態度，③反抗的性格，④寛容な性格，⑤暴力に関する信念，⑥言語的暴力，攻撃的行動の頻度を調査した相関研究である（Anderson, Gentile & Buckley, 2007）。

仮説としては，長時間暴力的なテレビゲームに接触している若者ほど，暴力的態度を示し，反抗的で，寛容さが低く，暴力を典型的なものと見なし，日々の生活で攻撃的に行動しているのではないかということである。

結果は予測通り，テレビゲームへの曝露時間が多いほど，暴力的態度を有し，反抗的性格を有し，寛容さが低く，暴力を典型的なものととらえ，日常生活でも攻撃的行動が多い。性別，曝露時間，攻撃的信念，攻撃的性格を統制しても，この結果は同じであった。

この結果で，驚くべきことは，男女によって影響力に違いがないということである。また，すでに攻撃性態度を有している者もそうでない者も違いがないということである。このことは，基本属性や先有傾向に関係なく，メディア暴力の効果を誰も免れるものはいないことを示唆しているとも考えられよう。また，他の要因を統制しても，曝露時間は成績と負の相関があることも明らかになった。テレビゲーム曝露時間と攻撃行動及び言語的攻撃の間の相関は，テレビの暴力や映画の暴力よりも強いことも見出された。まだ結論を下すことはできないが，テレビゲームと他メディアとの比較は注目すべき点である。

(3) 暴力的テレビゲームの中・長期的影響はどのようなものか（小学生に対するテレビゲーム曝露時間と攻撃的行動／向社会的行動の縦断研究）

430名の小学4・5年生及びその同級生，教師に，1学年の間に2回調査を実施した。対象者本人には，テレビ，映画，テレビゲーム曝露時間，世界観，1年間にケンカに巻き込まれたかどうかを尋ねた。対象者の同級生

にも，対象者の誰が攻撃的言葉を使うか，関係的攻撃（悪口を言ったり仲間はずれにすること），攻撃的行動，向社会的行動，対象者に対する好き嫌いを尋ねた。対象者の教師にも，対象者の関係性攻撃，身体的攻撃，向社会的行動，学業成績を尋ねた（Anderson, Gentile & Buckley, 2007）。

仮説としては，学年当初に暴力的なテレビゲームに長時間接触している子どもほど，世の中を嫌悪すべきものとして見るようになり，攻撃的かつ反社会的で，同級生から拒否されるようになるのではないかということがある。

結果として，学年当初に多くの時間をテレビゲームに費やしていた子どもは，世界をより攻撃的なものととらえ，学年の後半でより言語的攻撃，身体的攻撃を行うようになるということが明らかになった。また，高い攻撃性と低い向社会的行動は，同級生に拒否された児童ほど強く関係していることもわかった。同じ学年の間という短期間でこれほどの変化があったのは驚きであり，男女に違いもないこともまた驚きである。

しかしながら，ここでも親の役割は重要である。映像メディアの接触量と内容に制限を設けることは子どもにとって防御要因となる。映像メディア接触時間（テレビ＋テレビゲーム）は成績と有意に負の相関関係がある。映像メディア接触の量（接触時間）と質（内容）に関して言えば，映像メディア接触時間は学業成績に関係し，攻撃性には関係しない。一方，暴力的内容は攻撃の行動に関係するが，学業成績には関係がない。この質と量の結果の違いも注目すべき点である。

このように，暴力的なテレビゲームに関する実証的研究の知見は，メディア接触と攻撃性の2変数の関連性をやはり示していると考えることができる。短期的影響，特にメディア接触により攻撃に意味的に関連することが喚起される効果については，近い将来，もっと明確に決着をつけることが可能かもしれない。しかし，テレビゲームはテレビよりも能動性や身体運動を必要とするメディアであり，知的活動としても，報酬のために苦行と言ってもよいような努力を強いられるメディアである。ジョンソン（2005＝2006）が指摘するように，ここで取り上げた攻撃性の高まりとの

相関関係を認めることだけで、テレビゲームを全体的に批判することは過剰反応である。メディアにはそれぞれの特性があり、認知面、態度面、行動面、それぞれのレベルへの効果・影響については、調査・実験計画を洗練することにより、科学的知見を深めていくことが可能である。科学的議論を精緻化することで、メディアをめぐる社会的な議論も成熟することを忘れてはならない。

エクステンション・スタディ　行動科学としてのコミュニケーション研究

　　テレビにおける暴力も暴力的なテレビゲームも、心理学を中心とした科学研究の課題であると同時に、新聞やテレビで議論される社会的な問題である。メディア・コミュニケーションを学ぶにあたっては、まず科学としての研究方法や理論について、理解を深めることが何よりも大切だ。

　　科学的事実が私たちに伝えてくれる「おもしろさ」には2つの側面があると言える。それは「常識」だと思っていたことが実験・調査によって覆ることと、逆に「常識」がきちんと実証されることの2つである。この分野の第一人者であるアンダーソンは、アメリカ心理学会のサイトで、そうした思いこみが実に多いのだと指摘している。テレビゲームの議論での神話と事実を併記して、科学的なコミュニケーション研究の意義を語っている。一般に了解されていることが本当に事実なのか、あらためて振り返ってみるヒントになるのではないだろうか。あなたはメディアやコミュニケーションの「常識」、つまり神話をいくつか挙げることができるだろうか。また、事実はどうか、科学的コミュニケーションの研究成果を調べて検証してみよう。

　　アンダーソンがテレビゲームについて指摘した神話と事実をいくつか例示しておこう。

　　神話：暴力的なテレビゲームの研究結果はさまざまである。
　　事実：暴力的なテレビゲームは、有意に攻撃的な行動、思考、感情を高め、
　　　　　生理的覚醒を高め、援助などの向社会的行動を減少させる。

神話：実験研究は的はずれなものだ。
事実：攻撃性に関する実験は高い外的妥当性を伴った証拠を一貫して示す。

神話：相関研究は的はずれなものだ。
事実：うまく計画された相関研究は，実験研究が倫理的に行えないことを検証できる。

神話：暴力的テレビゲームと重大な攻撃行動との関連を示す研究はない。
事実：暴力的テレビゲームの曝露は非行，学校でのケンカ，暴力的犯罪と関係している。

神話：暴力的テレビゲームは利用者の一部にしか影響しない。
事実：より若年層の方が影響を受けやすいとか，女子より男子の方が影響を受けやすいという主張を裏付ける証拠はない。

神話：リアルではないテレビゲームの暴力は安全である。
事実：アニメやファンタジーの暴力も攻撃性を高める。

（出典：http://www.apa.org/science/psa/sb-anderson.html）

参考文献

坂元章編（2003）『メディアと人間の発達——テレビ，テレビゲーム，インターネット，そしてロボットの心理的影響』学文社

佐々木輝美（1996）『メディアと暴力』勁草書房

ジョンソン，S./山形浩生・守岡桜訳（2006）『ダメなものはタメになる——テレビゲームは頭を良くしている』翔泳社（Johnson, S.（2005）*Everything Bad Is Good for You: How Today's Popular Culture Is Actually Making Us Smarter*, Riverhead Books）

メディアクリエイト総研（2007）『2007 テレビゲーム産業白書』(株)メディアクリエイト

渡辺功（1996）「テレビ暴力番組の反社会的行動に与える効果」『教育研究 国際基督教大学学報Ⅰ-A』38, 225-263

Anderson, C.A., & Dill, K.E.（2000）Video games and aggressive thoughts, feelings, and behavior in the laboratory and in life, *Journal of Personality & Social Psychology*, 78, 772-791.

Anderson, C.A., Gentile, D.A. & Buckley, K.E.（2007）*Violent Video Game*

Effects on Children and Adolescents: Theory, Research, and Public Policy, Oxford University Press.

Bandura, A., Ross, D., & Ross, S.A. (1963) Imitation of film-mediated aggressive models, *Journal of Abnormal and Social Psychology*, 63, 3-11.

Bandura, A. (1994) The social cognitive theory of mass communication. In J. Bryant & D. Zillmann (eds.), *Media Effects: Advances in Theory and Research*, Lawrence Erlbaum Associates, 121-153.

Carnagey, N.L., & Anderson, C.A., (2005) The effects of reward and punishment in violent video games on aggressive affect, cognition, and behavior, *Psychological Science*, 16, 882-889.

Eron, L.D., Gentry, J.H. & Schlegel, P. (eds.) (1994) *Reason to Hope: A Psychological Perspective on Violence and Youth*, American Psychological Association.

Feshbach, S. & Singer, R.D. (1971) *Television and Aggression: An Experimental Field Study*, Jossey-Bass.

Gentile, D.A., Lynch, P.L., Linder, J.R., & Walsh, D.A. (2004) The effects of violent video game habits on adolescent hostility, aggressive behaviors, and school performance, *Journal of Adolescence*, 27, 5-22.

Gerbner, G., & Gross, L. (1976) Living with Television; The Violence Profile, *Journal of Communication*, 26, 173-199.

Irwin, A.R., & Gross, A.M. (1995) Cognitive tempo, violent video games, and aggressive behavior in young boys, *Journal of Family Violence*, 10, 337-350.

Joy, L.A., Kimball, M.M., & Zabrack, M.L. (1986) Television and Children's Aggressive Behavior, In T.M. Williams (ed.), *The Impact of Television: A Natural Experiment in Three Communities*, Academic Press, 303-360.

Kestenbaum, G., & Weinstein, L. (1985) "Personality, psychopathology and developmental issues in male adolescent video game use, *Journal of the American Academy of Child Psychiatry*, 24, 329-337.

Krahé, B., & Möller, I. (2004) Playing violent electronic games, hostile attributional style, and aggression-related norms in German adolescents, *Journal of Adolescence*, 27, 53-69.

Robinson, J.P. & Bachman, J.G. (1972) Television Viewing Habit and Aggression, In G.A. Comstock & E.A. Rubinstein (eds.) *Television and Social Behavior* (vol.3), U.S. Government Printing Office, 372-382.

Sherry, J.L. (2007) "Violent Video Games and Aggression: Why Can't We Find Effects?", In R.W. Preiss, et al., (eds.) *Mass Media Effects Research*, Lawrence Erlbaum Associates, 245-262.

Slater, M.D., Henry, K.L., Swaim, R.C., Anderson, L.L. (2003) Violent media content and aggressiveness in adolescents: A downward spiral model, *Communication Research*, 30, 713-736.

　テレビ暴力を体系的に検討したものとして，佐々木輝美『**メディアと暴力**』が挙げられる。テレビ，ゲーム，ネットのそれぞれについて，実証研究の成果をまとめたものとして坂元章編『**メディアと人間の発達**』。英語なら，読むべき文献は飛躍的に増えるが，メディア効果研究の全般にわたって解説された R. Preiss, et al. (eds.) ***Mass Media Effects Research*** と，Anderson, Gentile & Buckley の ***Violent Video Game Effects on Children and Adolescents*** に先行研究と最新の研究成果が集約されている。

8 ケータイ，インターネットと人間関係

➜ ケータイやネットは，新たな出会いの場を広げているのだろうか？
➜ ケータイとネットでは，取り持たれる人間関係に違いがあるのだろうか？ また，ケータイの通話とメールでは，どうだろうか？
➜ ケータイやネットは人間関係を活発にするのだろうか？ 電子的なコミュニケーションが関係を弱めることはないのだろうか？

8.1 情報縁の登場とその広がり

　同じ家に暮らしたことも，食事をともにしたことも，それどころか顔を見たこともない。そんな「家族」が存在する。携帯電話向けサイト「モバゲータウン」（2006年開設）の中に現れた「モバ家族」はその一例だ。といっても，ユーザが電子掲示板機能を利用して，それぞれ父母やきょうだい，ペットなどの役割を演じるという，あくまで遊びの話ではあるが。
　こうした遊び自体は，おままごとのように昔からあるもので目新しくはない。ただ，顔も知らない者どうしで，家族をまねた人間関係を作り出すことなど，インターネットやケータイの普及以前には，ほとんど想像もできなかったことだろう。電子メディアを介して出会い，取り持たれる人間関係。それを，従来の血縁や地縁などの対面的な関係と対比して，「情報縁」あるいは「電子縁」と呼ぶ。
　情報縁の出現が日本で注目されたのは，1980年代後半〜90年代前半の

パソコン通信の時代に遡る（5章参照）。そこでは，さまざまなテーマを掲げる電子会議室に，見知らぬ人たちが地理的な距離をこえてアクセスし，共通の趣味や関心のもとで議論や情報交換を繰り広げていた。オフ会（対面での会合）が行われることも当時からあった。ただし，パソコンの世帯普及率はまだ1割程度で，パソコン通信の利用者はさらに少数派であり，操作スキルに長けた高学歴層に偏っていた点が，今とは異なっている。

同時期に，より大衆的な情報縁が見られたのは，NTTが1986年に始めた電話向けのサービス「伝言ダイヤル」である。伝言ダイヤルは，もともとは知り合いどうしが連絡番号と暗証番号を共有し，用件を伝えあう，一種の留守番電話サービスだったのだが，88年頃から若者たちが独自の使い方を編み出していく。だれでも簡単に思いつくような番号を使って，見知らぬものどうしがメッセージを吹き込んでいくという，今の匿名電子掲示板のような利用法が広がっていったのである。

パソコン通信が興味関心の共有にもとづく議論や情報交換の場だったのに対して，伝言ダイヤルではかなり状況が違っていた。吹き込まれるメッセージとして多いのは，「んとー，どなたでもよろしいからなんか入れといてください。年齢，性別，内容問わず，何でも入れてください。ほんとに。なんも入ってなくて悲しいです」とか，「今晩は。あのね，もう1時過ぎてるんだけど，全然眠くないんだよね。同じようにヒマしてる女の子で，チャーミングな女の子，×××まで伝言ください」などのように，接触（コンタクト）や出会いそのものを求めるものだった（例は吉見ら，1992より抜粋）。パソコン通信で行われていたのが，議論や情報交換の手段としてのコミュニケーションだとすれば，伝言ダイヤルの場合は，コミュニケーションあるいは人間関係をとり結ぶこと自体を目的としていたことに特徴がある（これを自己充足的（コンサマトリー）なコミュニケーションという）。

電話系メディアを介した人間関係として，次に話題になったのは「ベル友」である。ポケベル（ポケットベル）は，外出している社員を会社から呼び出すときなどに使われるツールだったが，短い数字列やメッセージを表示する機能が開発され，次第に若者の間で友人との連絡にも使われるよう

になった（1章参照）。90年代半ばには大学生から高校生へと普及も広がり，それとともに，もっぱらポケベルによって取り持たれる友人関係，「ベル友」が出現する。95年に発刊された個人情報誌『じゃマール』などでは，ベル友募集欄に大きな紙幅が割かれ，一種の流行現象にまでなった。

　その後，90年代後半から携帯電話のメールサービスが普及するにつれて，「ベル友」は「メル友」に姿を変えていくが，ひとつ興味深いのは，その過渡期に，音声通話のみの携帯電話ではポケベルを代替しきれなかったことだ。岡田朋之（2002）が97年に行ったインタビュー調査の中で，携帯電話を持つようになってもポケベルを使い続けると答えた若者は，「電話やったらな，『おはよう』なんかできへんもんな」とその理由を説明している。音声通話はポケベル（やメール）と違って，都合のいい時に読んで返信するというわけにはいかず，その分だけ負担感や束縛感が大きい。そのため，「おはよう」などといった他愛のないメッセージをやりとりする自己充足的コミュニケーションには向かないのである。

　パソコン通信からインターネットへの移行もまた90年代後半に進んでいったが，99年からはさらに「iモード」など携帯電話のネット接続サービスも始まり，インターネットとケータイの融合が本格化していく。ただし，パソコンによるネット接続と携帯電話によるネット接続では，すぐ後にもふれるように，少なからず利用形態に差が見られる。たとえば携帯電話はパソコンに比べて，文字入力や表示される文字数が制約されるため，一般に短いメッセージのやりとりになりやすく，かつてのパソコン通信のように，趣味関心をめぐる議論や情報交換によって情報縁を広げるにはあまり向かない面を持つ。

　それとは異なるかたちで情報縁を広げられる場が，2004年に登場したSNS（ソーシャル・ネットワーキング・サービス：10章参照）である。SNSでは各ユーザの登録した友人がわかるようになっており，自分の友人の友人をたどるかたちで情報縁を広げていくことができる。それまでのネット上での出会いが，見知らぬ人にいきなり話しかけるようなものだとすれば，SNSには自分の友人を介して知り合うような安心感があるわけだ。

冒頭で紹介したモバゲータウンにも SNS が組みこまれており，ケータイによるネット利用にも親和的と見られている。

　では現在，情報縁はどれくらいの広がりを見せているのだろうか？　総務省が 2007 年に行った「我が国の社会生活における ICT 利用に関する調査」（全国男女 15～64 歳対象）では，ここ 1～2 年で「顔や本名を知らない友人・知人とよくコミュニケーションをとるようになった」という人が全体の 15% に達している。ここから計算すると，日本では少なくとも 1000 万人以上が情報縁を取り持っていると考えられよう。

　中学生の間でも，情報縁はめずらしいものではなくなっている。東京大学が 2007 年に 14 歳を対象に行った調査では，「それまで会ったことがなく，メールのやりとりで新しくできた友だち」のいる者が携帯電話利用者の 14%（全体の 11%）に上っている。ただし，そのうち約半数は，その後「直接会った」と答えており，必ずしもオンライン上のみで交友関係が保たれるわけではない。01 年に橋元良明ら（2002）の行った全国 12～69 歳対象の調査でもやはり，オンライン上で知り合った相手がいる者のうち，約半数はその後「直接会った」ことがあると答えている。

　このように，情報縁はもはや，パソコン通信や伝言ダイヤルの時代とは比べものにならないほど一般化しつつあるが，その一方で，ネットやケータイでのやりとりの中心が，やはり既存の知り合いにあることにも注意しておかなくてはならない。図 1 は，通信総合研究所（2004）の全国調査の結果から，携帯メール／パソコンによるメール（以下 PC メール）でよくやりとりする相手を抜粋したものである。ここからわかるように，携帯メールも PC メールも，会ったことのない「メル友」より，既存の友人や家族の挙げられる割合がかなり高くなっている。

　また，携帯メールの場合には，よく会う友人や家族など，対面接触頻度の高い相手が多く挙げられ，それに比べて PC メールでは，あまり会わない友人や「メル友」など，接触頻度の低い相手が多い。グラノヴェター（M. S. Granovetter, 1973 = 2006）の用語で言えば，携帯メールは，ふだんからよく顔を合わせる身近な「強い紐帯(strong ties)」のメディア，

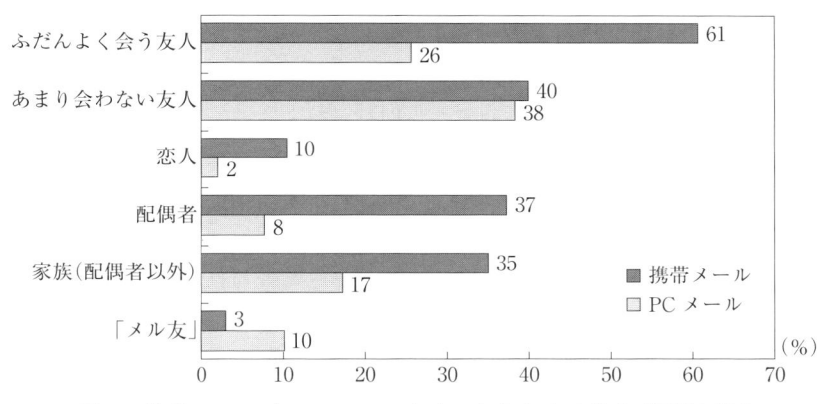

PCメールは，会う機会は少ないが広範囲・多人数にわたる「**弱い紐帯 (weak ties)**」<☞>のメディアと特徴づけられるだろう（池田ほか，2005）。

図1．携帯メール／PCメールでよくやりとりする相手（複数回答）

相手	携帯メール	PCメール
ふだんよく会う友人	61	26
あまり会わない友人	40	38
恋人	10	2
配偶者	37	8
家族（配偶者以外）	35	17
「メル友」	3	10

8.2 インターネット・パラドックス，社会関係資本

このように，ネットとケータイでは取り持たれる人間関係に異なる特徴が見られる。そこで本節では，まずネットを中心に人間関係への影響をさらに詳しく検討していくことにしよう（ケータイについては次節）。

> **〈弱い紐帯〉**
> グラノヴェターは，個人間の結びつき（紐帯）の「強さ」を，ともに過ごす時間量，情緒的な強度，親密さ（打ち明け話ができること），助け合いの程度という4つの側面から定義している。通常は，心理的・社会的なサポートが得られやすい強い紐帯が注目されがちだが，グラノヴェターは社会集団をこえた情報伝達や，集団間の結びつきなどには，弱い紐帯が重要な役割をはたすことを論証し，ネットワーク論に大きな影響を与えた。ただし，グラノヴェターによる紐帯の強さの定義は，当然ながら対面関係を前提としており，電子的な人間関係にはそのまま応用しにくい面もある。

インターネットは，テレビのような送り手から受け手への一方向的伝達のメディアとは異なり，人と人との双方向的なコミュニケーションが可能だ。そのため，普及当初から人間関係を活発にするだろうという楽観的な期待がしばしば語られてきたが，それとは逆の調査結果を示し，大きな議論を呼んだのが，クラウトら（R. Kraut et al., 1998）の研究である。クラウトらの研究グループは，1995～6年にアメリカのピッツバーグで93世帯に無料でインターネット接続できるパソコンを与え，その詳細な利用状況をソフトウェアで自動記録するとともに，社会参加や人間関係，心理的な健康状態などについて1～2年にわたる調査を行った。そこから明らかになったのは，インターネットをよく利用するほど，家族とのコミュニケーションが減り，地域コミュニティでの社交範囲も縮小し，抑鬱感と孤独感が増す，という傾向であった。

　この結果をクラウトらは「インターネット・パラドックス（逆説）」と呼び，対面的な強い紐帯が電子的な弱い紐帯と入れ替わることによって，心理的・社会的サポートが得にくくなった可能性を示唆している。ネット上での関係は切れやすく，また対面に比べると，メール等では，こみ入った話や繊細な悩みごとの相談をするには限界があるだろう。そのため，孤独や抑鬱が深まることになったのではないか，というのである。

　この「インターネット・パラドックス」論に対しては，その後いくつかの批判が寄せられたが，中でも大きな反証は，皮肉なことにクラウトら自身が行った追跡調査のデータから得られている（Kraut et al., 2002）。それによれば，前回の第1期（95～97年）の調査結果とは異なり，第2期（97～98年）においては，ネット利用が多いほど，抑鬱感は減る傾向を示し，孤独感とは無関連だったのだ。なぜこのような相違が生じたのだろうか？　その理由としてクラウトらは，この間のネット利用者の増加など，状況の変化を挙げている。家族や近隣での利用が一般化し，そうした強い紐帯のあいだでのコミュニケーションに用いられることも増え，実生活とネットの結びつきが強まった。そのことがネットの利用者への影響を変化させた可能性があるという（10章も参照のこと）。

ピュー財団の「インターネットとアメリカ人の生活」プロジェクトが2000年に行った大規模調査でも，ネット利用が家族や友人との対面接触や社会的サポートを減らすことはなく，むしろ促進するという分析結果が得られている（Howard et al., 2001）。日本でもインターネット・パラドックスを検証するための調査が2001〜3年に行われているが，ネット利用が孤独感・抑鬱感を強めないこと，近隣の友人数や家族との会話を減らさないことが確認されている（橋元ほか，2004）。これらの研究結果を総合すれば，少なくともネットの普及が進んでからの状況では，人間関係を不活発にするような影響は認めにくいと言えるだろう。

　さて，クラウトらが第2期に併せて行った別の調査では，利用者のパーソナリティによってネットの影響に違いが出る，という興味深い結果も得られている。外向的な者の場合には，ネット利用によって，コミュニティ参加や自尊心が増し，孤独感や否定的感情が減る傾向にあったが，内向的な者には正反対の影響が見られた。この点については，先にふれた橋元ら（2004）の調査でも同様の分析結果が認められている。これは，もともと人間関係に積極的（外向的）な者がネット利用によって関係をさらに活発にし，より多くの心理的・社会的サポートを得るという**「富者富裕化」説**＜☞＞を裏付けるものだ。その妥当性を検討するには，さらに研究を積み重ねる必要があるが，ネット利用が人間関係の格差を拡大していくかどうかは，今後，注目すべき課題のひとつと言えるだろう。

〈「富者富裕化(rich-get-richer)」説〉
　もともとは，社会階層によってインターネット利用率に格差があるという「デジタルデバイド」が問題になった際に注目された議論。インターネットはあらゆる人にさまざまな情報へのアクセスを可能にし，その恩恵は社会的弱者の不利な立場を補うように作用するだろうと期待されていたが（「社会的補償(social compensation)」説という），99年のアメリカ商務省のレポートは，経済階層・教育程度・人種などの面で優位な人々ほどインターネット利用率が高く，その優位性を強めることで，格差を広げる可能性があることを指摘した。

こうした問題とも関わりがある分野で，最近，研究が進められつつあるのが，「社会関係資本(social capital)」におよぼすインターネットの影響である。社会関係資本とは，おおまかに言えば，人々の自発的な協力や協調を促すような人間関係の側面のことであり，政治学者のパトナム（R. Putnam, 2000＝2006）はそれを，信頼，互酬性，市民的参加のネットワークという3側面に大別している。たとえば，地震で被害にあった地域住民による復旧作業を考えてみよう。どさくさにまぎれて何か盗ったりしないと互いを信頼できること，まず自分が手伝えば次に相手も手伝ってくれる（互酬性）と期待できること，自治会などふだんから交流のネットワークがあることは，人々の協力を促し，作業の効率を高めるだろう。つまり，これらは復興のための「資本」になりうるわけだ。

パトナムは，イタリア各地の比較分析をもとに，民主的な制度や経済が機能するうえで，こうした社会関係資本が重要な役割をはたすことを明らかにした。また，さまざまな統計データを用いて，アメリカにおける社会関係資本が低下していることも指摘している。その低下の要因のひとつに挙げられたのが，テレビである。テレビ視聴という個人的娯楽が，社交や集団的活動にあてられていた時間に取って代わることで，人々の信頼や互酬性，ネットワークが育まれにくくなった可能性があるという（ただし，このテレビ原因説には批判もある。詳しくは辻，2006を参照）。

それに対してインターネットは，まさに人々をネットワークするような利用法が考えられる。そこにパトナムも社会関係資本が育まれる可能性を認めているのだが，しかし同時に，①ネットは対面に比べて表情などの非言語情報に欠け，信頼や連帯感のある関係が築かれにくい，②趣味や関心の同じ集団が形成されやすく，幅の狭い閉鎖的な関係が強まりかねない，③テレビ同様に個人的娯楽に用いられ（ウェブなど），既存の対面的関係を弱める可能性がある，などの懸念も挙げている。

ただ，これらの懸念はあくまで仮説として提示されているもので，たとえば①に対しては，オンラインでも時間をかければ対面と変わりない関係構築ができることを示唆する研究もあり，②については，ネット利用が政

治的・社会的問題に関して，自分とは対立的な意見や情報により多く接することにつながっているという調査結果もある（Horrigan et al., 2004）。また③についても，先に見たクラウトらや橋元らの研究は，およそ否定的な分析結果を示していると言っていいだろう。

インターネット利用と社会関係資本の関連を，より直接的に検証した事例はまだあまり多くないが，アメリカでは政治学者のノリス（P. Norris, 2003＝2004）やアスレイナー（E. M. Uslaner, 2004）が研究にとりかかっている。ノリスは，ピュー財団の2001年調査のデータを分析し，インターネット上のさまざまな集団への接触が，同じ信条や興味関心を持つ人々との関係を強めるとともに，異なる社会的背景を持つ人々とのネットワークを広げる傾向にあることが示されている。ただし，後者の関連傾向は限定的で，異なる年齢の人々をつなぐ効果は大きいものの，異なる人種や経済階層をつなぐ効果は小さい。

アスレイナーは，ピュー財団の1998年と2000年の調査データを分析し，ネット利用と社会的交際範囲の広さは若干の関連を示すものの，他者への信頼とは無関連であり，ネットが人々のあいだで信頼を育む可能性は薄いと論じている。ただし，他者をより信頼する人はネット利用によってプライバシーが侵害されるなどの不安を感じる傾向が低く，この点で，信頼はネット社会を円滑に機能させる「資本」になるかもしれない（同様の傾向は，日本の調査データを分析した辻，2006でも示されている）。

日本では，社会心理学者の宮田加久子（2005）や池田謙一ら（2005）が，社会関係資本論の観点からのインターネット研究を始めている。宮田は，2002年に山梨県で行った調査の分析結果から，ネット上のコミュニティへの参加が，交際範囲（ネットワーク）を多様化させ，ひいては他者への信頼や市民的参加への積極性を増すことを見出している。池田らも，同じ山梨調査のデータを分析し，いくつかのタイプのネット利用が，ネット上での信頼や互酬性を高める傾向にあり，さらにネット上での互酬性の高さがオフラインでの社会参加や政治参加にもつながることを示している。一方で，ネット上での信頼はオフラインでの社会・政治参加に結びついておらず，これは，

ネットでは（オフラインでの社会関与を促すような）信頼は育まれないというアスレイナーの主張とも符合する結果と言えるだろう。ただし，日本ではアメリカ以上に実証研究の蓄積に乏しく，こうした知見がどこまで妥当かは，今後の大きな検討課題になっているのが現状である。

8.3 ケータイによる絶え間なきコンタクトの時代

では，ケータイは社会関係資本にどのような影響をおよぼすのだろうか？　これに関する実証研究例はほとんどないが，ケータイが身近な友人や家族とのやりとりに多く用いられることから，ネットワークを仲間内に閉ざしてしまい，異質な他者への信頼や互酬性は育まれないだろうという見方が根強くある。

正高信男（2003）は，女子高校生のケータイ利用者と非利用者を対象として，見知らぬ相手とゲームをさせる実験を行い，利用者の方がペアとなった相手を信頼せず，裏切り行動をする割合が高いという結果を導き出した。これは，ケータイ利用が他者への信頼を低下させる証拠として，しばしば持ちだされる研究だが，しかし，実験対象者の選び方が偏っていて数も少ないという問題がある。また，ケータイ利用が信頼を低下させるのではなく，もともと他者を信頼しない者がよくケータイを利用するのだとしても（つまり逆向きの因果関係だったとしても），同じ実験結果が得られるだろう。そこで辻大介（2005）は，より一般的なサンプルの調査データを用いて，01年のケータイ利用頻度が，その2年後に他者への信頼の低下をもたらしているかどうか，因果関係を特定する時間差相関分析を行った。その結果，それらに関連は認められず，正高の実験結果の妥当性を疑わせる知見が得られている。

ケータイ利用と互酬性の関連については，まだほとんどわかっていないが，交友範囲（ネットワーク）の広さについては，限定的な影響にとどまることを示唆する研究結果がいくつかある。橋元ら（2002）の全国調査では，ケータイを使うようになって「いろいろな友人と幅広くつきあえるようになった」と23%が答えていたが，その後の追跡調査（橋元ら，2004）では，携帯メー

ルの利用には友人数を増やす効果が見られないという結果が示された。宮田ら（2006）の調査でも，携帯メールの送信数は交際範囲の広さとは関連していない（ただし，交際相手の多様性を増すという関連は見られる）。また，辻（2003）が首都圏の16〜17歳を対象に行った調査でも，ケータイでの通話頻度・メール頻度ともに，友人数とは統計学的に意味のある関連が認められなかった（図2：ロジスティック回帰分析の結果）。

図2の分析結果からはまた，通話とメールでは関連する友人関係志向が異なることがわかる。通話頻度について統計学的に意味のある関連が見られるのは，関係切り替え志向であり，「場合に応じて，いろいろな友だちとつきあう」者ほど，ケータイで友人によく電話をかけることを表している。つまり，ケータイの通話機能は，友人との**選択的関係**＜☞＞を切り替え，使い分ける「リモコン」の役割をはたしていると考えられるだろう。

一方，メール頻度に大きく関連しているのは親密性志向であり，これは「友だちとはプライベートなことも含めて，密接につきあいたい」という者ほど，メールのやりとりをよくすることを示している。メールは通話よりも気楽にコンタクトがとれるため，特に用件のないやりとりや，他愛のないできごと・気持ちの伝達に多く用いられる（中村，2005）。1節で見たポケベルによる自己充足的コミュニケーションは，現在では携帯メールに受け継がれ，親密なつながりを確認し維持する手段になっているのだ。

ケータイは，特に日本の若者においては，身近な人間関係の中でも，家

〈選択的関係〉
一般に，現代社会では人間関係が希薄化した（特に若者のあいだで）とよく言われるが，政府や研究機関による各種の調査結果を見ると，それを裏付けるデータはほとんどない。松田美佐（2006）は，こうした希薄化論に対し，むしろ状況に応じて友人関係を選択・選別するという側面に注目することが重要であると論じている。ケータイ利用と選択的関係志向が関連することは，本文で紹介した以外の調査データでもいくつか確認されているが，選択的関係を好む傾向が，特に若者に強く見られるわけではないことを示した調査結果もある。

(数値は標準化後のβ係数)	通話	メール
友人数	.10	−.03
関係切り替え志向	**.31***	.20
親密性志向	.16	**.50*****
キャラ切り替え志向	.05	−.02
マサツ回避志向	−.10	−.10
ノリ志向	.04	.10
性別 [男＝0／女＝1]	−.44***	.11
年齢	.29*	−.07
判別的中率	66.0%***	61.5%**

（有意水準：***p<.001，**p<.01，*p<.05）

図2．ケータイでの通話頻度・メール頻度と友人関係志向の関連

族より友人との結びつきを強める傾向がある。先の辻（2003）の調査では，ケータイを使うようになって友人とのコミュニケーションが増えたという回答が48％に上るのに対して，母親／父親との場合は12％／5％にすぎない。小林哲生ら（2007）が行った調査でも，15～39歳の若年層の場合，ケータイが友人との結びつきを強くするのに役立っていると94％が答えたのに対し，家族との結びつきについては67％にとどまった。

　ただし，海外では必ずしもこうした現象は見られないようだ。小林らは，日本以上にケータイ普及率の高いフィンランドの調査データから，同じ設問（結びつきを強くするのに役立った）に対する肯定回答が，友人／家族いずれとの場合でも90％で変わらないことを紹介している。これは，社会・文化的な背景の違いによってケータイの影響が異なってくることを意味している。同じことは個々の家族の違いについてもあてはまり，中村功（2001）は，インタビュー調査の結果から，もともとの家族関係のありようによって，ケータイが家族の結びつきを強めるケースと，逆に弱めるケースがあることを指摘している。

　小林らの国際比較でもう1つ興味深いのは，ケータイの通話頻度は日本

とフィンランドで大差ないのに対し，メール頻度はかなり日本の方が高いことだ。この傾向はやはり若いほど顕著で，10代後半の99％，20代前半の92％が毎日メールすると答えている。ここからも，日本の若者にとって携帯メールによる絶え間なきコンタクトが，人間関係——特に友人関係——の維持にとってきわめて重要になっている様子がうかがえよう。

　中村（2005）が東京と松山の大学生を対象に行った調査によれば，携帯メールをよく利用する者ほど，孤独感が少ない傾向にあった。しかしその一方で，孤独になることへの潜在的な不安が，携帯メール利用に結びついている面も見出されている。「1人で夕食を食べるのはたえられない」「いつも誰かとつながっていたい」「まわりのみんなからいい人と思われたい」「仲間はずれになるのが怖い」などの項目にあてはまる者ほど，携帯メールの利用頻度が高かったのである。橋元ら（2004）の行った全国調査でも，若年層を対象とした分析では同じ関連傾向が確認されており，また，ケータイの通話頻度や，パソコンによるメール頻度の場合には，そうした孤独不安との関連はほとんど見られないことも明らかにされている。

　この潜在的な孤独不安は，メールの着信がないときに顕在化する。小林らの日本調査によれば，メールがこないと不安になることが「しょっちゅう」あると答えた者は7％程度だが，「ときどき」あるを含めると44％に達しており，この不安度は若者ほど強い。また，不安をよく感じる者ほど，着信サインがないのにメールが来ていないか確認してしまう傾向にあり，ニコチン中毒者がついタバコに手を伸ばしてしまうのと同じような，ケータイ依存症的な現象も見られる。

　残念ながらフィンランド調査にはこの点に関するデータがないが，リンとイットリ（R. Ling and B. Yttri, 2002＝2003）はインタビュー調査の中で，次のようなノルウェーの若者の声を拾っている。「私はみんなとつながっていたいの。だから，シャワーを浴びていてもメッセージをもらったら，絶対に読まなきゃならないの。もし私がメッセージを送って，すぐに返事が返ってこなかったら，それはもう悲惨よ」。この証言からすれば，程度の差はあるだろうが，海外でも同じ事情にあると見ていいだろう。

現代社会のひとつの特徴に、親密な人間関係の重視がある。NHK放送文化研究所（2004）の「日本人の意識調査」では、生活目標を4つの選択肢で尋ねているが、73年から03年にかけて「身近な人たちと、なごやかな毎日を送る」という回答が最も大きく伸び（31%→41%）、現在では1位の選択率になっている。そうした社会背景のもとで、ケータイは絶え間なきコンタクトによって親密な関係の維持に役立つとともに、その「絶え間」に孤独不安を吸いよせることにもなっているわけだ。

ケータイにせよインターネットにせよ、これまで見てきたように、情報メディアという以上に、関係メディアとしての側面を大きく持っている。今後の情報社会の光と影を見すえるためにも、情報技術と人間関係、そして社会との相互作用を、地道に分析していくことが重要だろう。

エクステンション・スタディ　メールを介したネットワークの分析

1節でも紹介したように、PCメール（パソコンによるメール）と、携帯メールでは、よくやりとりする相手の種類が異なることがわかっている。しかしたとえば、あなたがAさん、Bさん、Cさんとよくやりとりするとして、(i)その3人も知り合いどうしである場合もあれば、(ii)A・B・Cどうしは何の関係もない場合もあるだろう。こうした関係のネットワーク構造にも、PCメールと携帯メールでは違いがあるのだろうか？　この点について、自分自身や親しい人をサンプルにして調べてみよう。

調べ方について詳しくは辻泉（2004）などを参考にしてほしいが、まず、ケータイやパソコンのアドレス帳に登録されている人をすべてリストアップし（自宅・家族やお店などは除外する）、それら1件ずつについて、性別や親しさの程度、知り合ったきっかけ、等々の属性を書き加えていく。どういう属性を記録していくかは、各自の調査関心によって決めればよい。

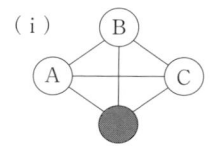

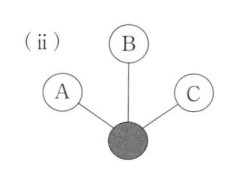

年齢・世代をこえたネットワークが形成されているかを調べたいなら，年齢情報が重要になるだろう。次に，リストアップした人のうち，誰と誰が知り合いかを書き加えていく。これをもとに，先のようなネットワーク図を作るわけだ。

そして，このリストの中から，主だった人に協力してもらい，さらに上記の作業を繰り返す（このやり方を「スノーボール・サンプリング」という）。すると，友人の友人，知り合いの知り合いというレベルまで含めたネットワークが把握できる。PCメールと携帯メールで，どれくらい人間関係が重複しているか（いないか）もわかるだろう。

手間のかかる調査手法ではあるが，それだけに先行研究例もあまりなく，貴重な知見が得られるはずだ。ただし，卒業論文などで調査結果をまとめる時には，協力者が特定できないよう仮名にするなど，プライバシーにはくれぐれも配慮してほしい。

参考文献

池田謙一・小林哲郎・志村誠・呉國怡（2005）『インターネット・コミュニティと日常世界』誠信書房

NHK放送文化研究所（2004）『現代日本人の意識構造　第六版』日本放送出版協会

岡田朋之（2002）「メディア変容へのアプローチ」岡田朋之・松田美佐編『ケータイ学入門』有斐閣

北田暁大・大多和直樹編（2007）『リーディングス　日本の教育と社会10　子どもとニューメディア』日本図書センター

グラノヴェター, M. S.／大岡栄美訳（2006）「弱い紐帯の強さ」野沢慎司編『リーディングス　ネットワーク論』勁草書房（Granovetter, M. S. (1973) The strength of weak ties, *American Journal of Sociology*, 78. 1360-1380)

小林哲生・天野成昭・正高信男（2007）『モバイル社会の現状と行方』NTT出版

ジョインソン, A. N.／三浦麻子・畦地真太郎・田中敦訳（2004）『インターネットにおける行動と心理』北大路書房（Joinson, A. N. (2003) *Understanding the Psychology of Internet Behaviour*, Palgrave Macmillan.)

通信総合研究所（2004）『インターネット利用動向に関する実態調査報告書2003』

辻泉（2004）「ポピュラー文化の危機」宮台真司・鈴木弘輝編『21世紀の現実』

ミネルヴァ書房
辻大介（2003）「若者の友人・親子関係とコミュニケーションに関する調査研究概要報告書」『関西大学社会学部紀要』34巻3号
辻大介（2005）「ケータイ・コミュニケーションと公／私の変容」『放送メディア研究』3号
辻大介（2006）「社会関係資本と情報行動」東京大学大学院情報学環編『日本人の情報行動2005』東京大学出版会
東京大学大学院情報学環（2007）『ユビキタス社会のケータイ利用と親子関係』（21世紀COE「次世代ユビキタス情報社会基盤の形成」ケータイ調査班平成19年度研究成果報告書）
中村功（2001）「携帯電話と変容するネットワーク」川上善郎編『情報行動の社会心理学』北大路書房
中村功（2005）「携帯メールのコミュニケーション内容と若者の孤独恐怖」橋元良明編『講座社会言語科学2　メディア』ひつじ書房
ノリス, P.／下村恭広訳（2004）「ソーシャル・キャピタルと情報通信技術」宮川公男・大守隆編『ソーシャル・キャピタル』東洋経済新報社（Norris, P. (2003) Social capital and ICTs, *presentation paper at the International Forum on Social Capital for Economic Revival*.）
橋元良明・石井健一・木村忠正・辻大介・金相美（2002）「インターネット・パラドクスの検証」『東京大学社会情報研究所調査研究紀要』18号
橋元良明・石井健一・木村忠正・辻大介・金相美（2004）「パネル調査によるインターネット利用の影響分析」『東京大学社会情報研究所調査研究紀要』21号
パトナム, R.／柴内康文訳（2006）『孤独なボウリング』柏書房（Putnam, R. (2000) *Bowling Alone*, Simon & Schuster.）
正高信男（2003）『ケータイを持ったサル』中公新書
松田美佐（2006）「ケータイをめぐる言説」松田美佐・岡部大介・伊藤瑞子編『ケータイのある風景』北大路書房
宮田加久子・J. ボース・B. ウェルマン・池田謙一（2006）「モバイル化する日本人」松田美佐・岡部大介・伊藤瑞子編『ケータイのある風景』北大路書房
宮田加久子（2005）『きずなをつなぐメディア』NTT出版
吉見俊哉・若林幹夫・水越伸（1992）『メディアとしての電話』弘文堂
リン, R.・イットリ, B.／羽渕一代訳（2003）「ノルウェーの携帯電話を利用したハイパー・コーディネーション」J. E. カッツ・M. オークス編『絶え間なき交信の時代』NTT出版（Ling, R. and Yttri, B. (2002) Hyper-coordination via mobile phones in Norway, in J. E. Katz & M. Aakhus eds. *Perpetual Contact*, Cambridge University Press.）
Horrigan, J., Garret, K. and Resnick, P. (2004) The Internet and Democratic

Debate. [http://www.pewinternet.org/pdfs/PIP_Political_Info_Report.pdf]
Howard, P.E.N., Rainie, L. and Jones, S. (2001) Days and Nights on the Internet, *American Behavioral Scientist*, vol.45-no.3
Kraut, R., Patterson, M., Lundmark, V., Kiesler, S., Mukopadhyay, T. and Scherlis, W. (1998) Internet Paradox, *American Psychologist*, vol.53-no.9
Kraut, R., Kiesler, S., Boneva, B., Cummings, J., Helgeson, V. and Crawford, A. (2002) Internet Paradox Revisited, *Journal of Social Issues*, vol.58-no.1
Uslaner, E. M. (2004) Trust, Civic Engagement, and the Internet, *Political Communication*, vol.21

　クラウトらのインターネット・パラドックス研究と，それを支持／批判する後続研究は，A. N. ジョインソン**『インターネットにおける行動と心理』**の4章で手際よく紹介されている。社会関係資本論からのネット研究の動向は，宮田加久子**『きずなをつなぐメディア』**と池田謙一ほか**『インターネット・コミュニティと日常世界』**に詳しい。北田暁大・大多和直樹編**『子どもとニューメディア』**には，ケータイ，ネット利用と人間関係についての重要論文がまとめて収められている。小林哲生ほか**『モバイル社会の現状と行方』**では，国際比較を含め，ケータイ利用に関する興味深いデータが分析されている。

9 電子空間のコミュニケーション
──ネットはなぜ炎上するのか

→ ネット上では，よく誹謗中傷が発生すると言われているが，オンライン・コミュニケーションとはそんなに物騒で危険なものなのだろうか？
→ オンライン上での人間関係の形成や集団過程にはどういう特徴があるのだろうか？
→ オンライン上で見知らぬ人たちとうまくコミュニケーションをするにはどうしたらよいのだろうか？

9.1 「炎上」するインターネット

2006年1月26日，大株主のIT会社社長として，時の人となっていたホリエモンこと堀江貴文氏の会社に，証券取引法違反の容疑で東京地検特捜部の家宅捜索が入った。当時から堀江氏は自社のブログサービスの宣伝を兼ねて自ら「社長ブログ」を開設し，多くのアクセスを集めていたが，この日の翌日，当時同社の役員であった伊地知晋一氏が確認したところ，「社長ブログ」に堀江氏を批判するコメントが殺到し，その数は一晩でなんと1万件を越え，あまりのデータ容量のため，表示をする側のパソコンの処理能力が追いつかない状態にまでなっていたという。

このように，インターネット上の発言に対して（批判的な）コメントが殺到する現象は，「炎上」と呼ばれており，さすがに1万件というのは破格であるものの，さまざまなブログには毎日のように大小の「炎上」が発

生している。伊地知氏はこの事件をきっかけに，自らのブログも炎上した経験も踏まえながら，このような現象を『ブログ炎上』（図1）という書物にまとめているので，詳しい炎上の実例についてはそちらや関連のウェブサイト（http://ascii-business.com/zeisei/blog-enjo/）を参照してもらいたい。

また，炎上とは，単なる批判的なコメントの書き込みに終わるものではなく，時には発言者とコメント投稿者，あるいは投稿者どうしで激論が交わされ，さらには誹謗中傷の言い合いに発展し，これに傷ついた発言者がブログを閉鎖する状況に追い込まれること（「全

図1. 伊地知晋一著『ブログ炎上』（アスキー）

焼」）もあるという。また，堀江氏のブログの炎上が伊地知氏のブログに「飛び火」したような例に始まり，あるブログの炎上が他のブログや掲示板に紹介され，そこでもまた物議をかもすことで，炎上がネット以外の場所を含む，さまざまなところに拡大していく「類焼」や「延焼」といった現象も見られている。

このような現象は，一般のブログだけではなく，加入に際し紹介者がいて，ある程度お互いの素性がわかるSNS（10章参照）などにおいても見られている。『ブログ炎上』に紹介された例では，ある大学生が，自分が飲酒運転をしたという告白をSNSの日記に書き込んだところ，批判が殺到し，その批判が学生の所属している大学のオンライン・コミュニティなどにも「延焼」し，挙句の果てには大学自身が記者会見を行って謝罪する騒ぎにまで発展したという。したがって，炎上は，ブログが，お互いの素性がわからない見知らぬ人どうし，つまり匿名で行われる特殊なやりとりであるためだけに起こっているわけでもないようだ。逆に，インターネットに書き込みをする以上，自分の日記にしろ他人の日記にしろ，自分の何気ない書き込みがいつどこで「炎上」を引き起こすかもしれないというリ

スクに，私たちは知らない間に巻き込まれているとも言える。

のっけから物騒な話になってしまったが，ブログ上に書き込みやコメントをするような，オンラインのコミュニケーションに対しては，この「炎上」のような怖いイメージがつきまとっているし，実際にその点に不安を感じている人も多い。「炎上」のような現象は，確かにオンラインでのコミュニケーションであるからこそ生じるようになったと言えるが，それでは，オンラインである以上，どんな時でも必ず炎上は起こってしまうものなのだろうか？　あるいはいったん日記が炎上してしまったら，たちどころに全焼となり，「焼死」してしまうのだろうか？

本章ではこのような「炎上」の問題を手がかりに，オンライン・コミュニケーション（CMC＝Computer Mediated Communication などとも呼ばれる）の中でも，ネット上で「通りすがり」の人が日記にコメントを書き込むような，匿名の人どうしのコミュニケーションの特徴について考えていく。そこからさらに，匿名の関係を中心に，オンライン上での人間関係の展開の仕方や，オンラインで形成される集団的な社会関係がもたらす影響について明らかにしていきたい。そこには，単なる「怖い場所」としてではなく，豊かなチャンスを育む可能性を持った，オンライン・コミュニケーションのあり方も見えてくるはずである。

9.2 オンライン・コミュニケーションの特徴

まずここでは，私たちがふだん日常で行っている，対話や会議といった対面的なコミュニケーションに対する，電子的な技術を介在したオンライン・コミュニケーションと呼ばれるものの特徴のうち，そのいくつかについて，スプロウルとキースラー（L. Sproull & S. Kiesler, 1993＝1993）などによる議論を参考に見ていく。

まず何より，オンラインのコミュニケーションを特徴づけているのが，その速さ（迅速さ）であろう。ここからしばらく冒頭からの炎上の例を使えば，一晩で1万人のコメントが集まるぐらいの力があるように，発信者のいる場所に関わらず，情報は瞬時のうちにやりとりされるので，炎上の

場合もまた，まさしく批判的な情報が炎のように燃え拡がることになる。

　もう1つは，複数の人が同一のメッセージを共有できること（同報性）である。一晩で1万人からのコメントが集まるということは，1つの発言を1万人が同時に共有できるということでもあり，また，オンラインであることにより，コミュニケーションに参加する資格や発信するコストについても，共有する人々の規模に影響されない。

　さらに，主にサーバーとしての外部記憶装置が存在することによって，メッセージが半永久的に保存可能で，いつでもアクセスできるという特徴がある。このことで，受け手はコミュニケーションの参加時期の制約を受けることがなくなるが，逆に過去に発言したことが新たに炎上を引き起こすといった事態も生じることになる。

　そして，これは特に炎上という現象に最も顕著であるが，メッセージが電子的に処理されることで，検索や複製が容易になり，その結果として，特定の発言が探し出されたり，さらに他の人々によって引用されることで，メッセージが伝わる範囲が拡大するという特徴がある。

　以上に見たように，こうした技術的な条件は，炎上という現象が発生する条件ともなっているが，これらは特にブログに限定される条件ではなく，メーリング・リストやメール・マガジン，さらに電子会議や電子掲示板といったものにも共通する特徴である。したがって，炎上のような現象は，オンラインのコミュニケーションであれば，特にブログに限った問題ではなく，以降に見る「フレーミング」などのように，それについて似たような現象が見られている。実際にも，対面の会話や会議と，メールでのやりとりや電子会議といったものを比較することで，こうした現象についての研究がなされてきた。

　さて，こうした技術的な条件によって，炎上のような現象が起こっているとするならば，以上の特徴がオンライン・コミュニケーションに共通する限り，日常に使うメールのやりとりに始まって，あらゆるインターネット上のコミュニケーションには毎回トラブルが絶えないことになるはずだが，実際には必ずしもそうではない。もちろん，トラブルが生じているこ

と自体には十分な注意が必要であるが，少なくともここで考えなければならないのは，こうした技術を実際に利用してコミュニケーションを行う，人間側の問題である。従来の研究についても，オンライン・コミュニケーションにともなう現象は，技術的な特徴がもたらすもの（技術決定論）と考えられる一方で，ある特定の状況に置かれた人間がとる反応としても考えられてきた。次の節では，主に社会心理学という学問分野において，オンライン・コミュニケーションが，状況に対する人間の反応との関係について，どのようにとらえられてきたのかについて見ていくことにする。

9.3 態度形成の問題としての炎上：対人魅力研究から

ここで言う炎上を，他人への批判を主とした行動とするならば，それは1つの他人に対する反応の表れであると見ることができる。社会心理学では，このような対象への反応を，一般化して**態度**<☞>と呼び，それを認知，感情，行動の3つに分けて考えてきた。ここでいう認知とは，ある意見に対して賛成または反対と考える態度であり，感情とは，対象への好き嫌いで考える態度で，さらにこれが具体的な言葉や情報の使用をともないながら，対象への接近または回避として表れるのが，行動と呼ばれる。炎上の例で見るならば，それは認知的に相手に反対で，感情的に嫌いな態度であり，それがネットへのアクセス（批判の書き込み）という行動に表

〈態度〉
　社会心理学における態度とは，人間が外界に対して反応をする場合に，その基盤となる心理的な状態を示す。態度は通常，認知・感情・行動の3要素にわたって人々によって一貫して維持されるものと考えられている。ある人が自分に対立すると認知される場合，それは嫌いだといった感情に反映し，その人にはなるべく会わないようにするといった具合である。しかし，態度は通常の場合でも行動について一貫しないことが指摘された結果，現在では態度というのは，行動とは直接に関連するのではなく，むしろその背景的（潜在的）なものとして考えられるようになり，どのくらいその背景を参照するものか（アクセシビリティ）という次元で考えられている。

れているということになる。

　この態度の対象となるものが他人で，特に肯定的な態度である場合，それは「対人魅力」と呼ばれ，社会心理学ではちょうど批判的な態度と相対する形で，いかに人に好意的に認知され，好意的な感情を持たれ，実際の行動として接近が行われるのかという課題が考えられてきた。そこで，以降では，炎上について考えるために，これを「対人魅力」が相手に持たれず，逆に損なわれている場合としてとらえ，そのことがオンライン・コミュニケーションのどのような部分と関係するのかについて見ていく。

(1)　オンラインでは外見的魅力がわからない

　今のようにパソコンが一般に普及する，はるか40年近くも昔に，「コンピュータ」を使って行われた実験がある。それは，ウォルスターら（E. Walster et al., 1966＝1987）が，大学の新入生を対象に「コンピュータがダンス・パートナーを選びます」というふれ込みで，被験者をパーティ参加者として募集したことに始まる。実を言うとこれは，社会心理学でよく行われるような実験上の設定で，そのような「コンピュータ」は存在せず，ただのくじ引きのような方法で組み合わせが決められただけであった。また，募集の過程で，応募者の外見的な魅力度が，応募者には知らされないまま，複数の判定者によって評定されていた。

　さて，このような環境の中で，被験者はパーティ後にパートナーの好意度を評価させられたのだが，各被験者が選ばれたパートナーについて感じる好意度に対して最も影響を与えていたのは，被験者自身による相手の知性やユーモアについての評価ではなく，被験者とは別に評定されていた一般的な身体的魅力度だったという。

　このように，外見的な魅力が対人魅力に対してそれだけで大きな影響力を持つことが確かめられており，したがって，主に文字を中心としたやりとりで，相手の身体的な魅力にアクセスしにくいオンライン状況では，それだけ好意的な態度を持つきっかけや条件が乏しいということになる。

　しかし，逆の考え方をすれば，オンライン状況では外見や容姿による区

別がなくなることにもなり，その結果，多くの人々に対して平等にアクセスが持たれる可能性が生じることになるだろう。同じくスプロウルとキースラー（1993）によれば，視覚的な手がかりがなくなることで，社会的な地位を考慮することがなくなり，実際に地位の低いものと高いものの発言率の差がオンライン状況では小さくなることが明らかになっている。容姿を社会的地位の1つとして考えた場合，オンラインでは視覚的な手がかりがないために，コミュニケーションへの参加や応答がわけへだてなく行われることになる。

(2) オンラインでは次にいつ同じ相手と接触できるかわからない

対人魅力について，もう1つ重要な要素に，単純接触効果がある。これは対面状況の場合，特に近接性とも呼ばれるもので，よく会う相手にはそれだけ魅力を感じやすい，というものである。ザイアンス（R. Zajonc, 1968＝1987）は，見知らぬ人の写真を用いて，それを被験者に呈示する回数を変えることで，写真の人への好意度が，呈示回数の多い場合ほど高くなるという結果を得ている。この効果は人の顔だけでなく，図形などにも見られているので，そこからウォレス（P. Wallace, 1999＝2001）などは，オンライン上での見知らぬ人との（文字の上での）接触頻度が高まることによって，相手に対する好意度や魅力が高まる可能性を指摘している。また，オンラインで共同の作業を行う課題を与えられた人々の間では，これから長期間同じメンバーで作業するという条件を与えられた場合，1回限りで終わると言われた場合に比べて，より相手に対して好意的な態度で接することが明らかになっている。

しかしながら，特に相手の素性が全くわからない匿名状況のオンライン・コミュニケーションでは，このような接触頻度の効果が最初から期待できるわけでない。また，掲示板によっては個人が再度にわたって特定できるような名前（いわゆる「固定ハンドルネーム」）が慎まれるなど，反復した接触自体が難しいこともある。その結果として，たとえ同じ相手との接触がくり返されていると推測できる場合でも，相手に好意的な態度を

持ちにくい（持たれにくい）ことが考えられる。

(3) オンラインでは相手と本当のところがわかり合えない

相手と親密な対人関係を築くために必要であると考えられてきたのが，自己開示という行動である。自己開示とは，自己に関する情報を特定の相手に伝えることであるが，特に自分のことを詳しく打ち明ける行動（内面性）は，一定の条件のもとで，相手からの好意を高めることが明らかにされている（中村，1996）。

その条件の1つに，自己開示のタイミングがある。ウォートマンらによれば（C. Wortman et al., 1976），会話の最初の方で自己開示を行う人は，会話の終わりの方で自己開示を行う人に比べて好意的な態度を得にくい傾向が見られた。自己開示を急ぐ人は対人的な印象が低いということであるが，これは，初めて会った人にいきなり自分の恥ずかしい話などを詳しくしても，相手が「引いて」しまうことなどを考えるとわかりやすいだろう。逆に言えば，ある程度知り合ったところで自己開示を行えば，相手の好意を深めることができるわけだが，(2)で見たように，オンラインでは長期的にくり返して接触することが難しいので，相手とどのくらい深い付き合いになれたのか，その程度を推測しにくい。そのため，オンライン状況では自分としては相手を親友だと思っても，結果としてタイミングを間違えば，相手にそこで「引かれて」しまうリスクが生じてくる。

もう1つ自己開示が好意をもたらすしくみとして，返報性の規範というものがある。これは，自分が他人から受けたのと同じ恩恵を相手に返すこと，および自分が相手に与えたのと同じ恩恵を相手が自分にもたらすだろうと期待することとして定義される（中村，1996）。つまり，相手が大切なことを打ち明けてくれた，ということによって，自分にとっても，相手に自分の大切なことを打ち明けなければならないという期待が生じるのであり，この返報性によって，自己開示とは「価値あるもの」として相手から与えられるものとなり，その価値あるものが自分に与えられたということが，相手への好意につながると考えられる。しかし，この場合も自己開

示のレベルが同程度にバランスがとれないと返報性にはならないので，オンラインの状況ではタイミングと同じような難しさがあると考えられる。

　オンラインの状況でよく問題になるのが，（1）で見たような外見的な特徴とは別に，相手がどういった人で，普段どういったことを考えているのかがわからないことであるが，こうしたことを相手に伝えることは，そのまま自己開示につながるので，それにともなう困難から，好意的な印象を作り出しにくいと考えられる。ただし，いったん「本当の自分」をオンライン上で相手に伝えているという感覚が共有できれば，相手に対して非常に強い愛着を示し，深い関係に進展する傾向も確かめられている（A. Joinson, 2002＝2004）ので，オンラインであるからといって全く深い付き合いが不可能だということではない。

　また，これに関連したことで，オンライン状況では，相手がウソをついているかどうかが確かめられないことがある。あるデータによれば，オンライン上の関係でウソをついたことのある内容を聞いたところでは，身体的特徴が28％，年齢が23％で，これはそれぞれにおいて現実では前者が5％，後者が13％と，オンライン上ではウソがつかれやすいという結果を示している（Joinson, 2002＝2004）。炎上に関して言えば，時に強い反応を引き起こすのが，こうしたウソが何らかの形でバレた場合で，特に個人的な日記を装って商品の良さを勧めたようなブログが，実は企業によって作られているという，いわば「ヤラセ」が明らかになった時には非常に激しい炎上が生じ，実際に閉鎖に追い込まれた日記もあるという。

　以上に見たほかにも，対人魅力については，類似性つまり相手と似ていることや，支配的な人に対して服従的な人が釣り合うという，いわば「割れ鍋にとじ蓋」などとしての相補性がある人々の間で好意が高まるといったことが指摘されている。しかし，これらについても，身体的特徴に関する情報や自己開示へのアクセスの問題から，一定の困難があることが考えられる。また逆に，オンラインでは自己開示の困難さや，情報へのアクセスのしにくさがあるために，そうした状況が，少ない情報で相手を判断する，偏見やステレオタイプといった否定的な態度そのものをもたらすこと

も考えられる。

これまでに見た対人魅力の条件について，オンライン・コミュニケーションがさまざまな困難を持つことから，それが態度形成上のトラブルにつながって炎上を起こす可能性が指摘できるだろう。

9.4 集団規範の力

これまでは，炎上のような現象について，個人による態度形成のしくみから，特に否定的な態度が生じるプロセスとして考えてきた。しかし，人が好意あるいは嫌悪を感じる対象は必ずしも一定ではなく，これだけでは，なぜそれほどまでに多くの人々を巻き込むかがよくわからないし，何よりオンライン・コミュニケーションにはリスクだらけで，百害あって一利なしのような印象を持つ方もいるだろう。

そのために，ここでは，もう1つの視点として，オンラインにおける集団的な社会関係が持つ力について考えてみよう。

(1) バランス理論：敵の味方は敵

ここではまず，次のような炎上の例から考えてみよう。ある有名なスキー選手が，自分のブログに，その日に行われたボクシングのタイトルマッチの感想として，「…よかったねー！本当に感動しました」といった書き込みをした。ところが，このタイトルマッチの判定をめぐっては，放映したテレビ局に数万件の抗議電話が殺到しており，以前からチャンピオン自身にも，その言動について否定的な評判が起こっていたのだった。まもなくしてスキー選手のブログは否定的なコメント投稿により炎上し，翌日には本人が感想を言ったことについての謝罪を載せる羽目になったという。

スキー選手本人はテレビCMにも出るほど普段から人気者で，この発言もただの個人的な応援メッセージに過ぎず，全く問題となるような表現があったわけではない。では，なぜそのような炎上が起こってしまったのだろうか。そこには，実は先の態度形成にも関連する「バランス理論」と

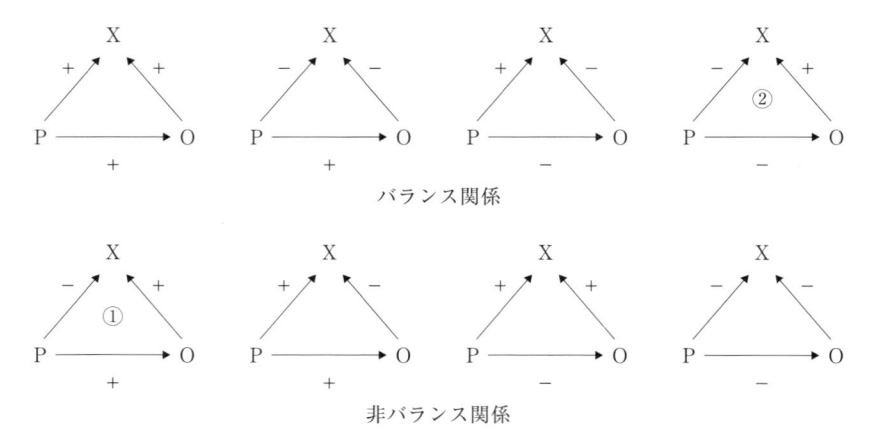

図2. バランス理論による三者関係のパターン

いうしくみがある。この提唱者であるハイダー（F. Heider, 1958＝1978）によれば，認知者（P），他者（O），第三の存在（X）という関係があり，プラスが肯定的な態度，マイナスが否定的な態度としてあったとき，三者の関係はバランスのとれた状態に向かうように態度が変容するという。この時，ブログへの投稿者をP，スキー選手をO，そしてチャンピオンをXとすると，Oは人気者であり，Xは嫌われ者となっているのに，OがXに対して応援をするということで，図2の①の関係が成立してしまう。そこで，Pはバランスをとろうとし，人気者であるはずのOへの関係をマイナスにすることで②の関係を成立させようとする。それが実際にPの行動として表れたのが，人気者であるはずのOに向けられた炎上コメントであると見ることができるだろう。

ここでOは人気者であるのだから，特にO個人が何か否定的な態度を生じさせる条件を持っていたわけでない。あくまでOがXに対して結んだ「応援」という行動により，その結果成立した三者の関係が，このような炎上を招いたと言える。この意味で，炎上というのは個人に対する好悪そのものからではなく，「敵の味方は敵」という社会関係そのものから生じているのである。

（2） 没個性化と社会的アイデンティティ

　このように，個人の態度そのものよりも，社会関係のあり方が人間の行動を左右しているという見方は，実はオンラインでの匿名性という考えそのものにも関係してくる。この見方の1つとして，ジンバルド（P. Zimbardo）は，フェスティンガー（L. Festinger）の没個性化という考え方を取り上げ，個人が集団に埋没し，個々の違いを認めることができなくなった状態，すなわち没個性化の状態においては，通常の社会的な規範が弱まり，社会的に望ましくない行動が生じやすくなることを実験的に証明した。たとえば，都会と郊外にそれぞれ同じ条件で自動車を放置したところ，都会に置かれた自動車は1日のうちに主要部品が取り外されて破壊されたが，郊外ではそのようなことは全く起こらなかった（P. Zimbardo, 1970＝1987）。これは都会の雑踏という状況で，没個性化が生じたために，自動車の破壊という行動が現れたものと説明されている。オンライン・コミュニケーションもまた，このような没個性化の状態として考えれば，炎上に見られる誹謗中傷の氾濫といった現象は，まさにオンラインという条件そのもののために規範が弱まったことで生じていることになる。実際にキースラーら（Kiesler et al., 1985）は，オンライン・コミュニケーションにおいて，感情的な発言や誹謗中傷，誇張した表現が匿名の状態によって生じやすいことを実験的に証明し，それをまさに炎上と同じく炎（flame）が燃え上がる様子から「フレーミング（flaming）」として定義し，フレーミングがオンラインの匿名性という没個性化によってもたらされる無秩序な状態であることを指摘した。

　これに対して，没個性化という状態については，それを集団規範が弱まった無秩序な状態ではなく，むしろ集団規範が強まった状態であるとする，もう1つの考え方がある。それが社会的アイデンティティ理論と呼ばれるもので，その考え方によれば，没個性化で個々の違いが認められなくなるという状態は，単なる集団の解体や無秩序ではなく，むしろそれ自体が集団規範となる場合があるという。つまり，「われわれは○○である」という集団への所属意識（社会的アイデンティティ）が高められている場

合，没個性化するということは，その集団を構成するものとして，個々の違いが弱まり，集団としての一体化（統制）が高まることになる。これに対して，そのような集団への所属意識がないままに没個性化することは，個々人が孤立して，他人に対する反発や反抗的な行動が高まり，集団としての統制が弱まることになる。スピアーズら（R. Spears et al., 1990＝1999）はこうした社会的アイデンティティの操作を実験的に行い，集団としての意識が高められた場合，オンラインの状態では，それがより高まるような行動が見られるのに対して，個人としての意識が高められた場合には，集団としての統制は逆に低くなることを明らかにした（図3）。

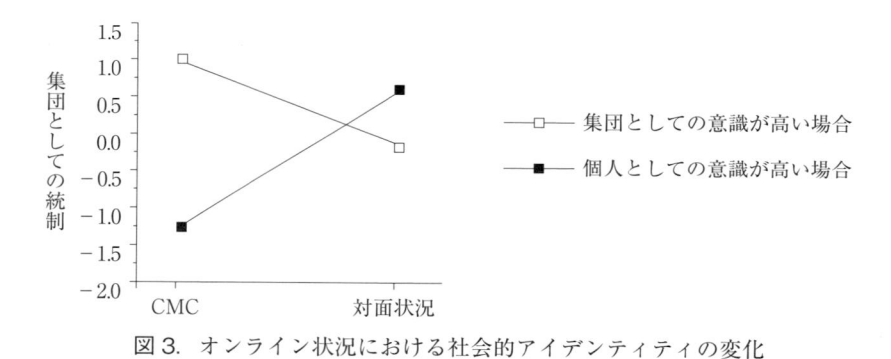

図3．オンライン状況における社会的アイデンティティの変化

つまり，炎上という現象は，単なるオンラインでの匿名性に乗じた，社会規範に反する無秩序な行動の暴発（いわゆる「荒らし」）ではなく，むしろ特定の集団規範という秩序にのっとった行動の高まりと見ることができる。先の飲酒運転の告発にも見られたように，炎上という行動の矛先が個人や企業の不正に向けられることは，こうした行動の目的が極めて社会規範的なことも合わせて，一種のキャンペーン行動のような集団規範の高まりとして考えることができるだろう。

(3) 集団極化

先に見たような社会規範の高まりについては，単に匿名状態であるだけ

でなく，オンライン・コミュニケーションが多数の人々を含む集団によって行われているというプロセスにも関係している。

　このプロセスとは，以下のようなものである。すなわち，ある2つの方向に意見が分かれるトピックについて，個々人によってあらかじめ1つの方向が正しいという意識が持たれている時，その人々が集団として話し合いを持つことで，その方向の選択がより正しいという意識を強め，行動がより極端な方向に向かう。これは，実験例としても確かめられており（亀田・村田，2000など），集団が極端な方向に向かうという意味で，**集団極化現象**＜▣＞と呼ばれている。

　ここで注意したいのは，単に人々が集団になることで過激な行動を取りやすくなる，ということではなく，あくまで，あらかじめ個々人に支持されている意見があり，それが多数派である時（多数派主導）は，集団のプロセスを経ることで，その意見がより強くなるというものである。この多数派主導型の意見を，先ほどの「われわれは○○である」といった社会的アイデンティティとして考えれば，オンラインによる没個性化とは，個々人の持つ集団としての意識が，集団極化というプロセスを経ることによって強化され，集団としての統制をより強めている状態としてとらえ直すことができるだろう。

　さらにこの集団としての意識を，ある特定の社会規範（たとえば「疑惑

> **〈集団極化現象〉**
> 　集団極化という考えは，ストーナー（J. A. S. Storner）という研究者が，成功するかどうかのリスクをともなう決定をするとき，個人で判断するよりも，集団で話し合った後の方が，成功確率が低くても，リスクのある選択をしてもよいと強く判断する傾向（リスキー・シフト）を発見したことに始まる。（ちなみに，ストーナーはプロの研究者になる前に，修士論文でこの発見をしたという。）その後，この極端な方向性は，個々人の判断があらかじめリスクを回避する方向が強い場合は，集団の話し合いで，それを回避する方向にも働くことがわかった（コーシャス・シフト）。このような態度の変化は，意見だけではなく相手への好意などについても見られている。

の判定で勝った者はチャンピオンとして認めない」など）として考えれば，その規範がオンラインの集団プロセスを経て，より強い意見の表明として表れたのが先の炎上であり，時にそれがエスカレートして，規範に反するもの（例：チャンピオンの支持者）を徹底的に攻撃することが行われているものと考えられるだろう。このような意味で，オンラインで不特定多数の人が意見を言い合うことは，行動自体は過激に映ったとしても，単なる目立ちたがりが過激な意見をタレ流しているという，いわゆる無秩序な状態ではないと言える。

さらに，以上のようなオンラインによる社会規範の強化された意識や一体感というのは，時には，集会などの対面の状況で得られるものを上回る感情や情動をもたらすことが指摘されている。このような現象をワルサー (J. Walther, 1996) は「ハイパー・パーソナル・コミュニケーション」と呼んでおり，それはネット上での集団意識や対抗意識が，フラッシュ・モブなどと呼ばれる，強い凝集性を持って同一化された集団行動を実現し，それが過激な政治性や社会性を帯びることにもつながっていると考えられる。

9.5 オンラインの歩き方

さて，ここまでで，炎上とは，発言者に対する批判の行動として，相手への否定的な態度がオンライン状況について特に顕著になることで生じるものであることがわかった。しかし，その行動は単なる無秩序な「荒らし」なのではなく，特定の社会規範が多数派であると人々に認識されることで，それがオンラインでの集団過程を経ることで，より極端な方向に現れたものであることもわかった。

したがって，オンライン・コミュニケーションである以上，炎上そのものをなくすこと自体は難しいものと考えられる。しかし，それが一定の条件で1つの秩序を持つ過程で発生する現象であることがわかった以上，そのような条件に対して意識を持って発言をすれば，それほど唐突に生じる可能性は低いと言えるだろう。たとえば，現在多数派の意見としてどのよ

9. 電子空間のコミュニケーション——ネットはなぜ炎上するのか 177

うなことが重視されているのかをよく考えてから発言することや，単なる言いっぱなしではなく，それを読む相手と長期的な関係を築く前提で発言し，発言の仕方やフォローに気をつけるといったことが挙げられるだろう。

　同じく『ブログ炎上』によれば，一度自分のブログが大規模な炎上に見舞われたある政治家は，その批判を放り出すのではなく，1つ1つに真摯に対応した結果，鎮火することに成功し，さらには以前よりも政治家としての評価を高め，その結果，支持も増したという。オンライン・コミュニケーションは確かにリスクをともなうが，このような条件やプロセスを踏まえて対処すれば，逆に今まで以上の成功をもたらすなどの，豊かなチャンスをたたえていることを最後に指摘しておきたい。

エクステンション・スタディ　匿名の人々どうしの善意的な行動とは？

　インターネット上における匿名どうしの人々による善意の行動や，助言の行動について，それがどのような特徴を持っているのか調べてみよう。
　ネット上には，炎上のような見ず知らずの相手に対する否定的な態度の行動が見られる一方で，募金活動や寄付活動など，同じく見ず知らずの相手に対して非常に好意的な態度を持って行われる行動が見られる。また，商品購入に関するサイトなどでは，すでに購入した人から，未購入者へのアドバイスや，商品に関する質問に対する解答などが，金銭的な利益とは関係なく自発的に行われることが多い。
　このような行動を考える手掛かりとしては，従来の社会心理学における，他人に対して利益をもたらす援助行動についての研究がある。この研究によると，興味深いことに，多くの人が援助できる可能性を持っていれば，それだけ援助行動が活発になるかといえば，必ずしもそうではなく，むしろ他に援助できる人がいるだろう，と考えることで，自分自身が援助をする責任を考えることが希薄になり（責任の分散），その結果，最悪の場合では誰も援助を起こさない場合も出てくるのである。
　また，援助行動を考える時には，本章で見た返報性という考え方は重要で

ある。オンライン・コミュニケーションでは，特に，物質的に御礼を与えたりするなど，直接に何らかの利益を相手に与えることが難しいので，助言に対してお返しをするには，他のことで有効な助言を与えるといった行動をとるしかない。また，相手を特定することが難しく，次に相手に接触することも確定していないので，利益が必ずしも返ってくるとは限らない。

一方で，匿名どうしの間で善意的な行動をインターネットで行うことにはリスクも大きい。実際の例でも，全くのニセの募金活動が行われることで，募金活動を求めるメッセージそのものが，いわゆるチェーン日記などと呼ばれる，「不幸の手紙」のような，相手にメッセージの伝達そのものを強制するようなコミュニケーションとして行われてしまう可能性もある。また，そのようなメッセージのやりとりが負担となることで，相手に利益を与えようとしたところが，逆に不利益となってしまうこともあるのだ。

以上のような問題やリスクがあるにもかかわらず，人々は匿名の相手に対してどのように援助行動を行うことができるのだろうか。その際，どのようなやり方でこうしたリスクが生じないようにしているのであろうか。こうした視点から，実際のオンライン上でのコミュニケーションを注意深く観察してみよう。

参考文献

伊知地晋一（2007）『ブログ炎上――Web 2.0時代のリスクとチャンス』アスキー

ウォルスター, E. ほか／斉藤勇抄訳（1987）「恋人選択における身体的魅力の重要性」斉藤勇編『対人心理学重要研究集2』誠信書房, 6-8（Walster, E. et al. (1966) Importance of physical attractiveness in dating behavior, *Journal of Personality and Social Psychology*, vol.4）

ウォレス, P.／川浦康至ほか訳（2001）『インターネットの心理学』NTT出版（Wallace, P. (1999) *The Psychology of The Internet*, Cambridge University Press）

亀田達也・村田光二（2000）『複雑さに挑む社会心理学』有斐閣

ザイアンス, R.／斉藤勇抄訳（1987）「単なる接触の繰り返しと好意との関連」斉藤勇編『対人心理学重要研究集2』誠信書房, 51-53（Zajonc, R. (1968) Attitudinal Effects of Mere Exposure, *Journal of Personality and Social Psychology*, vol.9）

ジョインソン,A.／三浦麻子ほか訳（2004）『インターネットにおける行動と心理』北大路書房（Joinson, A. (2002) *Understanding the Psychology of Internet Behaviour*, Palgrave Macmillan）

ジンバルド,P.／古屋健抄訳（1987）「反社会的な匿名行為はなぜ起こるのか」斉藤勇編『対人心理学重要研究集3』誠信書房, 48-50（Zimbardo, P. (1970) The human choice, *Nebraska Symposium on Motivation*, University of Nebraska Press）

スピアーズ,R.ほか／川浦康至抄訳（1999）「コンピュータコミュニケーションと社会的文脈」斉藤勇ほか編『対人心理学重要研究集7』誠信書房, 44-47（Spears, R. et al. (1990) De-individuation and group polarization in computer-mediated communication, *British Journal of Social Psychology*, vol.29）

スプロウル,L. & キースラー,S.／加藤丈夫訳（1993）『コネクションズ』アスキー（Sproull, L. & Kiesler, S. (1993) *Connections*, The MIT Press）

中村雅彦（1996）「対人関係と魅力」大坊郁夫ほか編『親密な対人関係の科学』誠信書房, 24-57

ハイダー,F.／大橋正夫訳（1987）『対人関係の心理学』誠信書房（Heider, F. (1958) *The Psychology of Interpersonal Relations*, Wiley）

Kiesler, S. et al. (1985) Affect in Computer-Mediated Communication, *Human Computer Interaction*, vol.1, 77-104.

Walther, J. (1996) Computer-Mediated Communication: Impersonal, Interpersonal and Hyperpersonal Interaction, *Communication Research*, vol.23(1), 97-109.

Wortman, C. et al. (1976) Self-disclosure: An attributional perspective, *Journal of Personality and Social Psychology*, vol.33(2), 184-191.

　J. ウォレスの**『インターネットの心理学』**には，対人魅力とオンライン・コミュニケーションの関係が詳しく紹介されている。また，対人魅力の理論については，中村雅彦**「対人関係と対人魅力」**でコンパクトに紹介されているので，こちらから関連研究を探して読み進めるとよいだろう。また，集団極化に見られるような，社会全体の現象が，個々人によって行われる行動にどのように影響するかについては，亀田達也ほか**『複雑さに挑む社会心理学』**が参考になる。

10 ヴァーチャル・コミュニティ

- ➡ ヴァーチャル・コミュニティとはどのようなもののことを言うのだろうか？
- ➡ ヴァーチャル・コミュニティは，現実社会ですでにわれわれが所属しているコミュニティと何か違った性質を持っているのだろうか？
- ➡ ヴァーチャル・コミュニティの持つ陰の部分と光の部分は何だろうか？　またそれは何によって特徴づけられるものなのだろうか？

10.1　ヴァーチャル・コミュニティとは何か

(1)　ヴァーチャル・コミュニティとは

　人は一人で生きるものではない。生まれ落ちたそのすぐ後から，多くの人々と関わりを持ち，それに支えられて生きている。ある地域に居住する人々が，互いに利害を共にし，政治・経済・その他多種多様な関心事において深い結びつきを持ち，形成する共同体のことを「コミュニティ」と呼ぶ。伝統的には，たとえば市町村などの地域社会がその代表例である。インターネットに代表される，コンピュータがネットワークによって相互接続されたヴァーチャルな空間，すなわち利用者が物理的な時間と空間を共有せず，物理的な意味での地域性を持たない「場」においても，利用者はお互いに何の結びつきも持たずにバラバラに存在するのではなく，さまざ

まなきっかけを探索して連帯し，相互のコミュニケーションを基盤として議論したり交流したりするためのコミュニティを形成しようとする。こうした新しいかたちのコミュニティのことを特にヴァーチャル・コミュニティと呼ぶ。電子コミュニティ，eコミュニティ，あるいはオンライン・コミュニティといった言葉で表現されることもある。

インターネットは，元来はコンピュータ同士をつなぐネットワークとして考え出されたしくみだが，最初期の利用者たちが電子メールを使い始めてから，ヴァーチャル・コミュニティを発展させるまでに，それほど長い時間はかからなかった。そして，今この瞬間にも，多くのヴァーチャル・コミュニティが産声を上げ，またそこで多くの人々が相互作用を行っている。本章では，ヴァーチャル・コミュニティにおける利用者の対人コミュニケーション行動のありようと，そうした行動と個人の心理との関係について，伝統的なコミュニティとの異同を念頭に置きつつ，特に社会心理学的観点から行われた研究を紹介しながら解説する。また，こうした点について文化差が存在するかどうかを，いくつかの実証的研究にもとづいて考える。

(2) ヴァーチャル・コミュニティのさまざまな形態

コンピュータ・ネットワーク上のコミュニティを「ヴァーチャル・コミュニティ」と名付けたのは，アメリカの批評家ラインゴールドである。彼の著書 *The Virtual Community*（H. Rheingold, 1993 = 1995）における議論は，WELLというヴァーチャル・コミュニティで活発な活動を展開した当時の自らの経験に依拠するところが多い。1985年にコミュニティとして運用を開始した頃のWELLは，インターネットではなくダイアルアップ（電話回線を利用して接続する形態）のパソコン通信上にあり，コミュニティ・メンバー同士のコミュニケーション空間として電子掲示板（BBS）システムが提供されているのみだったが，1990年代初頭にはインターネット上に移行し，現在のWELL（参照：http://www.well.com/）には，掲示板の他にも会員専用の電子メール，ウェブサイトなど幅広い形

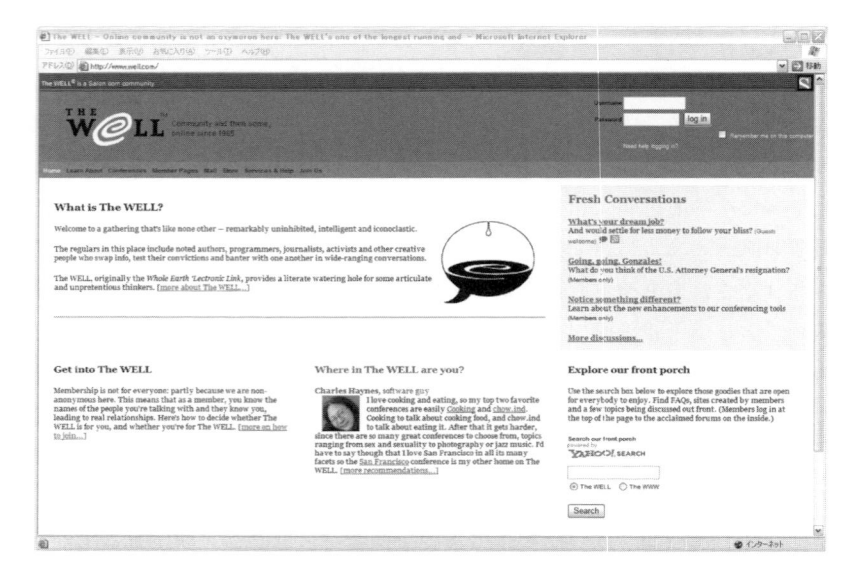

図1. ヴァーチャル・コミュニティのさきがけ WELL

態が用意されている。

　こうした WELL の進化・多様化と同様に，インターネットを利用するためのインフラがまだあまり整っていなかった当時と比べると，現在のヴァーチャル・コミュニティにおけるコミュニケーション形態は非常に多様化しており，多くの形態を同時に提供する総合的なコミュニティから，コミュニケーションの性質に特化した専門的コミュニティまで，ほとんど数限りなくと言ってよいくらい存在している。現在はその多くが WWW 上にあり，代表的なコミュニケーション形態としては，電子掲示板の他にブログ，**ソーシャル・ネットワーキング・サービス（SNS）**<☞>，オンラインチャット，オンラインゲーム，ウィキ（Wiki）システムを利用した利用者参加型データベース（例：ウィキペディア）などがある。また，WWW を利用しないものとしては，コンピュータに専用ソフトをインストールして利用するインスタント・メッセンジャー（IM），電子メールのしくみを利用するメーリング・リストなどが多くの利用者を集めている。

また、必ずしもこうした形態でなければヴァーチャル・コミュニティとは言えないというわけではなく、単に電子メールを複数人に送信する（同報メール）など、インターネット上のごく基本的なアプリケーションを利用することによってもコミュニティを形成することができる。つまり、ヴァーチャル・コミュニティの現代的な定義は、何らかのアプリケーションを通じて、利用者間のメッセージのやりとりによって議論や相互交流を行うインターネット上の空間、あるいはその複合体、と表現することができるだろう。

10.2 ヴァーチャル・コミュニティと現実社会のコミュニティ

(1) ゲマインシャフトとゲゼルシャフト

アメリカのメディア学者ストーン（A. R. Stone, 1991）は、ヴァーチャル・コミュニティのことを「人々が対面で出会う社会的空間であることに疑いの余地はない。しかし、そこでの『会う』という言葉と『対面する』

〈ソーシャル・ネットワーキング・サービス（SNS）〉

社会的ネットワークをインターネット上で構築し、対人コミュニケーションを促進・サポートすることを目的とするインターネット・サービスの総称。社会的ネットワークとは、きずな（紐帯）の強弱によらず、さまざまなきっかけでつながる個人間の関係を目に見える形でマッピングしたものである。1997年にサービスを開始したSixDegrees.comを先駆けとし、スタンフォード大学（アメリカ）の卒業生たちによるFriendsterの立ち上げなどをきっかけに2002年頃から本格的な普及が始まり、世界的にブームが広がった。日本では2004年頃に一斉に数多くのサービスの提供が開始され、日記や掲示板など利用者にとって親近感の高いコミュニケーション機能をいち早く取り入れたサービス（例・mixi）が特に多くの利用者を集め、また携帯電話端末からのみ参加可能なサービス（例・モバゲータウン）も人気を博している。当初は、すでにメンバーになっている人とのつながりを持っていないと登録できない招待制をとるサービスが大半であったが、加入者の増加による一般化にともない、自由参加可能なオープン制のサービスも増加しつつある。

という言葉の意味は，新しい定義によるもの」である，と述べている。もちろんここでストーンが言う新しい定義に対応する「古い」定義とは，現実社会のコミュニティで「物理的な空間と時間を共有する人々が『会う』『対面する』」ことを指している。では，新しい定義のもとで『会う』『対面する』人々が創り出すヴァーチャル・コミュニティは，現実社会のコミュニティと何が異なっているのだろうか。

　まず，ヴァーチャル・コミュニティの特徴を考えるために，現実社会のコミュニティに関する社会学的論考を参照してみることにしよう。19世紀後半から20世紀前半にかけて活躍したドイツの社会学者テンニース（F. Tönnies）は，コミュニティをゲマインシャフトとゲゼルシャフトという2つの形態に分類している。彼の定義によれば，ゲマインシャフトとは，血縁や地域から自然発生的に生まれる集団で，家族，村落などがその典型例である。コミュニティが個人間の"強い紐帯（結びつき）"（8章参照）に基盤を置いているため，実際に顔を合わせて行う密な相互作用があり，またメンバー間に共有された目的・言葉・アイデンティティなどが存在する。これに対して，ゲゼルシャフトとは，ある特定の合理的な目的を達成するために，人為的・意図的に形成された集団で，都市，ないしは企業や学校がその典型例である。コミュニティが依拠しているのは，メンバー各人の合理的な計算に基づく"弱い紐帯"であり，地域に対する共有された目的や関心は欠如している。そのため，ゲゼルシャフトでは人間関係は疎遠になる。テンニースは，伝統主義社会から近代社会への転換過程と，それによって当時現実化しつつあった人間社会の根底的な変化を，ゲマインシャフトからゲゼルシャフトへの移行という観点から論じたのである。ゲゼルシャフトは，よく言われる「しょせん人は利害関係だけで結びついている」「隣に住んでいる人の顔も知らない」といった都会生活の「冷たさ」を象徴する言葉であるとも言える。

(2) ヴァーチャル・コミュニティはゲゼルシャフトか

　こうしたテンニースの議論を，ごく単純にインターネット上のヴァー

チャル・コミュニティに当てはめてみると，その多くはゲゼルシャフト的な特徴を多く備えているように思える。互いの持つ興味や関心の方向性や距離が近い利用者たちが，それだけを手がかりにコミュニティを形成できるからである。そのため，ラインゴールドが描写した WELL は決してそうではなかったにもかかわらず，その他のこれまでの研究の中には，ヴァーチャル・コミュニティをディストピア（ここではユートピア（理想郷）と正反対の悲惨な社会という意味で用いられている）であると見なすものは少なくない。そしてさらに私たちが念頭に置く必要があるのは，ヴァーチャル・コミュニティのみに所属する人間は存在しないということである。つまり，ヴァーチャル・コミュニティのディストピア（ないしはユートピア）性を考えるときは，必ず現実社会との相互影響過程を含めて検討する必要がある。

　現代の日本において，日頃世間を賑わすヴァーチャル・コミュニティに関する話題の中には，残念ながらこうしたディストピア的見方を強めざるを得ないようなものが目立つ。たとえば，自殺系サイトを介して知り合った人々が初対面で集団自殺を遂げてしまうような事例，出会い系サイトを悪用した殺人・ストーキングをはじめとしたさまざまな犯罪・トラブル事例などは枚挙に暇がない。2007年8月26日に発覚した愛知県の女性拉致殺害事件で逮捕された4名の男性は，犯行のわずか1週間前に『闇の職業安定所』と称する携帯電話でアクセスするヴァーチャル・コミュニティ（事件報道後閉鎖）で「会い」，互いに本名を名乗らないまま共謀し，何の面識もない女性を通りすがりに拉致して凶行に及んだという（図2）。あまりに短

図2．事件を報道する新聞記事
　　　（毎日新聞2007年8月27日付）

絡的な犯行が，ヴァーチャル・コミュニティを介した結びつきから発生してしまったことは，非常に衝撃的な事実であった。このように，現実社会ではほとんど表出されず，また抑制されていたさまざまな（時にひどく歪んだ）欲望が，ヴァーチャル・コミュニティ内での顔を合わせず，名も名乗らぬまま進行する匿名性の高いコミュニケーションにおいて噴出し，またそれが現実社会に還元されてしまうとなれば，それは最悪のゲゼルシャフトであり，ディストピアであるとしか言いようがない。

(3) インターネット・パラドックス

　もちろん，極端にディストピア的特徴を体現してしまったこうした痛ましい事件を，すべてのヴァーチャル・コミュニティとその利用者に当てはめることはできない。しかし，ここまで極端ではないにせよ，ヴァーチャル・コミュニティで展開されるオンライン・コミュニケーションを既存のコミュニティに対する脅威としてとらえ，現実社会での人間の行動に悪い方向の変化を生じさせることを示した知見は少なくない。

　インターネット利用が現実社会での生活に及ぼす影響についてディストピア的特徴を主張する研究結果は，特にインターネット普及初期に多く提出されている。もっとも耳目を集めたのは，クラウトら（R. Kraut, et al., 1998）によって行われた「ホームネット・プロジェクト」から得られた研究結果である。ホームネット・プロジェクトとは，アメリカのピッツバーグとペンシルバニアに住む一般市民を対象に，インターネットに接続できるコンピュータを提供し，彼らのインターネット利用状況と精神的な健康状態を2年間にわたって継続的に調査するものであった。その結果，インターネットを多く利用している人は，社会に対する積極的な関与度が減少し，逆に孤独感や抑うつの程度は増加していることが示されたのである。インターネットを利用すればするほど，すなわちインターネット利用頻度が増加し，そこで新しく知り合う人間関係が増加すればするほど（当然その過程でヴァーチャル・コミュニティの果たす役割は大きいはずである），身近な家族や友人などとのコミュニケーションが減少してしまい，その結

果として現実社会における対人関係や**精神的健康**＜📖＞が阻害されるというわけだ。

彼らはこうした一見逆説的に思える現象を「インターネット・パラドックス」と名付けた。ヴァーチャル・コミュニティ上でいくら人間関係が広がっても，それはそのまま現実社会には反映されず，むしろヴァーチャル・コミュニティ上での活動に多く参加することによって現実社会での人間関係に費やす時間が減り，それを狭めてしまう機能をもってしまうというのである。彼らの研究は，ニューヨーク・タイムズ紙で一面記事となるなどマス・メディアでも大きく報道されるほどのインパクトを持ち，一般市民の間に「ヴァーチャル・コミュニティは寂しさと孤独を生み出す世界だ」との見方が定着することにつながった（この研究の詳細については8章参照）。

しかし一方で，彼らの研究はインターネット研究に関わる学者たちによる厳しい批判にもさらされた。調査対象者のサンプリングが偏っているのではないかという指摘，あるいは精神的健康状態の測定方法の是非などの方法論的な批判も多くあったが，われわれが現在のヴァーチャル・コミュニティを考える際には，プロジェクトの実施時期がインターネット普及初

〈精神的健康〉
　人間が「健康である」状態とは，身体的な意味で健やかであることだけを意味するわけではなく，心理的なものも多く関わっている。後者を精神的健康（メンタルヘルス）といい，個人が自分の置かれた環境に問題なく適応しており，自己のコントロールができている状態のことをいう。心身の健康は相互に深く関わり合っており，たとえば強いストレスにさらされて精神的健康レベルが低下すると，血圧が上昇したり発汗が続いたりといった身体症状が発現することもある。特に，個人レベルにインターネット利用が普及し始めた当初は，極端に長時間利用を継続したり，現実社会の生活をおろそかにする（たとえば学校や勤務先を休むなど）依存症的な個人に注目が集まり，現実社会への不適応をもたらす危険性があるものとして，インターネット利用が精神的健康に及ぼす負の影響が盛んに議論された。

期であったことをもっとも大きな問題だと考えるべきだろう。実際，クラウトらも後年の研究（Kraut, et al., 2002）では主張を変更し，インターネットの普及によってコミュニケーション相手の広がりやソフトウェアの多様化が進んだことで，ヴァーチャル・コミュニティでの対人コミュニケーション行動と現実社会との関係も概ねポジティブなものになりつつあるとしている。ただし，彼らは自分たちの主張をインターネット・パラドックスの存在を単に否定する方向に変えたわけではない。利用者が元来社交的で人付き合いの良い外向的な人物の場合は，インターネットを利用することで現実社会での人間関係が密になる一方で，人付き合いが苦手な内向的な人物であった場合は，かえって社会的孤立と孤独感を増大させ，社会との関係が弱まる傾向があることを指摘している。つまり，コミュニケーションにおける匿名性は，個人の特性によって異なる効果を持ち，匿名性が高いからといって，単純にヴァーチャル・コミュニティのゲゼルシャフト化を加速させるわけではないことが示唆されたのである。

（4） 匿名性のポジティブな効果

さらに，前述した事件の持つ強烈なネガティブさに比べるとインパクトはいささか弱いが，ヴァーチャル・コミュニティが匿名的な最悪の都市環境とは限らず，むしろわれわれの現実社会に恩恵をもたらしてもくれるというユートピア的主張をより積極的に支持する知見もある。たとえばマッケナとバージ（K. Y. A. McKenna & J. A. Bargh, 1998）は，一見しただけではわからないが現実社会では周縁的なアイデンティティを持つ人たちの，ヴァーチャル・コミュニティへの参加に関する研究を行った。ここでいう周縁的アイデンティティとは，同性愛・SM愛好のように現実社会ではマイノリティかつ存在が隠されがちな嗜好のことを指している。ネットニュース（インターネットを利用した掲示板システムの1つ）のログ分析と参加者を対象とした質問紙調査の結果，周縁的アイデンティティを持つ人々によって形成されたコミュニティでは，そうではない（現実社会で主流の，あるいは存在が一見して明らかなマイノリティの）コミュニティよ

りもメンバーの関与が積極的で，なおかつその積極性が利用者本人の自己受容を増大させ，現実社会でのカミングアウトを促進し，社会的孤立を低減していることが明らかになった。

　こうした事例は，周縁的ではないアイデンティティを持つ多くの人々の場合には，現実社会のコミュニティが担っている役割（他者との関わりを通じた個人のアイデンティティ確立や自己評価の維持）を，周縁的アイデンティティを持つ人の場合にはヴァーチャル・コミュニティが代替していることを示している。すなわち，現実社会では自らについて声を出して語りにくい状況に置かれている人々にとって，匿名性が意見表明への安心感をもたらすヴァーチャル・コミュニティは，積極的に参加できる場となり，結果として現実社会のコミュニティと同じように機能するのである。こうした匿名性のポジティブな機能は，ある特定の（多くの場合，病理的な）悩みを抱えている人々が，オンライン上で道具的・情緒的サポートを交換しあうコミュニティ（いわゆる自助グループ）においても発揮されていることが，多くの事例で観察されている。

　本節では，ヴァーチャル・コミュニティと現実社会のコミュニティの差異，そして両者の相互影響について，ディストピア的見方とユートピア的見方の双方からアプローチした。どちらにも共通するキー・ファクターは匿名性であり，これこそがヴァーチャル・コミュニティを特徴づける最大の要素であると言える。さらに，ここで紹介した多くの研究は，この匿名性が，ヴァーチャル・コミュニティにおける対人コミュニケーション行動に対して常に一定の影響を与えるわけではなく，コミュニティそのものやそこに参加する個人の特性，あるいは状況によってさまざまな働きをすることを示唆している。このことは，多様化が進みつつあるヴァーチャル・コミュニティというものをひとくくりにして理解しようとすることの虚しさも教えてくれているのかもしれない。

10.3　ヴァーチャル・コミュニティに見る文化差

　では次に，少し視点を変えて，ヴァーチャル・コミュニティにおける対

人コミュニケーション行動に文化差があるかどうかを考えてみよう。本章冒頭で述べたように，インターネットは利用者が物理的な時間と空間を共有する必要がないヴァーチャルな空間なのだから，国境という概念はない。別の言い方をすれば，言語の問題さえクリアできれば，利用者はまるで地球全体が1つの村であるかのように，誰とでも容易にコミュニケーションできる状況にあるということになる。とはいえ，多くのヴァーチャル・コミュニティにおいて，利用者の国籍（ないしは母語）の同質性は高い。よって，コミュニティの持つ特性を考える際に，利用者の行動のバックグラウンドとなる文化の問題を考慮する視点は重要である。ここでは，日本と，もっとも近い隣国である韓国との比較研究を中心に，こうした文化差の問題を考える。

(1)　日韓比較研究1：SNSを対象とした調査

　橋元良明ら（2007）は，2005年に日本と韓国のインターネット利用実態に関する詳細な社会調査を実施し，その中でヴァーチャル・コミュニティの利用状況について詳細なデータにもとづく両国の比較検討を行っている。調査時点で，日本と韓国は共にインターネット利用率が70％以上を超え，ほぼ拮抗して高水準である。しかし一方で，両国の利用状況には大きな相違があり，特にヴァーチャル・コミュニティへの参加においては韓国の利用者の方がかなり積極的であることが従前から指摘されてきた。橋元らの調査においても，日韓の差異は実にクリアに見られている。韓国では，実に全人口の3分の1以上が加入している（2006年）ほどの規模を誇るSNS「サイワールド（Cyworld）」が巨大なヴァーチャル・コミュニティとして存在している。このサイワールド，ないしはブログや掲示板などでの書き込み数（すなわちコミュニケーションの頻度）は日本でのそれに比べて非常に多く，たとえばSNSでの1か月平均書き込み回数は，日本の2.8に対して，韓国では23.1と10倍近い差が見られている。

　なぜこのように日韓に顕著な差が見られるのだろう。橋元らは，その原因を双方の現実社会における地縁・血縁・学縁などの結びつきが持つ絶対

的な強さの差異に求めている。韓国の文化には儒教の影響が強く反映されており、親族や学校の同窓生等との結束が非常に強く、その反面、見知らぬ他人と広くつきあうことはあまり好まれない傾向がある。たとえば、調査対象者がもっともよくアクセスするヴァーチャル・コミュニティが、現実社会の集団を基盤として形成されたコミュニティ（現実集団型）か、現実社会で接点を持たない人々が関心事を中心にインターネット上で形成したコミュニティ（バーチャル集団型）かを問うたところ、現実集団型コミュニティだと答えた比率は韓国の利用者で多く（韓国48.1％、日本33.3％）、その差は統計的に有意であった（$\chi^2=8.61$, $p<.01$）。また、そもそも韓国のヴァーチャル・コミュニティには、伝統的な地域コミュニティを投影・補完するものが多い。実際、前述のサイワールドは匿名制をとらないSNSである。登録手続の際は、実名および韓国ではすべての国民に与えられている住民登録番号の入力が必須であり、しかも両者が一致しない限りは加入が認められない。これはあくまでも推測に過ぎないが、日本でまったく同種のルールのヴァーチャル・コミュニティがあったとしたら、おそらくこれほどまでに多くの参加者を集めることはないだろう。韓国において、ヴァーチャル・コミュニティが現実社会でのコミュニティにおける既存の人間関係を維持し、さらに強化するために不可欠なメディアとして深く浸透しているさまは、韓国の伝統文化を色濃く反映しており、日本（や前述で紹介したデータの収集された諸外国）におけるヴァーチャル・コミュニティの位置づけとは大きく違うと言える。

(2) 日韓比較研究2：オンライン・ゲームを対象とした調査

　また、オンライン・ゲーム『リネージュ』の利用者を対象にした社会心理学的な調査においても、日韓の比較検討が行われている。リネージュは、韓国で開発された多人数同時参加型のオンライン・ロールプレイングゲームで、多くの同種ゲームと同様に、モンスターとの戦闘を繰り返すことでキャラクターを成長させ、ゴールを目指す形態をとっている。利用者同士がゲーム上でクラン（血盟）と呼ばれるヴァーチャル・コミュニティを形

成し，このクランをゲームプレイの主要単位としてゲームを進めていくケースが多いことが特徴的である。一連の研究の中で，小林と池田（T. Kobayashi & K. Ikeda, 2004）は，このクランに対する信頼感を規定する要因を日韓それぞれで検討し，その異同を考察している。まず共通点として，(1) 利用者の性別・年齢・学歴などの個人特性は信頼感の形成に影響力を持たず，(2) クランとして同時にプレイする頻度の多さ・クランのメンバーの等質性の高さ・他のクランとの友好的な関係は日韓共に信頼感を高めていることが見いだされた。その一方で，クランに対する信頼感を高めていたのは，日本ではインターネット上でのクラン単位のイベントの多さであったのに対して，韓国では対面を伴うクラン単位のイベント（いわゆる「オフ会」）の多さや，現実社会での一般的な信頼感の高さであった点は異なっていた。

つまり，韓国ではヴァーチャルと現実の社会がシームレスに相互に影響を及ぼし合っているのに対して，日本ではゲームを共にプレイするというヴァーチャル・コミュニティでの行動は現実社会でのそれとあまり関係がなく，両者が比較的独立の関係であることが示されたことになる。こうした差異には，絶対的なユーザ数の多寡（韓国の方が圧倒的に利用者数が多く，現実社会でゲームに関するやりとりが行われやすい）だけではなく，前述したような日韓の文化差も影響していると思われる。

10.4 これからのヴァーチャル・コミュニティ

ヴァーチャル・コミュニティの「進化」は今なおその歩みを止めてはいない。特に近年は，ヴァーチャル・コミュニティをできる限り現実社会のそれに近づけよう，ないしは両者で運用される社会システムをリンクさせようという試みが多くなされている。たとえば，オンライン・チャットやインスタント・メッセンジャーなどでアバター（利用者自身の分身と位置づけられるキャラクター）を設定する機能は，文字だけでは表現しにくい感情表現をサポートしようと意図するもので，前者の試みである。Webカメラなどを利用して動画を相互に伝達し合うような機能も同様の試みで

あると言える。また，後者の例としては，現実通貨への換金可能な経済活動をアクションとして取り入れたオンライン・ゲームがある。たとえば**「セカンドライフ」**<📖>というオンライン・ゲームでは，ゲーム・コミュニティ内で流通する専用通貨「リンデンドル」が発行されており，現実通貨のアメリカドルとの換金が可能であることが大きな話題を呼んだ。ヴァーチャル・コミュニティ内で稼いだ資金が，仮想のものにとどまらず，現実社会における資産家を生んだのである。

ほんの数十年前，インターネットは空前の新しいコミュニケーション・メディアであり，ヴァーチャル・コミュニティはわれわれにとってまったく新奇な場所であった。新たに創り出されたコミュニティは，従来の現実社会のコミュニティと何がどう違うのかが論考され，またその新しさの中でも特に現実社会と比較した意味での「欠如」に焦点が当てられ，それが何か悪影響をもたらすに違いないという観点から，時に差別的なまでの批判にさらされてきた。それは，電話やテレビといったメディアの普及当初とまったく同じことのくり返しである。しかし，今やヴァーチャル・コミュニティは対面を核とする伝統的な現実社会のコミュニティのカウンタパートとしてすっかりわれわれの日常に組み込まれ，相互に複雑に絡み合

〈セカンドライフ〉
　米企業「リンデンラボ」が運営しているゲームタイプのヴァーチャル・コミュニティ。インターネット上の3次元空間にアバターを作り，チャットを使ったリアルタイムの会話によって他の利用者とコミュニケーションすることができるほか，利用者自身がコミュニティ内に土地を持ち家や店を建てたりさまざまなオブジェクトを製作したりすることができるので，コミュニティを自分たちで作り上げる感覚をよりリアルに味わえることが特徴的である。コミュニティ内で利用者の製作した物に所有権と著作権が認められ，仮想通貨を現実通貨に換金することができるなど，現実社会とヴァーチャル・コミュニティとのシームレス化を積極的に推進している点が先進的である。ただし，現時点ではコミュニティ内に法律が存在しないことによるトラブルが少なくなく，快適に遊ぶためには高性能のパソコンが必要となることなどもあり，インターネット利用者からの評価は賛否両論である。

いながら共存している。社会生活に占めるヴァーチャル・コミュニティの比重は、これからも増していくことだろう。一方で、ヴァーチャル・現実社会双方のコミュニティが完全に同質になることはなく、ゆえに、程度の差こそあれ、そこで展開される対人コミュニケーション行動には「物理的な空間と時間を共有するかどうか」という違いを反映した特徴があらわれるはずである。たとえば本章で詳述した匿名性の有無がそれである。いかなる特徴も、コインの裏表のように、ある状況ではポジティブに、別の状況ではネガティブに作用することがある。われわれにとって必要なことは、ヴァーチャル・コミュニティの持つ特徴を、その善し悪しのどちらかだけ一面的に眺めるのではなく、自らの幸福な社会生活の実現のためにどうポジティブに生かすかを考え、適切な選択を志向することである。そうした試みがあってこそ、ヴァーチャル・コミュニティでのコミュニケーションと現実社会での生活との間に、より豊かな関係が育まれるのではないだろうか。

エクステンション・スタディ　ヴァーチャル・コミュニティで共有される知識

　インターネット上にはさまざまな性格のヴァーチャル・コミュニティが存在し、その1つに知識共有コミュニティがある。知識共有コミュニティとは、利用者たちによってオンライン上でリアルタイムに情報の登録や更新が行われ、コミュニティとしても機能する情報データベースサービスであり、本章で触れたウィキを利用したもの（例：ウィキペディア）と共に、情報が対人コミュニケーション（質問と回答）として表出する掲示板タイプのものがある。後者タイプの知識共有コミュニティでは、質問は必ずしも正解を持つとは限らず、利用者たちの多様な意見の提供が期待される。

　川浦ら（2006）は、こうした知識共有コミュニティでどのような情報がやりとりされているかを、Yahoo! 知恵袋（http://chiebukuro.yahoo.co.jp）の投稿ログデータを対象とした内容分析によって検討している。質問文と回答文の双方を分析対象としているが、両者に大きな違いはないので、こ

こでは質問文の分析結果のみを紹介する。

　文中に出現する名詞（以下，頻出語を『　』で表記した）の出現頻度を算出した結果，正解のある質問では，出現頻度の高い語に性差はほとんど見られず，『現在』の状況すなわち『場合』を限定し，『パソコン』や『メール』など何らかの『使用』『方法』を問う質問が多かった。これに対して，正解のない質問では，女性に顕著な特徴が見られ，『子ども』『友人』『彼氏』といった人間関係に対する志向の強さを示唆する語の出現頻度が男性よりも高く，それに付随して『不安』『気持ち』といった感情語，あるいは『電話』『プレゼント』といった人間関係に関連する行動や事象なども頻出していた。

　正解のない問題解決型の質問は，情報獲得のための手がかりが曖昧だったり，利用可能な人的資源が限られていたり，また自己のプライバシーに関わるものであるために，現実社会の友人知己には聞きにくい場合もある。多様な利用者からの情報提供が期待でき，同時に自らの匿名性は守られるようなヴァーチャル・コミュニティは，こうした問題解決に好適な知識を蓄積する場所として適切な存在だと見なされているようである。

参考文献

池田謙一編著　小林哲郎・志村誠・呉　國怡著（2005）『インターネット・コミュニティと日常世界』誠信書房

川浦康至・三浦麻子・地福節子・大瀧直子・岡本真（2006）『知識共有コミュニティを創り出す人たち（2）：「質問」タイプから見た参加行動』日本社会心理学会第47回大会発表論文集, 496-497.

ジョインソン, A. N./三浦麻子・畦地真太郎・田中敦訳（2004）『インターネットにおける行動と心理』北大路書房（Joinson, A. N. (2003) *Understanding the Psychology of Internet Behaviour*, Palgrave Macmillan Ltd.）

スロウィッキー, J./小高尚子訳（2006）『「みんなの意見」は案外正しい』角川書店（Surowiecki, J. (2005) *The Wisdom of Crowds*, Anchor Books.）

橋元良明・金相美・石井健一・小笠原盛浩・木村忠正・金仁培（2007）『ネット利用とオンライン・コミュニティの日韓比較』東京大学大学院情報学環情報学研究調査研究編, 24, 1-47.

ラインゴールド, H./会津泉訳（1995）『バーチャル・コミュニティ――コンピューター・ネットワークが創る新しい社会』三田出版会（Rheingold, H. (1993) *The Virtual Community: Homestanding on the Electric Frontier*, Perseus Books.）

ラインゴールド, H./公文俊平・会津泉訳（2003）『スマートモブズ――"群が

る"モバイル族の挑戦』NTT出版(Rheingold, H. (2002) *Smart Mobs: The Next Social Revolution*, Perseus Books.)

Kobayashi, T. & Ikeda, K. (2004) "Clan" as a source of trust: Ferment of social capital through involving in an online game, Paper presented at the 5th Annual Conference of Association of Internet Researchers (AoIR), Sussex, UK.

Kraut, R., Patterson, M., Lundmark, V., Kiesler, S., Mukopadhyay, T., & Scherlis, W. (1998) Internet paradox: A social technology that reduces social involvement and psychological well-being? *American Psychologist*, 53, 1017-1031.

Kraut, R., Kiesler, S., Boneva, B., Cummings, J., Helgeson, V. & Crawford, A. (2002) Internet paradox revisited. *Journal of Social Issues*, 58, 49-74.

McKenna, K. Y. A., & Bargh, J. A. (1998) Coming out in the age of the Internet: Identity 'de-marginalization' from virtual group participation. *Journal of Personality and Social Psychology*, 75, 681-694.

Stone, A. R. (1991) Will the real body please stand up?: Boundary stories about virtual cultures, In M. Benedikt (Ed.), *Cyberspace: First steps*, Cambridge, MA: MIT Press.

H. ラインゴールド『バーチャル・コミュニティ』は，WWW登場以前のインターネット社会を，著者の実体験や取材に基づいて活写している。取り上げられているトピックは今となっては当然古いものばかりだが，そうであるだけに，コミュニケーションという文脈で考えた場合に現在のインターネット社会との共通点の多さに気づかされることになるだろう。A. N. ジョインソン**『インターネットにおける行動と心理』**は，インターネットの急速な普及が人間の行動や心理に及ぼす影響やそれによる社会の変化について，心理学的なアプローチからなされた研究を集約・整理した良書である。この分野でのこれまでの研究（2001年頃まで）の流れをひと通り把握することができる。池田謙一**『インターネット・コミュニティと日常世界』**は，人間がヴァーチャル・コミュニティと関わることやその関わり方が現実の日常生活にもたらす影響を，著者らのグループによって行われた数々の実証的研究を素材として論じている。分析内容等には難解な点もあるが，日本における同種の研究の一端を詳しく知ることができる。

11 メディアと世論形成
——重層的なネットワークの中で作られる現実

> ➡ 世間一般の人によく知られていることと、そうでないこととの違いというのは、何によって生じるのだろうか？
> ➡ マス・メディアによって人々の考え方が決められてしまったり、都合よく操作されてしまうことはあるのだろうか？
> ➡ インターネットによって、多くの人々が共通の考え方を持つプロセスには、どのような影響がもたらされているのだろうか？

11.1 グローバル・ニュースとしての「タイタニック」

史上最も多くの犠牲者を出した海難事故は何でしょうか？ こう問われた時、多くの人は、イギリスの豪華客船タイタニック号事件のことを思い浮かべるかもしれない。実際、1912年に大西洋を航海中に氷山と衝突して沈没し、1517名に上る犠牲者を出したタイタニック号の悲劇のエピソードは世界的に非常に有名で、雑誌記事や小説、映画に至るさまざまなメディアの中で取り上げられてきた。特に映画では、1997年にジェームス・キャメロン監督、レオナルド・ディカプリオ主演の『タイタニック』が、アカデミー賞作品賞を受賞したことで、ご存知の方も多いと思われるが、実は早くも事件の1か月後に"Saved From The Titanic"という劇映画が公開されて以降、20世紀の間に実に10本以上のタイタニック号に関する映画が製作され、世界の劇場で公開されている。

ところで、なぜこのようにタイタニック号の事件は現在に至るまで、世

界的に有名なエピソードとなっているのだろうか？　やはり何といっても，犠牲者が千名以上に上る大惨事であるから，と思われるかもしれないが，少し調べてみるとわかるように，タイタニック号の事件から現在に至るまで，犠牲者が千名以上の海難事故は何件も発生している。そのうち最大の事故と言われているのは，1945 年にソ連の潜水艦から攻撃を受けて沈没した，ドイツの客船ヴィルヘルム・グストロフ号事件で，犠牲者の数は乗船名簿から推計されただけでも 6 千名と，タイタニック号の 4 倍近くであり，この文章を書くために調べて初めて知った筆者を含めて，おそらくこの事件は一般にはほとんど知られていないものと思われる。また，日本でも戦時中に阿波丸という客船が撃沈により 2 千名以上の犠牲者を出し，第二次大戦後も 1954 年に，台風で沈没した青森─函館間の連絡船洞爺丸が 1155 名の犠牲者を出しているが，知名度は国内でさえも，やはりタイタニック号の比ではないだろう。

　この疑問に対する答えの 1 つとなるかもしれないのが，タイタニック号事件当時における，電信というメディアの普及による，グローバル・ネットワークの成立である。実は世界的な情報通信網の成立は意外に古く，1866 年には大西洋を横断する海底ケーブルが完成しており，1900 年代には全長 30 万キロメートルと，地球を 7 周以上する長さの有線通信網が世界に張り巡らされていた。このネットワークの 7 割を保有していた当時のイギリスは，東洋方面ではインドを経由して香港・上海に達し，果ては日本の長崎に至るまでの情報通信網を通じて世界市場を掌握していたと言われている。この有線電信網は，単なる産業関連の連絡に使われただけでなく，個人的にも利用され，チェス・ゲームの対戦場や男女間の恋愛ツールにもなるなど，現在のインターネットによく似た利用のされかたもしていたと言う（T. Standage, 1998）。

　さて，タイタニック号事件が起きた 1910 年代までには，それまでの有線電信に加えて，無線電信技術が世界的に普及し，1901 年に大西洋横断の通信が可能になって以降，アメリカでは相当数のアマチュア無線家が増殖し，1912 年には法律で規制を受けるほどまでになっていた。つまり，

公式・非公式によらないこうしたグローバルな電信のネットワークが成立していた時期に，おそらく初めての世界同時配信の大ニュースとしてこのネットワークを駆け巡ったのが，この「タイタニック号事件」というコンテンツであったと考えられるのである。当時のタイタニック号はその豪華絢爛さが評判になっていたのと同時に，乗客は今で言う欧米のセレブ階級が多くを占め，遭難により船体とともに乗客の所有していた貴重な装飾品が海底に沈み，まさに金銀財宝となったことなど，ゴシップ的なネタにも事欠かなかった。いわば，タイタニック号事件は，電信ネットワークが作り出した20世紀の伝説とも言えるのではないだろうか。

この章では，この「タイタニック事件」のように，世間一般の人々にとって広く共通して知られていることが，メディアの社会的なあり方とどのように関連するかについて考える。それを手がかりに，特に社会一般の人々に広く持たれている（政治的な）意見すなわち世論と呼ばれるものが，マス・メディアやインターネットなどのメディアによって，どのようなプロセスを経て形成されていくようになるのかについて見ていく。

11.2 擬似環境としての世論

以上のタイタニック号事件からもうかがえるように，20世紀初頭の電信技術によるこのようなグローバルなネットワークの成立は，人々が情報を通じて現実を認識することに対して，大きなインパクトを持っていたと考えられる。このことについて，当時の情報を伝えるジャーナリストの立場から，すでに鋭い考察を加えていたのが，リップマンである。リップマンは，名著『世論』（W. Lippmann, 1922＝1987）の中で，人間が現実を認識するときに，現実の環境とは別に，頭の中に描くイメージすなわち擬似環境が存在することを唱えたことで非常に有名である。特に興味深いのは，リップマンがこのような擬似環境の成立を，まさに当時行われていた電信技術を使っての情報伝達のあり方に求めていることだ。まず，リップマンは電信技術のネットワークの登場によって，人々がそれまで考えることのなかった世界（現実）のイメージをグローバルなものにしたことを指

摘する。その上でさらに彼が問題とするのは、まさに電信技術が典型としている、情報を単純な記号に集約して、常にスピードを求めながら伝達処理する、その形式であった。たとえば、

> "Washington, D.C. June 1—The United States regards the question of German shipping seized in this country at the outbreak of hostilities as a closed incident."（ワシントンＤＣ，6月1日発——合衆国は、交戦状態突入時に当国で拿捕されたドイツ船舶の問題を、すでに決着した1件としている。）

という一文が打電された時、当時の技術者は、この文章を、

> "Washn 1. The Uni Stas rgds tq of Ger spg seized in ts cou at t outbk o hox as a clod incident"

という記号に直し、こういった形で1人あたり1日8時間、語数にして1万5千語を「翻訳」していたというのである。このような情報の過度の単純化とその拙速な伝達によって、本来の複雑な現実のありようがそぎ落とされてしまう危険性をリップマンは指摘し、それを次の有名な「ステレオタイプ化」という言葉で定義している。

> 「われわれはたいていの場合、見てから定義しないで、定義してから見る。外界の、大きくて、盛んで、騒がしい混沌状態の中から、すでにわれわれの文化がわれわれのために用意してくれているものを拾い上げる。そしてこうして拾い上げたものを、われわれの文化によってステレオタイプ化されたかたちのままで知覚しがちである。」（『世論（上）』）

そしてこの「文化」の1つが、電信という形式を基盤に持った当時のマス・メディアなのであった。後にブーアスティン（D. Boorstin, 1962）はこの考え方をさらに発展させ、1950年代以降のマス・メディア情報の大規模な流通の中で、マス・メディア自体が「合成的で新奇な出来事」を作り出し、人為的に現実を複雑化することを、「擬似イベント」と呼び、

人々の現実に対する理解が擬似イベントに従ってしまうことを指摘した。

　ここで「マス・メディアが出来事を作り出す」と言うと，マス・メディアによる捏造の問題を思い浮かべる人が多いかもしれない。しかし，そのような故意の捏造だけが問題なのではなく，私たちがマス・メディア情報を得るために，電信技術のようなものに頼らなければならない以上，そうしたメディア技術の社会的なあり方が，情報について理解すべき内容に関わってくることはむしろ必然的なものとなる。ここでひとまず，「世界中の人が知っていること」を「世間一般の人が知っていること」すなわち「世論」とするならば，世論とはまさにメディアが持つ社会的な形式によって作り出された現実ということになる。

11.3　重層的なネットワークとしての世論

(1)　メディアが作る「世間」

　以上から，世論の形成には，マス・メディアの持つ社会的なネットワークが重要な意味を持つことが示された。そのような広大なネットワークが世間一般の人々に隅々まで行き渡る形で実際に情報を提供していると考えられる一方で，「世間一般の人々」すなわち「世間」として理解される対象の範囲そのものが，実はメディアを通じた人々の想像の中で作られているのではないか，という考え方もある。つまり，たとえば私たちがグローバルなニュースとして，「これは今まさに世界中の人たちが向かい合っている現実だ」と考えること自体も，実はメディアが世界的なネットワークを形成しているという背景そのものによって作り上げられていると考えられるのである。

　先に見たように，電信技術の発達によって形成されたグローバルなネットワークは，国内のあらゆる場所，そして世界のあらゆる場所に，ほぼ同時に同じニュースを配信することを可能にしたのであり，新聞というメディアもこのような電信技術とスピード化された印刷技術によって，「全国紙」と呼ばれるような，国民レベルでの大規模な読者を獲得することになった。

このことは，同時に，新聞といったメディアの成立によって初めて，人々が「国民」というレベルでの情報の広がりを意識することになったことを意味する。つまり，毎朝決まった時間に新聞を開いてニュースを読むという行動は，その都度，同じ時に同じようにしてどこかで同じニュースを目にしている「世間一般」の人々の存在を意識させるのであり，だからこそ，そこで大きく取り上げられているニュースは，特別な経験としての意味を持つことになるのだ。政治学・人類学者のアンダーソン（B. Anderson, 1991＝2007）は，このようなメディアによって意識される「世間」のあり方を「想像の共同体」と呼び，自分がある国の「国民である」と実感すること自体も，毎日のメディア接触を通じて形成された「想像の共同体」としての意識の1つであるとしている（3章参照）。

このようなメディアの同時的な接触による「想像の共同体」という意識に関連して，電信技術を基盤とした情報通信網とそれによる情報の配信は20世紀後半に入ってさらに大きな意味を持つことになった。それは，それ自身が1つの無線受信機（受像機）となるラジオとテレビの大量的な普及であり，人々は情報をリアルタイムで受け取る中で，その背景にいる「世間一般の人々」をまさに同時的なものとして経験できるようになった。そしてそのような経験は，時に現実の具体的な人間関係をしのぐものであるようにもとらえられてきた。

実際に日本でも1950年代から70年代にかけてテレビが大量に普及し，人々は1つのコンテンツを同時に視聴する「国民」となり，一方でテレビはそのような「国民」全体に奉仕するためのメディアとされていた。たとえば，漫画家のさくらももこは，『ちびまる子ちゃん』の中で，1970年代当時の大晦日の国民的なコンテンツであった音楽祭「日本レコード大賞」の視聴の様子を自分の体験をふまえ，図1のような形で表していた。

この様子を見てもわかるように，当時は1つのテレビの前に孫から祖父までの世代が集い，その中でさらに「いま日本中の人々がいっせいにこれを見ている」という意識を感じていた（ちなみに筆者も同世代で，当時全く同じことを感じていた）。逆に言えば，テレビの登場により，そのよう

図1．国民的コンテンツとしての「レコード大賞」
（さくらももこ『ちびまる子ちゃん』りぼんマスコットコミックス第1巻（集英社）より）

しかし，もし本当に「日本中の人」がこの番組を見ているのだとしたら，ウラ番組というのはもともと存在しないのである。

なコンテンツを前にして，その視聴に参加するだけで，他の見知らぬ大多数の「国民」と結ばれる人間関係が，現実の家族のような人間関係とは別に表れてきたのである。

このように，テレビを見ることは，そのまま「みんなが見ている」という新しい「現実」すなわち擬似イベントを成立させることになり，そのような擬似環境の中で，「世間一般の人々」という存在も想像の中で作り出されることによって，そこで他の人々が今，何をしており，そして何を考えているのか，という理解ももたらされることになった。

(2) テレビが作る世論

ここから，テレビというメディアによってもたらされる影響の見方もさまざまに考えられることになった。ガーブナー（G. Gerbner）は，このテレビ的なコミュニケーションについて，①読み書き能力を必要とせず，②非選択的で習慣的に行われるものとして，それが③共通の社会的リアリティ（現実）を培養（カルティベーション）するという，「カルティベーション効果」と呼ばれるものを指摘した。具体的には，まずガーブナーは

1960年代以降のテレビドラマと子ども向け番組の内容を分析し，そこで一貫して多数の暴力が描かれていることを明らかにした。その上で，テレビを長時間見る人とそうでない人の意識を調査し，テレビを長時間見る人は，そうでない人に比べて，治安などの不安を感じる傾向がより大きく，他人に対する不信感もいっそう強いことを発見した。ここから，人々はテレビドラマといった擬似環境を元に，社会について理解し，「世間一般の人々」を信用できないものとしてとらえていることが推測されたのである（7章も参照）。

そのほかにも，より具体的な現象として，マス・メディアが政治的な問題に対する一定の見方をもたらすという，「議題設定効果」がある。この効果を検証するために，選挙前のある期間に，有権者がこれから候補者を選ぶ際，どういう争点を重要視しているかということを調べる一方で，同じ期間におけるテレビや新聞・雑誌の内容分析を行い，それらのメディアでどういったことが大きなニュースとしてくり返し取り上げられているかの測定が行われた。2つのデータを比較すると，マス・メディアが大きなニュースとして扱った諸項目と，有権者が重視する政治的な問題（争点）の間には，その順位について高い相関関係があることが明らかになっている（竹下，1998）。これもまた，今の社会について何が重要であるのかという理解について，マス・メディアが提示する擬似環境が影響を与えていることを示している（4章参照）。

このように，マス・メディアがその内容としてどういったものを多く取り上げるかが，1つの擬似環境として働くほかに，ある争点に関する内容をどのような情報の構成で提示するかによっても，人々の持つ社会への理解の仕方が異なってくることが明らかになっている。これは「プライミング効果」や「フレーミング効果」（S. Iyenger & D. Kinder, 1991）などと呼ばれる。

プライミング効果 <☞> は，もともと認知心理学から来た考え方で，ある情報が先に与えられることで，その後に受け取られる情報への見方が影響を受けてしまうことを意味する。このことをマス・メディアの報道に

ついてみれば，ある国から輸出された商品から毒性の物質が検出されたという事実がまず大々的に報道されることで，その後に接するその国の政策や制度についての情報が，環境政策ではないものについてまで，すべて悪いものとして人々に評価されることになるような例として挙げられる。

またフレーミング効果とは，同じ社会問題でも，それが社会現象として提示された場合と，具体的なエピソードとして提示された場合では，問題の原因のとらえ方が異なってくることを指す。たとえば，同じ少子化の問題でも，出産率の減少や晩婚化などの社会現象として提示されれば，政府の政策的な責任が強調されるが，ある子どもを持たない家庭という個別のエピソードとして取り上げると，個人の価値観の違いが強調されてとらえられてしまうのである。

以上からすると，人々の争点に対する理解や，それに対する意見といったものは，あくまでテレビが作り上げた擬似環境によってあらかじめ規定されているのであり，場合によっては事実とは全く関係のないものが大きく報道されたり，重要視されてしまうことに影響されて，それに関する「世論」が作られてしまう可能性が指摘できるのである。

(3) 重層的なネットワーク

以上から，世論とは，テレビの持つ圧倒的な情報量を基盤とした擬似環境が基盤となり，それが人々を一方的な形で巻き込んでいった結果，作り出された見方とすることができる。

〈プライミング効果〉
　人間が情報を認知的に処理する時の傾向に関するもので，時間的に先行する情報の処理が，その関わりを意識するかどうかに関わらず，後続する情報の処理に影響を与えることを言う。ある実験によれば，ある人の印象を判断するとき，判断を行う前にその人とは関係なく偶然に好ましい性格について表す言葉に接していた被験者は，その対象者についても好意的に判断する傾向が見られた。逆に偶然に好ましくない性格について表す言葉に接していた被験者は，全く同じ対象者を非好意的に判断していたのである。

しかしその一方で、このようなマス・メディアによる擬似環境に対して、人々の持つ具体的な人間関係のネットワークが、相互的に補完や対立をする働きを持つことも明らかにされてきた。

その端緒と言えるのが、カッツとラザースフェルド（E. Katz & P. Lazersfeld, 1955＝1965）による「コミュニケーションの二段階の流れ」という考え方である。人々にマス・メディア情報が伝わる時、それは各個人に全く同じように伝わるのではなく、積極的に情報に接触する人々（**オピニオン・リーダー**＜注＞）にまず伝わり、さらにそのオピニオン・リーダーが個別に結んでいるネットワークの中で伝達され、そのような具体的な人間関係の中で情報が評価されたり、意見の判断がなされたりするということである。実際の調査からも、特に政治的な事柄を決定する場合においては、直接にマス・メディアから影響を受けているとする人よりも、対人的な環境から影響を受けている人がはるかに多いことが明らかになった。

したがって、いくらマス・メディアの情報ネットワークが大量で圧倒的であったとしても、実際に身近な人間関係の中での経験と矛盾したり、否定されたりすれば、情報がもたらす効果は少なくなる。しかし、逆にひとたび身近な関係の中で同じ経験が確かめられれば、身近な関係によってその情報は補強されることになる。また、人々がとり結んでいるネットワークや、その中でのオピニオン・リーダーであるかどうか、という位置づけ

〈オピニオン・リーダー〉

　オピニオン・リーダー（以下 OL）とは、特定の分野について、いわゆる「情報が早い」、その分野について多くの知識を持っている人のことを指す。特に新しい技術や考え方についての OL は「イノベーター」と呼ばれることもある。OL は、多くの人々にとって未知のことを先行して伝えると同時に、そのことがらに対する評価についても、しばしば重要な役割を果たすと言われている。OL は、職場や学校など身近な人間関係の中で見られることはもちろん、ネット上でもブロガーと呼ばれる人々が、このような OL となっており、社会が流動的で多様化する中、OL が世論形成について占める位置は、今後ますます大きくなっていくと考えられる。

や，情報の領域などによってメディア情報の影響は大きく異なることになる。さらに，人々は実際に情報を得たり，それについて判断をする時に，利用するメディアや人間関係のネットワークを選択することができるので（選択的接触），その意味では人々は，メディアの影響を一方的に受けているというよりは，単純に自分がもともと持っている知識や意見（先有傾向）を確かめるために，その時々に能動的にメディアを利用しているとも言えるのである。こういった意味で，マス・メディアの情報と人間関係のネットワークは重層的なものであり，それぞれのあり方によって人々が実際に経験する「世論」もさまざまな形をとることになる（安野，2006）。

11.4　ネットワーク・タイプと世論

　以上に見てきた考え方を経て，世論を作り出しているのはマス・メディアなのか，具体的な人間関係なのかについては，単純にどちらか一方が優位であるとする見方から，人々がその時々に，それぞれのネットワークを利用して情報を得た結果，ある1つの経験として作り出されるものが「世論」である，という見方に近年では視点が切り替わりつつある。

　このような考え方からすると，近年におけるインターネットの登場と普及は，単にネットという新たな「擬似環境」がメディアの情報側に加わったというよりは，まさにインターネットが1つのネットワークのあり方として，従来の重層的なネットワークに対して，新たな層として関係のとり結び方をもたらすようになったと言えるだろう。したがって，以降では，単にインターネットの登場がいわゆる政治などの「世論」に対してどのような影響を持つか，といったことよりも，むしろ，インターネットというネットワークのあり方そのものが，世論のあり方自体についてどのような次元を新たにもたらすか，について見ていく。

(1)　オンライン・ネットワークにおける多数派と少数派の分離

　インターネットによるコミュニケーションがもたらす影響をネットワークの視点から見た場合，オンライン状況では，コミュニケーションが実際

の企業組織内部のような範囲や経路が限定された構造を持たず，全くランダムに範囲の限りなくさまざまな人とコミュニケーションできることから，意見の形成過程に大きな影響を与える場合があることが指摘されている。

ラタネら（B. Latané & T. L'Herrou, 1996）は，被験者がオンライン・コミュニケーションで意見交換を行う**シミュレーション実験**<☞>として，どの意見が多数派に属するかを見抜いてその立場を選択することをくり返す「多数派当てゲーム」を行った。被験者は，A（白）とB（黒）という2つの選択肢を持った問題について，AとBどちらが正しい意見かどうかを，あらかじめ決められた範囲の相手と意見交換を行う中で判断し，Aの意見が多いと思った場合は，たとえ元々の意見がBであったとしても，自分の意見をAの方に変更するように求められる。これをくり返していくと，この場合，最終的にはAの意見が全体の多数を占める状態（多数派）を形成することになる。

ラタネらは，この時，実験に条件をつけ，図2上部のような，ひとかたまりの集団として，接触できる相手の範囲に限定がある場合と，図2下部のように，全くランダムにどの相手とも接触できる場合を比較した。そして，それぞれの場合について，その多数派形成のプロセスに違いが見られることを明らかにした。

同じく図2では，3回の意見交換を行う中で，少数派（この場合は黒）

〈シミュレーション実験〉
　社会心理学では，組織や集団など，社会全体の動きが個人にどのような影響を与え，さらにその影響による個人の動きが，結果として社会全体の動きにどのように反映されるかについて研究がなされている。このような両者の相互的な関係を探索するために，近年よく用いられているのがシミュレーション実験である（広瀬編,1997）。これにより，普通の調査ではデータが取れないような，大規模で長期間にわたる人々の動きを再現することができる。シミュレーション実験には，このラタネの実験のように，実際の人々が仮想的なゲームに参加する場合と，全く仮想的に考えられた人間の行動がコンピュータ・プログラムの中で再現される場合の2通りがある。

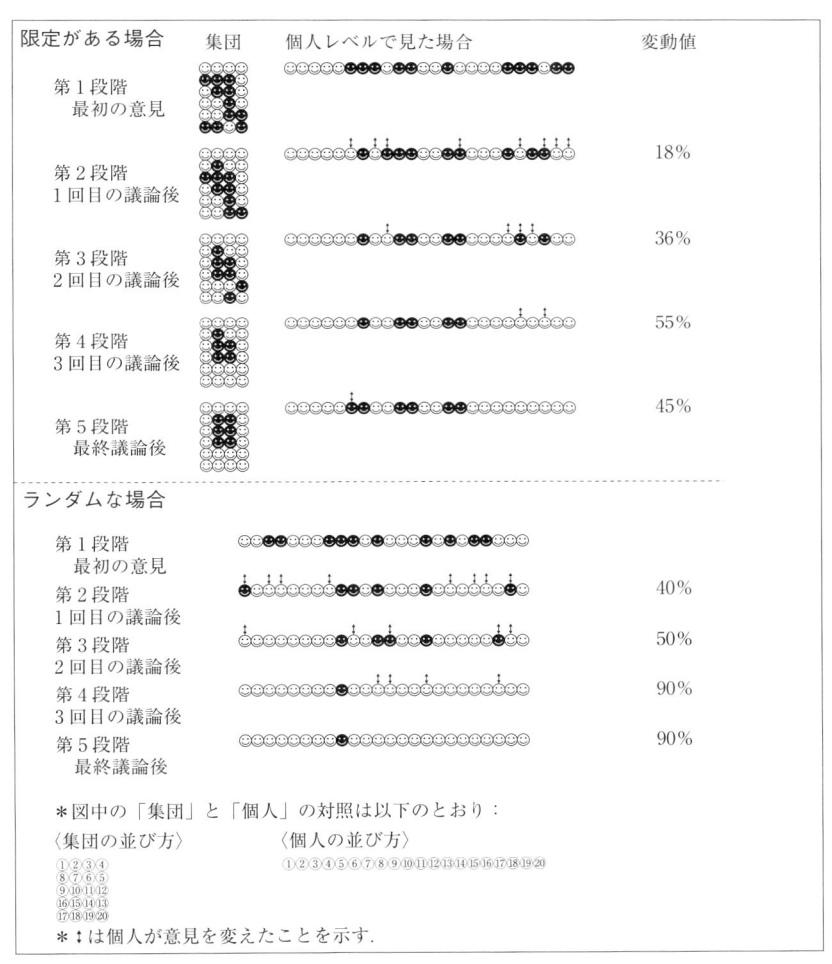

	集団	個人レベルで見た場合	変動値
限定がある場合			
第1段階 最初の意見			
第2段階 1回目の議論後			18%
第3段階 2回目の議論後			36%
第4段階 3回目の議論後			55%
第5段階 最終議論後			45%
ランダムな場合			
第1段階 最初の意見			
第2段階 1回目の議論後			40%
第3段階 2回目の議論後			50%
第4段階 3回目の議論後			90%
第5段階 最終議論後			90%

＊図中の「集団」と「個人」の対照は以下のとおり：

〈集団の並び方〉　　〈個人の並び方〉
①②③④　　　　　①②③④⑤⑥⑦⑧⑨⑩⑪⑫⑬⑭⑮⑯⑰⑱⑲⑳
⑧⑦⑥⑤
⑨⑩⑪⑫
⑯⑮⑭⑬
⑰⑱⑲⑳

＊↕は個人が意見を変えたことを示す．

図2．ネットワーク・タイプ別に見た意見変容の変化

だった人のうちの何パーセントの人が多数派（この場合は白）の方に意見を変更したかを数値（変動値）で表している．まず，限定がある場合は，変動値は最終的に45％であり，これは5回の意見交換を行っても最初の意見分布に対して45％しか多数派への意見の変動がなかったことを示している．これに対してランダムな接触の場合は，最初の意見分布に対して

90％もの意見の変動（図中の第1段階の黒のうち，第4段階までの間にすでに9割が白に変わったこと）が見られている。これはあくまでシミュレーションとして，最初から多数派意見に合わせるように指示がなされているので，単に意見の変更そのものがオンラインによって促進されることを示すものではない。しかし，そのような多数派に合わせる傾向が現実にあるとすれば，参加者の相互コミュニケーションがランダムに行われる状態では，組織内での議論のような場合に比べて，はるかに意見の多数派への同調が進みやすいと言える。つまり，インターネット上での電子掲示板に代表されるような，不特定多数の人がランダムに意見を交換するオンライン・コミュニケーションでは，構造的な制約がないので，そこにおける意見の同質化の傾向が著しく増大することになる。

しかしながら，オンライン・コミュニケーションでこのような同質化が実際に行われる場合でも，一人残らずのレベルまで意見が真っ白（または真っ黒）に変わってしまうような状態が生じるわけではなく，一方で強固な意見を持った少数派が形成されることも明らかになっている。つまり，オンラインでは，あくまでランダムに他者と接触するために，このような多数派の形成が行われる過程から外れている場合には，外れた人には周囲で何が起こっているのか把握できない状態も生じてくる。また一方で，いったん強固な少数派が形成されてしまうと，そこにはネットワークの棲み分けのような状況が生じて，それぞれに独立した意見を持って分離しながら互いに共存することが確認されている。

以上の過程は，ネットワーク上にそれぞれ独立した意見のブログがあり，その意見の内容が周囲のブログとの相互閲覧によって書き換えられるようなケースとして考えるとわかりやすいだろう。あるブログに特定の意見が書かれていたとしても，それをすべての人が直接に知ることは難しく，「いま何がどこで問題になっているのか」ということ自体を，あくまで特定の限られた別のブログとのやりとりなどによって知ったり，知られたりすることが多い。オンライン状況では，このようなランダムなネットワークの中で，一部では人々の意見が多数派に傾く動きが促進されるものの，

全体としては少数の意見もそれぞれに強固なネットワークを持って独立に分布することになる。

（2） オンラインとマス／対面コミュニケーションの相互作用

次に指摘できるのは，インターネットにおいて，さまざまなメディアによるコミュニケーションを横断するネットワークが形成されていることである。これはたとえば，新聞やテレビの情報がブログ上で引用・参照されたり，逆にインターネット上の情報が新聞やテレビなどで参照されたりするほか，ブログの内容が対面でのネットワークで参照されたりするのはもちろん，さらにはテレビの内容について，対面のネットワークでやりとりしたことがさらにインターネット上に参照されるといった，非常に複雑な情報空間を成立させる。

マス・メディアとオンライン・ネットワークのこのような関係は，「間メディア性」（遠藤，2007）などと呼ばれている。次のような調査例からこれに関連した現象を見てみよう。この調査では，海外と国内それぞれに参加者の拠点が分かれるコンピュータに関するオンライン・コミュニティを対象に，海外で発生したコンピュータに関するある大きなニュースがどのように人々の間を伝播したかについて見ている（柴内，1997）。まず，そのニュースをどのくらいの人がいつ知ったのか（到達率）について，この事件が実際に国内のマス・メディアで報道され始めた日より前に知っていた人の比率は，海外のオンライン・コミュニティに参加する人々のうち実に7割にのぼっており，マス・メディアに先行するインターネットの伝達力が明らかになった。しかし，時間による到達率の推移を比較したところでは，それまでの到達率は国内のコミュニティ参加者には4割に満たず，海外コミュニティへの参加者に大きく水を空けられていたのが，マス・メディア報道の後にわずか1週間程度で同じ到達率になったことから，マス・メディアでの報道が独自に伝える力も確かめられたのであった。もう1つの興味深い結果は，このニュースを知った直後にとられたコミュニケーション行動で最も多かったのが，周囲の友人や家族との会話で，その

割合がメールや電子掲示板への書き込みをはるかにしのいでいたことである。このことから，オンライン上の情報はあくまでオンラインの中で完結するのではなく，対面のネットワークへとその範囲を拡大することによって，間メディア性を持った情報がさらに複合的に展開している様子が読み取れたのである。

(3) ブログ圏と世論形成

現在のインターネットでは，(1) で見たようなブログの相互参照のように，相互のネットワークによって構成される世界が展開している。これはブログ圏などとも呼ばれているが，確かにこのような世界の成立は，時としてかなりの規模を持った社会現象を成立させることがある。たとえば，2006年7月に公開されたアニメ映画である，AとBという2つの映画がどのようにブログの記事に参照されていたかを比較した調査（新井，2007）では，興味深い現象が見られた。メジャー映画Aの方は，テレビCMなどで大規模な宣伝を行い，全国300館以上の大きなスケールで上映を行っていた。これに対して映画Bは宣伝も少なく，上映館もわずか6館でスタートしていた。この映画Bは製作作業に時間がかかり，大規模な試

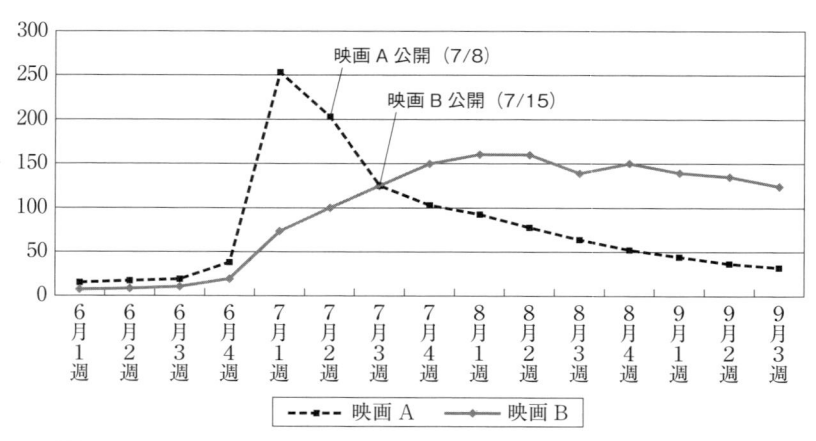

図3．それぞれの映画について言及したブログ数の推移（新井，2007）

写会や宣伝プロモーションを開く余裕がなかった。そのため，代わりとしてブログの作者（ブロガー）を集めてブロガー対象の試写会を行ったという。

その後，ネット上にどのくらいこの映画Bについて言及しているブログが存在するかを見たところ，図3のような結果になったという。映画Aについては，最初に言及するブログの数が増えた後，すぐに減少したのに対して，映画Bは緩やかな増加を見せ，その後も長い期間にオンライン上で言及されていた。半年間の書き込み数で比較したところでも，映画Aが6,600であったのに対して，映画Bは8,700と大きく上回っていた。これに呼応するように，映画Bの実際の観客数も増加し，その後全国60館での拡大公開が決まったという。

この例は，従来は大規模なマス・メディアによる宣伝か，あるいは小規模な形での対面での情報伝達（いわゆるクチコミ）という，2つしかなかった情報伝達過程に，オンライン・ネットワークの情報伝達過程が加えられることで，新たな影響力がもたらされることを示しているだろう。このようなネットワークの出現は，同時に新たな世論を形成する経路となる可能性を持っている。しかしながら，以上に見たような複合的な空間の中で，このネットワークが持っている影響力だけを取り出して考えることは困難であり，また，以上で確かめたように，オンライン・ネットワークが多数派の出現をもたらす一方で，多様で強固な少数派を出現させることもあるので，オンライン上の動きがただちに（大きな）現実の社会現象に反映されるのか，その判断は難しい。

電信技術によるグローバル・ネットワークの成立は，タイタニック号のように1世紀近くも世界規模で語り継がれる伝説を生み出したが，さらに複雑に重層化した現代のネットワークの中で，同じように大きな物語が現れるかどうかはわからない。ただし，マス・メディアが一方的にグローバルなレベルで大衆に影響を与えるような可能性に対抗して，ローカルな少数派がネットワークを通じてつながりを維持できるということは，多様性を持った社会が出現する基盤を示すものとして，積極的にとらえることができるのではないだろうか。

> **エクステンション・スタディ**　ネットにおける「うわさ」とニュース

　インターネットによって，人々の間にニュースがどのように伝わっているのか，調べてみよう。

　たとえば，あなたが友人からのうわさや，ある情報を個人的に見聞きして，それがまだマス・メディアには現れていないようなことがあった時，その情報がインターネットではどのように語られていて，いつどのような形でマス・メディアに現れて来るのか，ということを観察してみよう。全く公式的に現われていない時は，それはただのうわさ話である可能性がある。しかし，うわさ話だからといって軽視するのではなく，いろいろな場所でそのようなうわさがどのように語られているのか，また，時期によってそのうわさ話がどのように変化するのかといった，そのバリエーションを見ることによって，そこにどういった傾向があり，それがどういった社会的な意識を反映しているのか，ということを考えることができるだろう。インターネット上であれば，検索機能を使うことで，その件数の変化や内容を細かく追うことができるので，毎日定期的に観測して調べることができる。

　従来のうわさ話の研究では，うわさは，その対象に関する状況が曖昧で，また対象の持つ意味が重要であるほど発生しやすいと言われている。いろいろな種類のうわさの様子を比較してみて，実際にそのような傾向があるのか確かめてみよう。

　また，マス・メディアに登場している普通のニュースでも，現在ではそれがインターネットの中で引用され，議論がなされることで，さまざまな伝達のされ方をしている。1つのニュースが引用されながら議論されているところをいろいろと検索してみて，そのニュースが議論される中でどういったポイントが強調されており，逆にどういったポイントについてはあまり触れられていないか，ということを，元のマス・メディアのニュースとも比較しながら調べてみよう。このポイントもまた，時期や議論の場所によって大きく変わってくることがあるだろう。

参考文献

アンダーソン，B.（2007）白石隆・白石さやか訳『定本　想像の共同体：ナショ

11. メディアと世論形成──重層的なネットワークの中で作られる現実　215

ナリズムの起源と流行』書籍工房早山（Anderson, B（1991）*Imagined Communities*, Verso.）
新井範子（2007）『みんな力：ウェブを味方にする技術』東洋経済新報社
安野智子（2006）『重層的な世論形成過程』東京大学出版会
遠藤薫（2007）『間メディア社会と＜世論＞形成』東京電気大学出版局
カッツ, E. & ラザースフェルド, P.（1965）竹内郁郎訳『パーソナル・インフルエンス』培風館（Katz, E. & Lazersfeld, P.（1955）*Personal Influence*, The Free Press.）
さくらももこ（1987）『ちびまる子ちゃん』第1巻，集英社
佐藤卓巳編（2003）『戦後世論のメディア社会学』柏書房
柴内康文（1997）「現実へと開放されたネットワーク」，池田謙一編『ネットワーキング・コミュニティ』東京大学出版会, 156-171
竹下俊郎（1998）『メディアの議題設定機能』学文社
広瀬幸雄編（1997）『シミュレーション世界の社会心理学』ナカニシヤ出版
ブーアスティン, D.（1964）星野郁美・後藤和彦訳『幻影（イメジ）の時代：マスコミが製造する事実』東京創元社（Boorstin, D.（1962）*The Image: or, What happened to the American Dream*, Atheneum.）
リップマン, W.／掛川トミ子訳（1987）『世論（上・下）』岩波書店（Lippman, W.（1922）*Public Opinion*, Harcourt Janovovich.）
Iyenger, S. & Kinder, D.（1991）*News That Matters*, The University of Chicago Press.
Latané, B & L'Herrou, T（1996）"Spatial clustering in the conformity game: Dynamic social impact in electronic groups", *Journal of Personality*, vol.70(6), 1218-1230.
Standage, T.（1998）*The Victorian Internet*, Berkley.

　竹下俊郎の**『メディアの議題設定機能』**と安野智子の**『重層的な世論形成過程』**ではマス・メディアが世論形成に果たす効果についての日本における検証例が豊富に紹介されている。マス・コミュニケーションの効果研究について学習を深めるにも有効である。広瀬幸雄編の**『シミュレーション世界の社会心理学』**は仮想的な想定での実験例が豊富で，また世論形成の基盤となる人々の相互作用過程についても学習することができるだろう。佐藤卓巳編の**『戦後世論のメディア社会学』**からは，日本社会における新聞・テレビからインターネットに至るメディアと世論形成の関係について学ぶことができる。

12 メディア・リテラシー
——メディアと批判的につきあうための方法論

→ メディア・リテラシーとは一体何だろうか？　また，近年メディア・リテラシーが注目されているのはなぜか？

→ メディア・リテラシーが重んずる「批判性」とは何だろうか？メディアに対して批判的であるとはどういうことか？

→ 「やらせ」問題はなぜくり返されるのだろうか？　メディア・リテラシーは問題解決のための有効な処方箋になりうるだろうか？

12.1　くり返される「やらせ」とメディア・リテラシー

　テレビ番組をめぐるやらせ事件が後を絶たない。

　古くはテレビ朝日系列『アフタヌーンショー』のやらせリンチ事件（1985 年）から，NHK 制作のドキュメンタリー『禁断の王国・ムスタン』をめぐるやらせ事件（1993 年，番組の放映は 1992 年）。最近ではテレビ東京系列の『教えて！ウルトラ実験隊』での花粉症治療法をめぐるデータ捏造と番組打ち切り（2005 年）や，日本テレビ系列『ニュースプラス 1』での複数のやらせの発覚（2006 年），そして，2007 年が明けて早々にマスメディアを騒がせた『発掘！あるある大事典Ⅱ』（フジテレビ系列）の**納豆ダイエット騒動**<☞> など，番組の送り手に対する受け手の信頼を揺るがすようなできごとは，枚挙にいとまがない。

　こうした状況が私たちの間に生み出している漠然としたメディア不信を背景に，近年，「メディア・リテラシー」の重要性がさまざまな場面で唱

えられるようになってきた。たとえば，1999 年から翌年にかけて当時の郵政省が開催した「放送分野における青少年とメディア・リテラシーに関する調査研究会」の報告書は，次のように述べる。

> 言うまでもなく，「放送」とは視聴者が存在してはじめて成立するものであり，放送事業者や番組制作者のみにより培われるものではない。批判的な視聴者（critical audience）の目に晒されることにより，我が国放送文化の発展，ひいては，健全な民主主義の発達が期待できるのである。
> このような放送事業者と視聴者の間の健全な緊張関係を醸成するためには，視聴者が自らのメディア・リテラシーを向上させ，「主体的な視聴者」（active audience）となることが重要である。

それから約 7 年後，「あるある大事典 II」のデータ捏造疑惑を検証するために設けられた外部調査委員会も，「視聴者との回路作り」の一環として「メディアリテラシー向上のためのプロジェクトの立ち上げ」について提言し，以下のように述べている。

> メディアに対する問題意識を持った主体性・批判性の高い視聴者，いわゆるメディアリテラシーの高い視聴者が増え，関西テレビに対して様々な意見を述べてくれることが，結果的に関西テレビの放送の質

〈納豆ダイエット騒動〉
2007 年 1 月 7 日に放映された『発掘！あるある大事典 II』（フジテレビ系列）で，納豆に含まれるイソフラボンという物質が体重減少に効果を持つホルモンを増やすという「新事実」が紹介された直後から各地で納豆の売り切れ状態が続いた事件。後に「アメリカの研究者へのインタビュー部分で，実際とは異なる発言内容をインタビュー映像に重ね合わせていた」など，複数の捏造が明らかになる。このような事態を受け，番組を単独で提供してきた花王がスポンサーを降りることを表明。番組は 10 年におよぶ歴史に幕を降ろすことになった。

を高めていくとの考えから，視聴者のメディアリテラシーの向上を支援するとともに，関西テレビと視聴者がフラットに向き合う場を広げるために，メディアリテラシー向上のためのプロジェクトを立ち上げる。

具体的には，高校・大学や自治体の市民講座などと連携し，「やらせ」と「演出」の境界など，テレビ放送について関西テレビの職員と語り合う場を設けたり，関西テレビの職員とともにミニ番組の制作を体験，批評し合うなどの機会を作っていく。

歳月の経過にもかかわらず，また，監督する側とされる側という立場の違いにもかかわらず，放送業界が抱える問題への処方箋として両者がメディア・リテラシーにかける期待は，きわめて似通っているのがわかるだろう。その根底にあるのは，「メディア・リテラシーとは主体的・批判的にメディアと接する能力であり，受け手がそれを高めることで送り手との間によい意味での緊張感が生まれ，その結果，送り手の質も向上する」という図式である。なるほど，この図式自体は至極真っ当で，異論をはさむ余地がないようにも思える。

しかしながら，処方箋のもっともらしさが，病状の複雑さや深刻さから私たちの目をそらしてしまう効果を持つということがありはしないだろうか。内田樹（2005）は，「メディアの論調に無批判に従うのはいかがなものか」といった決まり文句が，「日本はこのままでいいのだろうか？」，「若い人たちにも少し考えて欲しいものである」といった文句とならんで，大学生たちが書く文章の定型的結論のひとつになっているという興味深い指摘を行っている。確かに，メディアに対して主体的・批判的であれというメディア・リテラシー論の教えは，メディアをめぐる問題に取り組む際の導きの糸になりうる。しかし同時に，この教えはそれを口にすることで，自分なりにねばりづよく考えぬく努力を免除される「思考停止のための道具」にもなりうるのである。そもそも，メディアには主体的・批判的に接するべきだという教えを無批判に受け入れ，口にしてしまう態度は，はた

して主体的・批判的と言えるのだろうか。

　メディア・リテラシーという言葉にはこのように，もっともらしさといかがわしさ，批判性と無批判性が，縦糸と横糸のように分かちがたく織りこまれている。メディア・リテラシーについての議論が陥りがちなこうした混乱やねじれは，一体何に由来するのだろうか。また，メディア・リテラシー論は「やらせ」をはじめとする諸問題に対し，本当に有効な処方箋たりうるのだろうか。本章では，メディア・リテラシーとは何かをあらためて振り返ってみることを通じ，これらの問いについて何らかの答えを与えることを目指したい。

12.2　メディア・リテラシーとは何か

　メディア・リテラシーとは主体的・批判的にメディアと接する能力であると述べた。しかし，この定義は簡潔すぎて，メディア・リテラシーをめぐる広範な議論を理解するために十分なものとは言いがたい。そこで以下では，メディア・リテラシーに関する代表的な定義を紹介すると同時に，メディア・リテラシーを理解する上での鍵となる，いくつかの基本概念を整理することにしたい。

　まずは，メディア・リテラシー教育への先駆的な取り組みで知られるカナダ・オンタリオ州教育省が編集した，教員向けのメディア・リテラシー教育ガイドにおける説明を見てみよう（カナダ・オンタリオ州教育省，1989＝1992）。

> メディア・リテラシーとは，メディアがどのように機能し，どのようにして意味をつくりだし，どのように組織化されており，どのようにして現実を構成するのかについて，子どもたちの理解と学習の楽しみを育成する目的で行う教育である。メディア・リテラシーはまた，子どもがメディア作品をつくりだす能力の育成をもめざしている。

　このガイドの監訳者であり，日本でのメディア・リテラシー論の紹介および発展に大きな役割を果たした鈴木みどりは，メディア・リテラシーを

次のように定義している（鈴木編, 1997）。

> メディア・リテラシーとは，市民がメディアを社会的文脈でクリティカルに分析し，評価し，メディアにアクセスし，多様な形態でコミュニケーションを創りだす力を指す。

鈴木と同様，日本におけるメディア・リテラシー論の代表的論者のひとりである水越伸は，以下のように述べる（水越, 2002）。

> メディア・リテラシーとは，人間がメディアに媒介された情報を，送り手によって構成されたものとして批判的に受容し，解釈すると同時に，自らの思想や意見，感じていることなどをメディアによって構成的に表現し，コミュニケーションの回路を生み出していくという，複合的な能力のことである。

これらの説明をすり合わせながら，メディア・リテラシーとは何かを理解する上で特に重要と思われる4点について，確認と補足説明をしよう。

1つめは，「メディアは現実を構成している」という認識と，これに関わる「メディアの文法」の存在である。メディアは「すでにある現実」をそのまま伝えているのではなく，それぞれが持つ表現上の特性や約束事＝メディアの文法に従い，それぞれの仕方で現実を構成している。たとえばテレビというメディアの文法は，カメラの動かし方，ショットの長さ，効果音やBGM，ナレーションなどの要素から成っており，これらの組み合わせによって生み出される意味を読み取ったり，自らこれらの要素を組み合わせて意味を生み出したりできることが，テレビ・リテラシーの重要な部分である。同様に，写真の文法はフレームの取り方，アングル，レンズの種類，シャッタースピードなど，新聞や雑誌の文法は，ページのサイズ，紙質，段の組み方，図表や写真の配置，文字の大きさ・書体などの要素から成り，それぞれのメディアが構成する「現実」のあり方と密接な関連を持っている。

2つめは，メディアが伝えるメッセージの背景にある「文脈」への注目

である。メディアが伝えるメッセージの意味は，「メディアの文法」のみによって一意的に決定されているわけではない。そのメッセージが埋め込まれている文脈によってもまた方向づけられている。こうした文脈は，普段メッセージの背後にあって，ほとんど意識されることがない。だからこそ，あえてこの文脈に注目した時，同じメッセージがまったく異なる意味を帯びて見えてくることになる。

　オリンピックやサッカーのワールドカップといった国際的スポーツイベントのテレビ中継を例にとれば，視聴率の獲得や広告収入増大のためにいかなる工夫が凝らされているかに注目したり，その時点での国際関係が番組の構成および内容にどのような影響を及ぼしているかに注目したりすることで，私たちが映像から読み取る意味は大きく変化するはずである。メディアが表だって伝えていることは，表立って伝えていないこと（＝文脈）によって支えられている。メッセージを支えるさまざまな文脈に目を向け，そうした文脈と関連づけながらメッセージを読み解く能力は，メディア・リテラシーの不可欠の構成要素である。

　このような文脈性への注目は，3つめの要点，メディアに対して批判的＝クリティカル（critical）であることの重視と密接に関連している。批判という言葉は日常的用法において，否定や非難といった言葉と近い意味で用いられがちである。一方，メディア・リテラシー論において批判という言葉は主に，メッセージの送り手と受け手とが暗黙のうちに依拠している前提＝文脈からいったん距離をとり，吟味・検討する営みを意味する。つまり，メディア・リテラシー論における「批判」の意味は，「否定」や「非難」よりも「反省（reflection）」や「振り返り」に近い。

　言い換えれば批判とは，私たちが知らず知らず自明視している文脈とは異なる文脈の中にメッセージを投げ込み，「見慣れたものを見慣れないものにする」（D. Buckingham, 2003＝2006）ことを通じて，自分たちが自然だと感じること，当たり前だと思うことが，決して自然でも当たり前でもない前提に支えられ，構成されていることに気づいていく一連の過程なのである。

メディア・リテラシーの定義をめぐる最後の要点は，自らメディアを用いてメッセージを創造し，発信する体験の重視である。送り手としての実践において私たちは，自分が用いるメディアの特性と表現上の約束事（＝メディアの文法）を考慮しつつ，自分の構想を実現するための試行錯誤をくり返す。その過程では必然的に送り手の文脈，たとえば，「どこをどう使えばメッセージを効果的に伝えられるか」という視点で，取材対象や取材から得られた素材を眺めることになる。そうした体験を通じ，私たちは自ずと，これまでメッセージの受け手として自明視してきたこと，見慣れていたがゆえに見逃してきたことの存在に気づいていくだろう。この批判的視点はひるがえって，自分が現在送り手として積み重ねつつある体験にも向けられていくはずだ。また，メッセージの送り手としての視点と受け手としての視点の間で揺れ動き，さらに「行動しつつ振り返り，振り返りつつ行動する」という無限の円環運動に巻き込まれることで，実践者の関心は完成したメッセージよりもその制作過程へ，メッセージの自然さよりもそこにはらまれる揺らぎや矛盾へと向けられていくはずである。

　このように，送り手としての実践の中にはメディア・リテラシーを理解する上での要点がすべて含まれている。特に，自らメッセージを創造することとメディアに対する批判性を育むことの間には，密接な関係が存在するのである。

　以上を踏まえたうえで，メディア・リテラシーをあらためて定義するなら，それは，①メディアの文法の理解，またメディアの埋め込まれている文脈の理解に基づき，メディアから流れてくるメッセージを批判的に受容した上で，②メッセージを創造的に解釈し，さらに，③メディアの利用法を身につけた上で，④メディアを通じて自ら創造的メッセージを発信する能力，と言えるだろう。このように理解したかぎりでのメディア・リテラシーの定義には，特に曖昧なところはないように思える。しかし，現在のメディア・リテラシー教育に大きな影響を及ぼしているイギリスのメディア教育の起源と展開を検討してみると，実は一見明瞭なこの定義の中には，多分に立場を異にするメディア観，メディア・リテラシー観が重なり合い，

共存しているということが見えてくる。そこで次節ではイギリスのメディア教育の歴史を簡単に振り返りつつ，メディア・リテラシー論がはらんでいるこの亀裂と緊張に目を向けてみることにしよう。

12.3 イギリスにおけるメディア教育の展開とメディア・リテラシー論

現在，世界的な広がりを見せているメディア・リテラシー教育の起源は，1930年代に始まるイギリスのメディア教育にあると言われる。その礎となった著作としてしばしば言及されるのが，リーヴィスとトンプソンの『文化と環境——批判的意識の訓練』である（F. R. Leavis & D. Thompson, 1933）。1933年に出版されたこの本では，学校で培われた文化的嗜好や習慣に好ましくない影響を与える学校外の環境——そこには映画や広告や新聞などが含まれる——に対して批判的意識を訓練することの重要性が説かれ，そのためのさまざまな素材やヒントが示されている。

同じ1930年代，イギリスではドキュメンタリーを社会変革のための武器として位置づけるグリアスン（J. Grierson）らの映画運動が高まりを見せ，ドイツではナチスが，映画やラジオを有効に使ったプロパガンダ戦略で成功をおさめていた。多くの人の関心を引きつける大衆メディアの強大な影響力と，その意図的・政治的利用を目の当たりにして，メディアの影響からいかに人々を守るかが時代的関心となった。菅谷明子（2000）によれば，この時期，イギリスの公共放送BBCは，プロパガンダを見分けるための番組を制作し，1936年にはローマ教皇が，メディア教育を授業に正式に取り入れるよう，各国に呼びかけたという。

『文化と環境』が書かれた当時のこのような状況を考えれば，学校外のメディア環境が及ぼす悪影響から子どもたちをいかに保護するかというリーヴィスとトンプソンの議論は，きわめて時宜にかなったものだったと言えるだろう。バッキンガムは，イギリスのメディア教育の出発点となったこの子ども観／メディア観／教育観を「保護主義（protectionism）」と呼んでいる（Backingham, 2003＝2006）。保護主義的態度は，その後のメディア教育のあり方を陰に陽に規定するパラダイムとして大きな力を持ち

続けた。『文化と環境』の出版以来70年以上の時をへだてた現在のメディア・リテラシー論でさえ，このパラダイムから完全に自由になったとは言い難い。

　リーヴィスとトンプソンの関心は，彼らが真正の文化への脅威と見なしたもの，すなわち標準化され，大量生産された文化の影響から子どもたちを守ることに向けられていた。これに対し，1950年代末以降のメディア研究，メディア教育は，彼らの議論の前提となる「『真正の文化＝高級文化』対『まがい物の文化＝大衆文化』」という図式自体にはらまれている支配的価値観の批判へと向かっていく。こうした批判をもっとも早く展開した論者の1人であるウィリアムズによれば，リーヴィスらの議論は文化の「理想」としての側面にしか目を向けていない一面的なものである。これに対し，文化の「社会生活のあり方」としての側面に注目するウィリアムズは，リーヴィスらが真正の文化に対する脅威と見なした大衆文化をも，自らの文化理論の正当な分析対象として引き受け，「高級文化／大衆文化」といった図式では把握することのできない文化の多様性と重層性を明らかにしていった（R. Williams, 1958＝1968；1961＝1983）。

　1960年代以降，映画などの大衆文化に触れながら育った世代が教師として教壇に立つようになると，メディアが提供するのは常にまがい物の文化であるという見方は相対的に力を失っていった。しかし，決して保護主義的態度が放棄されたわけではない。この時期さかんになった映画研究の影響下で目立つようになってきたのは，「よい映画」と「悪い映画」を見分ける能力を高めることで，映画の悪影響から子どもを守ろうという新手の保護主義的態度であった。メディアの伝える文化は必然的に悪いという図式から，メディアの伝える文化の中にもよい文化と悪い文化があるという図式への変化はあった。とはいえ，子どもは依然としてまがい物の文化から保護されるべき対象であり，文学作品に関する「よい趣味」を育むことと同様，メディアに関する「よい趣味」を育むことが教育の主要な目標であり続けたのである。

　マスターマン（L. Masterman）によれば，1970年代になると，よいメ

ディア作品と悪いメディア作品を見分けることに照準するメディア教育の問題点が明らかになってきた。第1に，個々のメディア作品に対して「よい」，「悪い」という評価をくだす際，複数の評価者が合意しうるような判断基準を設けることの難しさ。第2に，よいメディア作品と悪いメディア作品を見分けることに集中するあまり，分析の対象が作品の内容に偏りがちになり，そういった内容を生産し，流通させ，消費させる社会的文脈の分析が等閑視されたこと。第3に，メディア作品の「よさ」や「悪さ」といった価値がメディア作品そのものに属する性質のように考えられてしまい，メディア作品に対する受け手の読みや解釈の多様性が見過ごされがちだったことである。そこでは「作品の価値」を見定めることが急がれるあまり，それが誰のための価値であり，何のための価値であり，どのような判断基準による価値なのかという重要な問いが発せられることがなかった（R. Kubey (ed.), 1997）。

　こうした状況の中，ウィリアムズによる文化概念批判を受け継いだイギリスのカルチュラル・スタディーズと呼ばれる研究の流れは，バルト（R. Barthes）の記号論的分析やアルチュセール（L. Althusser）のイデオロギー装置論，グラムシ（A. Gramsci）のヘゲモニー論などの影響を受けながら，メディア・メッセージが生産され，流通し，消費される一連の社会的過程に関する分析を数多く生み出していった。そこではもはや，個々のメディア作品やメディアが織りなす環境それ自体の良し悪しが問われることはない。そのかわりに問題とされるのは，ジェンダーや階級，エスニシティといった，メディアとその利用者が埋め込まれている状況の多様性であり，社会において支配的な価値観の中にはらまれる矛盾や亀裂の存在である。さらに，メディアが伝えるメッセージの受け手は単なる受動的な存在ではなく，自らの置かれた政治的・経済的・文化的文脈の中でメッセージの意味を読み替える能動性を持っていることも強調されるようになっていく。メディア教育の中心的素材も，映画からテレビや新聞などの，より日常的なメディアへと移り，研究の焦点は，日常において自明視されている対象や現象に作用している政治的・文化的作用，言い換えれば，日常が

日常として成り立っていることの政治性へと向けられていった。

　リーヴィスからカルチュラル・スタディーズへと至る以上のようなメディア研究・メディア教育の流れを見る時，その主な方向性は，リーヴィスらに発する保護主義的態度と，それに対する批判との間の緊張関係によって規定されてきたことがわかるだろう。保護主義的態度はさまざまな形態をとりうる。だが共通しているのは，現実のメディアのあり方とは別に「理想」としての文化やメディアのあり方を想定し，これを基準として現実のメディアのあり方について価値判断を行うという構図である。この立場からすれば，メディアに対する批判とは，「理想」とされる文化やメディアのあり方を，現実のメディアがいかにゆがめているかを見抜き，指摘する作業を意味する。これに応じてメディア・リテラシー教育の目的も，メディアについて「正しい」評価をくだせる能力，「本物」と「偽物」を見分ける能力の訓練に置かれることになろう。多くの場合，「正しさ」についての基準は教師が握っていると見なされるので，生徒の作業はしばしばその「正解」を探り当てることにあてられる。先に触れた「メディアの論調に無批判に従うのはいかがなものか」といった決まり文句も，教師の覚えめでたい「正解」の1つである。一度「正解」を探り当てた者は，同じ「正解」が使えそうなところであらためて問題について考える労をとりはしない。こうしてメディアに対して批判的であれというメディア・リテラシー論の教えは，メディアをめぐる問題について生徒が自分自身で考える手間を省くための口実となっていく。

　それでは，このような保護主義的態度を拒否する場合，メディアに対する批判の根拠はどこに求められるのだろう。「理想的」で「正しい」メディアのあり方を基準とし，それに照らして現実のメディアのあり方を批判するのでなければ，一体批判とは何か。バッキンガムは次のように述べる（Buckingham, 2003 = 2006）。

　　　今日のメディア・リテラシー教育は，メディアが必然的にそして不可避的に有害であるとか，若い人たちがメディアの影響の単なる受動

的な犠牲者である，といったような見方から始めるのではない。そうではなく，子ども中心の見方をとり，教師の教育的要請からではなく，若い人たちが既に持っているメディアについての知識や経験から始めるのである。その目的は，若い人たちをメディアの影響から保護し，それによって「より良いもの」へと彼等を導くことではなく，彼らが十分な情報を得たうえで，自らが信じるところに基づいて判断できるようにすることである。メディア・リテラシー教育は，ここでは保護の一形態ではなく，参加の一形態と見られている。

　ここで目指されているのは，メディアによるさまざまな歪曲をあばき，「本物」を見抜くことではない。「子どもがメディア・テクストの『読み手』と『書き手』の両方として，自らの活動を＜振り返る＞（reflect）ことができ，そこで作動しているもっと広い領域に及ぶ社会的，経済的要素を理解できるようになること」である。批判的な分析とは，「合意を得た，あるいは前もって準備された位置に到達するかどうかの問題ではなく，対話（ダイアローグ）のプロセス」なのである。「対話のプロセス」を重視する教育は，教師から生徒への一方的な知識の伝達ではなく，生徒自身がメディア・テクストを解釈し，生み出す実践を重んずる。教師が担うのは，自分だけが知る「正解」を生徒に授ける役割ではなく，自らの実践に対する生徒の反省作業を促す対話相手＝ファシリテーターとしての役割である。

　保護主義的メディア・リテラシー観にとって，最終的な目標は，メディアが行うさまざまな「歪曲」を見抜き，「理想」や「正しさ」に目覚めることである。一方，保護主義的態度を拒否するメディア・リテラシー観において私たちは，日常的メディア経験を出発点に，普段見慣れているがゆえに意識的反省の対象にならない自らとメディアとの関係を，批判的な分析を通じて見慣れないものにし，その体験を通じて組み替えられたメディアとの関係を携えて，再び日常的メディア経験の中に帰っていくという無限の円環作業を繰り返すことになる。より正確には，円を描きつつそれまでの軌道から逸れていく，らせん運動を繰り返すと言うべきかもしれない。

これら2つのメディア・リテラシー観の違いは一見自明だが，メディア・リテラシーをめぐる実際の議論において，両者の境界は非常に曖昧である。というのも，前節で見たようなメディア・リテラシーの定義は，どちらの立場をとっても採用可能だからである。メディア・リテラシーについて論ずる者がこれらの立場の違いについて自覚的であるわけではないし，1人の人間の中に双方が共存していることも少なからずある。こういった状況がメディア・リテラシーに関する議論をめぐって，当事者たちにも気づかれない形ですれ違いや混乱を引き起こしているとも言える。だからこそ私たちは，メディア・リテラシー論が常に潜在的にはらんでいるこれら2つの立場の間の緊張について，絶えず感覚をとぎすます必要がある。

12.4 「やらせ」と「事実主義」をめぐる問題点

冒頭で述べたように，やらせ事件が頻繁に世間を騒がせ，そのたびに当事者による反省の言葉がくり返されるものの，マス・メディアにおける類似の過剰演出・捏造事件は後を絶たない。なぜ，くり返される非難にもかかわらず，似たような事件が再び起きてしまうのだろう。

しかしこう問うことは，すでにこの問題がはらむ落とし穴にはまってしまっている。というのも，やらせ事件に対する非難の激しさと，過剰な演出・捏造が行われることとは，同じ根から発していると考えられるからだ。激しい非難が行われるにもかかわらず，やらせがくり返されるのではない。激しい非難こそが，やらせを生み出しているのである。

一体どういうことだろうか。やらせもそれに対する非難も，武田徹の言う「事実主義」への素朴かつ過剰な信頼から発している。武田は「事実だけを報じられるわけでもないし，報じるべきでもないジャーナリズムに対して，あたかも事実だけを報じる能力があるかのように過大評価し，その能力の不履行を糾弾する」ような立場を，事実主義と呼ぶ（「『事実主義』こそ，ジャーナリズムの敵だ」『NBonline』（http://business.nikkeibp.co.jp/）2007年7月17日）。同様に，やらせを激しく糾弾する立場は，「メディアは一切の演出や捏造を排することが可能であるし，排するべき

である」という主義主張をどこかで信じているからこそ，そのような理想からの逸脱を責め立てることになる。

そこでは，「そもそもメディアから一切の演出や捏造を排することができるのか」という問いが立てられることはない。実はこのことこそが，やらせをめぐる議論が抱える深刻な問題であると言えるだろう。極端な物言いをすれば，やらせが問題なのは，それが「嘘をついている」からではない。やらせに対する批判が意識的・無意識的に，「やらせでないもの＝手つかずの真実」というものの存在を仮定してしまうからである。しかも，その仮定から人々の疑いの目を逸らしてしまうからだ。小さな嘘に注目を集めることで，その背後にある大きな嘘から人々の目を逸らしていると言ってもよい。とはいえ，ここで嘘という言葉を使うことには問題があるだろう。なぜならこの言葉は，またもや嘘ではあらざるもの＝真実という概念を呼び起こし，「嘘ではあらざるもの＝真実」という概念自体のはらむ問題から私たちの目を反らすことになるからである。

「嘘をつく」ということは，(1)「本当ではない」ことについて，(2)それが「本当ではない」ことを知りながら，つまり意図的に，(3)あたかも「本当である」ことのように見せかけるということである。したがって，「嘘をついた」という非難は，(1)「本当ではないことを本当であるかのように見せかけた」という点についての非難と，(2)そのような行為を「意図的に行った」という点についての非難へと分けて論じることができる。『あるある大事典Ⅱ』騒動に即して言えば，その非難は，(1)納豆にダイエット効果があるという事実が存在しないにもかかわらず，そのような事実が存在するかのような印象を視聴者に与える番組づくりが行われたという論点と，(2)番組制作者が，(1)で述べたような番組づくりを意図的に行ったという論点の2つにまたがっているということになる。そして，これらの論点はそれぞれ，(1)「『本当のこと』と『本当でないこと』は明確に区別できる」，(2)「番組が伝える内容は，番組制作者の意図の反映である」という，ある意味で常識的な発想を前提としている。

このような発想を前提とした場合，「メディアのつく嘘」に対する受け

手側からの自衛策として,「『本当のこと』と『本当でないこと』を区別できる情報の識別能力を高めること」や,「『本当でないこと』を『本当のこと』に見せかけようとする送り手の意図を見抜き,騙されないようにするための注意深さを身につけること」が推奨されることになるのは自然な成り行きである。やらせ事件など,メディアが引き起こす問題への処方箋として,メディア・リテラシーがくり返し引き合いに出されるのは,このような文脈においてである。そこに保護主義的態度が色濃く反映されていることを見てとるのは,容易である。

　しかし,こうした議論の土台となっている2つの条件,つまり (1)「『本当のこと』と『本当でないこと』は明確に区別できる」,(2)「番組が伝える内容は,番組制作者の意図を反映している」という前提は,そもそも無条件に受け入れられるほど自明なものなのだろうか。『阿賀に生きる』などのドキュメンタリー映画の監督として知られる佐藤真は,次のように言う(佐藤, 2001)。

　　　現実には虚構が満ちており,人の話には必ず嘘が混じるものである。したがって,ただキャメラをむけさえすれば「真実」が映ると考える素朴な現実信仰は,即座に排除されなければならない。……ドキュメンタリーが対象とする「現実」は,いつも〈虚実の境目〉に揺れ動いているものなのである。……
　　　なぜ,他のものではなく,それが撮られたのか。そこには,撮影するスタッフの何らかの意図が必ずある。
　　　ところが,キャメラ眼(アイ)は,撮影者の意図とは無関係に,目の前の現実を機械的な忠実さで客観的に映像に定着する。……(その結果:引用者注)撮影時から何年もたって……フィルムを改めて見直すと,撮影時の意図とは違う,撮影者と被写体双方の〈無意識〉とも言うべきものが,妙に魅力的に立ち現われてくることがある。

　佐藤のこの言葉を根拠に,「『本当のこと』と『本当でないこと』は明確に区別できない」,「番組が伝える内容は,番組制作者の意図の反映ではな

い」と結論するならば，性急のそしりをまぬかれないだろう。だが，「『本当のこと』と『本当でないこと』は明確に区別できる」，「番組が伝える内容は，番組制作者の意図を反映している」という前提を無批判に受け入れることで切り捨てられてしまう，映像表現の可能性・豊饒性があることは確実である。これらの前提は，議論の出発点となる公理というより，それ自体の妥当性がくり返し議論されるべき争点なのである。

　ここまで，「メディアが嘘をつく」という表現をめぐる問題点を見てきたが，以上の議論は決して「メディアは嘘をつかない」，「メディアは嘘をついてもよい」という主張を行うものではない。もちろん「メディアが嘘をつく」ことはあるし，そのような事態はしかるべき検証に基づいて非難されるべきである。ただし，やらせ事件に対する非難および類似の「メディアが事実を伝えていない」，「現実をゆがめている」，「公平性を欠いている」，「客観的でない」といった非難は，しばしば「事実」，「現実」，「公平性」，「客観性」といった問題含みの概念を，あたかも自明であるかのように見せてしまうという重大な副作用を持つ。この点についての自覚を欠いた「やらせ批判」は，メディア表現を萎縮させ，やらせをめぐる問題をより深いレベル，受け手の見えないレベルに追いやる効果を持ちこそすれ，これらの問題についての送り手同士，受け手同士，そして送り手と受け手の対話を深める方向には決して働かないであろう。

　「事実」，「現実」，「公平性」，「客観性」といった言葉は，メディアをめぐって日常的に使われる言葉であるにもかかわらず，というより，日常的に使われるからこそ，多くの問題をはらんだ概念である。私たちはこれらの言葉がメディアについて語る際の出発点ではなく，メディアについて語る際，くり返しそこに立ち戻るべき論争点であることを常に意識する必要がある。このように主張したからといって，メディアを信ずるに足らないもの，信ずべきではないものとしておとしめることにはならない。むしろ，メディアとその表現が持つ可能性を，いっそう柔軟で多様な対話へと開くことになるだろう。その歩みはまた，メディア・リテラシー論を柔軟で多様な対話へと開く努力と手をたずさえたものであるはずだ。

| エクステンション・スタディ | ドキュメンタリーというジャンルの豊饒さ |

　ドキュメンタリーは通常,「現実をありのままに記録し,伝える作品」と理解されているが,ドキュメンタリーというジャンルにはこうした定義に収まりきらない豊饒さがある。「ドキュメンタリー」という言葉はグリアスンが,後にドキュメンタリーの父と呼ばれることになるフラハティ(R. J. Flaherty)の映画制作手法を指して使い始めたと言われている。だが,そもそもフラハティの作品からして「現実のありのままの記録」とはほど遠かったことを,私たちはフラハティの妻フランシスの手記(『ある映画作家の旅』(1994)みすず書房)などから知ることができる。フラハティの代表作『極北のナヌーク』(1922)では,撮影に十分な光が得られるよう,雪で作られた家の半分を切り取った状態でナヌーク一家の「日常」が記録された。大西洋に浮かぶアラン島での生活の厳しさを描いた『アラン』(1934)に登場する「家族」は,撮影のために集められた他人だった。だが実際にこれらの作品を目にすれば,こうした「事実」によってフラハティ作品の持つ「リアリティ」がいささかも損なわれないことをたちまち理解できるだろう。「現実」と「虚構」との境界は,私たちが普通考えているよりもはるかに曖昧である。佐藤真(2001)が言うように,「ドキュメンタリーが対象とする『現実』は,いつも〈虚実の境目〉に揺れ動いている」のだ。フラハティや佐藤真,そして近年メディア・リテラシーをめぐる発言(『世界を信じるためのメソッド――ぼくらの時代のメディア・リテラシー』(2006)理論社)も多いドキュメンタリー作家,森達也の作品(『A』(1998),『A2』(2001))をぜひ見てほしい。私たちは自然と,「ありのままの現実」とは何か,「客観性」や「中立性」という言葉は一体何を意味しているのか,現実と虚構との境目はどこにあるのか,といった,普段は深く考えることのない問いへと導かれていくだろう。その結果,どんな結論に至った(あるいは至らなかった)としても,そうやって普段考えてもみなかったことについて疑問を持つという体験こそが,まさにあなたのメディア・リテラシー論的実践なのである。

参考文献

ウィリアムズ, R./若松繁信・長谷川光昭訳 (1968)『文化と社会』ミネルヴァ書房 (Williams, R. (1958) *Culture and Society 1780-1950*, Chatto & Windus.)
ウィリアムズ, R./若松繁信・妹尾剛光・長谷川光昭訳 (1983)『長い革命』ミネルヴァ書房 (Williams, R. (1961) *The Long Revolution*, Chatto & Windus.)
内田樹 (2005)『先生はえらい』筑摩書房
カナダ・オンタリオ州教育省編/FCT (市民のテレビの会) 訳 (1992)『メディア・リテラシー――マスメディアを読み解く』リベルタ出版 (Ontario Ministry of Education (1989) *Media Literacy: Resource Guide*, Queen's Printer for Ontario.)
佐藤真 (2001)『ドキュメンタリー映画の地平――世界を批判的に受けとめるために (上)』凱風社
菅谷明子 (2000)『メディア・リテラシー――世界の現場から』岩波書店
鈴木みどり編 (1997)『メディア・リテラシーを学ぶ人のために』世界思想社
バッキンガム, D./鈴木みどり監訳 (2006)『メディア・リテラシー教育――学びと現代文化』世界思想社 (Buckingham, D. (2003) *Media Education: Literacy, Learning and Contemporary Culture*, Polity Press.)
水越伸 (2002)『新版デジタル・メディア社会』岩波書店
Kubey, R. (ed.) (1997) *Media Literacy in the Information Age: Current Perspectives*, Transaction Publishers.
Leavis, F. R. & Thompson, D. (1933) *Culture and Environment: The Training of Critical Awareness*, Chatto & Windus.

メディア・リテラシーに関する本を1冊だけ読むなら, **菅谷明子『メディア・リテラシー』**をおすすめする。各国のメディア・リテラシー教育事情がわかる, 良質のルポルタージュである。メディア・リテラシー教育の具体的方法については, **カナダ・オンタリオ州教育省編『メディア・リテラシー』**が詳しい。日本におけるメディア・リテラシー論の展開を知るには**水越伸『新版デジタル・メディア社会』**が, イギリスについては**D・バッキンガム『メディア・リテラシー教育』**が, メディア・リテラシー論をめぐる問題の広がりも示していて参考になる。

事項索引

ア
アインコメンデ・ツァイトゥンゲン　9, 56
アニメ　138
アバター　192
アマチュア無線　72
荒らし　174
一般攻撃性モデル（GAM）　133, 137
移動電話　14
イノベーター　206
意味記憶　112
インターネット　8, 9, 15, 21-24, 42-45, 62, 85-102, 104, 105, 145-161, 180-184, 186-188, 190, 192-194, 197
インターネット・パラドックス　150, 151, 186-188
引用型摂取　70
ヴァーチャル・コミュニティ　90, 180-196
ウィキペディア　63, 182, 194
ウェブ日記　98
うわさ　214
エアチェック　75, 76
映像記憶　112
映像技法　109, 116, 118
映像メディア　113, 121
エゴキャスティング　81
NHK「IT時代の生活時間調査」　43
NHK「国民生活時間調査」　32, 33, 60, 62
NHK「日本人とテレビ」調査　44
エピソード記憶　112
炎上　162-167, 170-174, 176, 177
援助行動　177

大新聞　59
オピニオン・リーダー　206
オフ会　146
オーマイニュース　63
音声言語　6, 8-10
音声メディア　20
音読　52
オンライン・ゲーム　191, 193
オンライン・コミュニケーション　164-168, 171, 173, 176, 208, 210
オンライン・コミュニティ　163, 211

カ
海賊放送　79
街頭テレビ　30, 31
覚醒転移モデル　131, 132
家族視聴　38, 47
カタルシス効果　127, 129, 131, 133, 134
学校放送番組　35
活字離れ　59-61, 63, 64
活字メディア　30, 54
活版印刷（技術）　7, 9, 50-52, 54
カラーテレビ　9, 34, 35, 47
カルチュラル・スタディーズ　225, 226
カルティベーション効果　203
瓦版　58
観察学習効果　129, 131
監視　25, 26
官板バタビヤ新聞　58
間メディア性　211, 212
擬似イベント　200, 201, 203
擬似環境　199, 203-207
擬似相関　105, 106, 114
技術決定論　166
議題設定効果　69, 204
キネトスコープ　8, 9
教育・教養番組　34

強力効果説　68, 69
空間認識　116
クラシック音楽　69, 70
グローバリゼーション　78
グローバル・ネットワーク　198
クロマニョン人　8
携帯電話→ケータイ
携帯メール　105, 148, 155, 157-159
ゲゼルシャフト　184-186, 188
ケータイ　14-26, 43, 44, 104, 145-161
ケータイ依存　17, 18, 157
ゲマインシャフト　184
ゲーム脳　121
言語記憶　112
言語の発達阻害　110
言語発達　110, 113, 116, 119
限定効果説　68, 69, 71
言論統制　60
効果論　69
公共性　57, 63
公衆電話　14, 15
構造的聴取　70
皇太子ご成婚　31
声の文化　4, 6, 52, 120
コーシャス・シフト　175
小新聞　59
孤独不安　157, 158
言葉の遅れ　105
言葉の発達　104, 115
コーヒーハウス　56, 57, 59
個別視聴　35, 36, 38, 39, 45, 47
コミュニケーション信号　5
コミュニケーションの二段階の流れ
　　68, 206
コミュニティFM　79
娯楽メディア　34
自己充足的（コンサマトリー）　146, 147, 155

サ

サイワールド　190
サーチエンジン　93, 94
サブテレビ　36
産業革命　57
視覚信号　5, 6
視覚動物　4, 6
識字（literacy）　52
自己開示　169, 170
事実主義　228
自然実験　127, 128
視聴覚メディア　30, 33
視聴質　46
視聴率　46, 48
実験研究　127, 128, 135, 136
シミュレーション実験　208
社会関係資本　152-154
社会的アイデンティティ　173-175
社会的学習理論　131
写本　51
周縁的アイデンティティ　188
宗教改革　51, 54, 55
集団極化　174, 175
縦断研究　127, 135, 137
自由ラジオ　80
出版の自由　58
シュメール文字　53
少数派　207
情報縁　145-148
情報処理過程異質説　111, 113
心の労力投資量　113
新聞　13, 55-63, 201, 202
新聞縦覧所　59
親密性　13, 18
深夜放送　73-75
心理的近隣　13
ステレオタイプ（化）　170, 200
精神的健康　187
性的映像　105

セカンドライフ　193
世間　201
セサミストリート　107-109
世論　57, 199, 201, 205, 207
選択的関係　155
選択的接触　207
先有傾向　207
相関研究　127, 128, 135, 139
想像の共同体　55, 202
ソーシャル・ネットワーキング・サービス→SNS

タ

第4権力　56
タイアップ　78
体感治安　25
大衆社会　69
対人魅力　167, 168, 170, 171
タイタニック号　197-199, 213
態度形成　166, 171
第二世代FM　76
たいまつ　7
タイムズ　58
ダゲレオタイプ　8, 9
多数派　207, 208
多チャンネル(化)　40, 41, 46, 47
脱感作効果　129, 131, 134
多動症傾向　105, 110, 116, 118
ダブルバインド　117
多メディア化　29, 46
多メディア時代　45
弾丸モデル　68
単純接触効果　168
断片的, 細切れ視聴　34
断片的な見方　39
地域社会　79
地上デジタル放送　41
チャンネル権(争い)　35, 47
聴覚の信号　5

「沈黙の螺旋」モデル　69
つながりの不安　17, 18
強い紐帯　148, 184
ディストピア　185, 186, 189
デイリー・クーラント　57
デイリー・テレグラフ　58
デジタル化　29, 40, 41, 47
デジタル時代　39, 48
デジタルデバイド　151
デジタル放送　40
データ放送　41
デファクト・スタンダード(事実上の標準)　21
テレビ　8, 9, 13, 29-49, 104-106, 111-120, 125-144, 202-205
テレビゲーム　37, 104, 105, 121, 125-144
テレビ視聴時間　32, 33, 35, 37, 47
テレビ離れ　35, 37, 47
電気通信事業の自由化　15
伝言ダイヤル　146, 148
電子会議　165
電子掲示板　165
電信　7, 9, 12, 198-202, 213
電話　7, 9, 11-28
動因低減説　134
動画共有サービス　98
東京オリンピック　31
東芝クレーマー事件　95
ドキュメンタリー　223, 230, 232
読書　52, 119, 120
匿名掲示板　96
匿名状況　168
匿名性　13, 18, 188, 189, 194, 195

ナ

内容分析　126
ながら視聴　32, 34
ながら聴取　71-73

ナマ性　39
ニコニコ動画　98
24時間放送　37
二重分節化　6
2ちゃんねる　96, 100
日本小児科学会　106
ニューメディア時代　37, 47
認知的新連合理論　131-133
ネットニュース　88, 89, 100, 188
のろし　7

ハ
ハイパー・パーソナル・コミュニケーション　176
培養効果　129, 130
パソコン通信　90, 91, 95, 146-148, 181
発信番号表示サービス　18
パネル調査　127, 128
バラエティー（番組）　39, 47
バランス理論　171
番組ホームページ　42, 47
皮下注射モデル　68
ピープルメーター　46
フィールド実験　127
富者富裕化　151
プライミング効果　131-133, 204, 205
フラッシュ・モブ　176
プリクラ　22
プレス　58
フレーミング　165, 173
フレーミング効果　204, 205
ブロガー　206, 213
ブログ　24, 98, 100, 162-165, 171, 172, 177, 182, 210-213
ブログ圏　212
ブロードバンド　94, 97, 101
文化産業　71
分節言語　5, 8
ヘビー・ローテーション　78
ベル友　146, 147
偏見　170
返報性　169, 170, 177
放送法　79
報道メディア　34
暴力的映像　105
ポケベル　14-16, 18-20, 25, 146, 147, 155
保護主義　223, 224, 226, 227, 230
没個性化　173-175
ポッドキャスト　80-82
ポピュラー音楽　69, 71, 72, 77
ホームドラマ　31, 34, 38, 47
ホームページ　91-93, 95, 96, 98-100

マ
マルチメディア　18, 20-22, 26
ムーアの法則　10
無線呼び出し（ページャー）　14
メディアの文法　220-222
メディア発展史　8
メディア・リテラシー　46, 126, 216-233
メーリング・リスト　165
メール　20, 147, 148, 150, 155, 157, 158, 159
メル友　147, 148
メール・マガジン　165
黙読　52, 53
文字（の発明）　7-10
文字の文化　52, 120
文字メッセージ・サービス　20
文字メディア　20
モバゲータウン　145, 148, 183

ヤ
やらせ　216, 228-230
ユース・カルチャー　74, 78
ユートピア　185, 188, 189

横浜毎日新聞　58
弱い紐帯　149, 150, 184

ラ

ライフスタイル　29, 33
ラジオ　7, 9, 12, 32, 67-84, 202
リスキー・シフト　175
リスク　163, 169, 177, 178
リモコン　38-41, 45, 47
暦年スケール　8, 10
ロイズ・ニューズ　56
ローカリゼーション　78

ワ

ワンセグ（放送）　24, 27, 41, 44

ADHD（注意欠陥多動性障害）　107
ARPANET　8, 9, 86-89, 100
FM放送　75
GPS（Global Positioning System）　25
GSM　21, 27
iPod　80
Jポップ　71, 77
mp3ファイル　80
RSS　80
SNS（ソーシャル・ネットワーキング・サービス）　24, 98, 100, 147, 148, 163, 182, 183, 190, 191
TCP/IP　8, 9, 89, 100
WWW（World Wide Web）　86, 88, 91-94, 96-98, 100, 182
YouTube　42, 98

人名索引

ア
アスレイナー，E. M. 153, 154
アドルノ，T. W. 69-72
アームストロング，E. H. 75
アルチュセール，L. 225
アロンソン，S. D. 13
アンダーソン，B. 55, 202
アンダーソン，C. A. 131, 133, 135-137, 141
アンダーソン，D. R. 110
イーロン，L. D. 128, 137
ウィリアムズ，R. 224
ウエルズ，O. 67
ウォートマン，C. 169
ウォルスター，E. 167
ウォレス，P. 168
エジソン 8, 9
オークス，M. 16
オング，W. J. 52, 53, 120

カ
ガタリ，P. 79
カッツ，E. 206
カッツ，J. E. 16
ガーブナー，G. 130, 203
キースラー，S. 164, 168, 173
ギブソン，W. 89
キャントリル，H. 68
グーテンベルク，J. 7, 9, 50-52, 54, 61
クラウト，R. 150, 151, 153, 186, 188
グラノヴェター，M. S. 148, 149
グラムシ，A. 225
グリアスン，J. 223, 232

サ
ザイアンス，R. 168
サラマン，G. 113, 120
サンダース，B. 53, 54
シェリー，J. 130, 134
ショウ，D. L. 69
ジンバルド，P. 173
ストーナー，J. A. S. 175
ストーン，A. R. 183, 184
スノウ，C. E. 111
スピアーズ，R. 174
スプロウル，L. 164, 168

タ
ダゲール 8, 9
テンニース，F. 184
トンプソン，D. 223, 224

ナ
ノエル＝ノイマン 69
ノリス，P. 153

ハ
ハイダー，F. 172
バージ，J. A. 188
バッキンガム，D. 223, 226
パトナム，R. 152
ハーバーマス，J. 57
ハーリー，J. 107, 109, 117, 118, 124
バルト，R. 225
ハルパーン，W. 107, 117, 118
バンデューラ，A. 127, 131
ブーアスティン，D. 200
フェスティンガー，L. 173
フェッシュバック，S. 127
プラトン 120
フラハティ，R. 232
ブレヒト，B. 79
ベイトソン，G. 117

ベートーヴェン，L. 70
ベル，A. G. 7, 9, 11, 12
ホール，E. 4

マ
マクルーハン，M. 52, 71
マコームズ，M. E. 69
マスターマン，L. 224
マッケナ，K. Y. A. 188
マートン，R. K. 68
マンダー，G. 107
ムーディ，K. 107
メリンゴフ，L. K. 112
モース，E. 7
モルフィーズ，D. L. 110

ラ
ラインゴールド，H. 181, 185, 196
ラザースフェルド，P. 68, 70-72, 206
ラタネ，B. 208
リーヴィス，F. R. 223, 224, 226
リースマン，D. 53
リップマン，W. 199, 200
ルター，M. 51, 55
レヴィ，S. 80
ローゼン，C. 81

ワ
ワルサー，J. 176

■執筆者一覧

橋元良明	（0・6章）	東京女子大学現代教養学部教授
松田美佐	（1章）	中央大学文学部教授
小平さち子	（2章）	元NHK放送文化研究所上級研究員
辻　大介	（3・8章）	大阪大学大学院人間科学研究科准教授
南田勝也	（4章）	武蔵大学社会学部教授
三浦麻子	（5・10章）	大阪大学大学院人間科学研究科教授
森　康俊	（7章）	関西学院大学社会学部教授
是永　論	（9・11章）	立教大学社会学部メディア社会学科教授
見城武秀	（12章）	成蹊大学文学部教授

[編著者略歴]

橋元良明（はしもと　よしあき）

1955年京都市生まれ。1978年東京大学文学部心理学科，1982年同大学大学院社会学研究科修士課程修了。東京大学社会情報研究所助教授，同大学情報学環教授を経て，現在，東京女子大学現代教養学部教授。コミュニケーション論専攻。

著書・論文に『背理のコミュニケーション―アイロニー・メタファー・インプリケーチャー』（勁草書房，1989），『ポップ・コミュニケーション全書』（共著，PARCO出版，1992），「言語行為論」（岩波書店『講座現代社会学③　他者・関係・コミュニケーション』所収，1995），『変わるメディアと社会生活』（共編著，ミネルヴァ書房，1996），『コミュニケーション学への招待』（編著，大修館書店，1997），『情報化と社会生活』（編著，北樹出版，2000），『新版　メディア・コミュニケーション論Ⅱ』（編著，北樹出版，2005），『講座社会言語学　第2巻　メディア』（編著，ひつじ書房，2005），『ネットワーク社会』（編著，ミネルヴァ書房，2005），『日本人の情報行動　2005』（共著，東京大学出版会，2006），『ネオ・デジタルネイティブの誕生』（共著，ダイヤモンド社，2010）ほか。

メディア・コミュニケーション学

©Yoshiaki Hashimoto, 2008　　　　　NDC361／xi, 240p／21cm

初版第1刷——2008年4月10日
第5刷——2020年9月1日

編著者————橋元良明（はしもとよしあき）
発行者————鈴木一行
発行所————株式会社　大修館書店
　　　　　〒113-8541　東京都文京区湯島2-1-1
　　　　　電話03-3868-2651（販売部）　03-3868-2293（編集部）
　　　　　振替00190-7-40504
　　　　　［出版情報］https://www.taishukan.co.jp

装　画————山田隆志
装丁者————加藤光太郎
印刷所————壮光舎印刷
製本所————ブロケード

ISBN978-4-469-21320-1　　Printed in Japan

®本書のコピー，スキャン，デジタル化等の無断複製は著作権法上での例外を除き禁じられています。本書を代行業者等の第三者に依頼してスキャンやデジタル化することは，たとえ個人や家庭内での利用であっても著作権法上認められておりません。